Pravu Mazumdar

Die Macht des Glücks

Deutscher Taschenbuch Verlag

Originalausgabe
September 2003
© 2003 Deutscher Taschenbuch Verlag GmbH & Co. KG,
München
www.dtv.de

Umschlagkonzept: Balk & Brumshagen
Umschlagbild: ›Untitled 1951–59‹ von Mark Rothko
© kate Rothko-Prizel & Christopher Rothko/
VG Bild-Kunst, Bonn 2003
Satz und Reproduktion: Greiner & Reichel, Köln
Gesetzt aus der Plantin und der Imago
Druck und Bindung: Kösel, Kempten
Gedruckt auf säurefreiem, chlorfrei gebleichtem Papier
Printed in Germany · ISBN 3-423-24294-9

Inhalt

Vorwort – 7

Einleitung
Glück oder Glücksache? – 9

1. Die Glücksmaschinen und der Augenblick – 11
2. Ein Bild des Glücks – 15
3. Glück oder Glückssache? – 17
4. Der utopische Raum des Glücksbildes – 20
5. Schluss: Einübung in die Glückssache – 28

Teil I
**Das fliehende Glück: Über das Glück
der Glücksmaschinen – 33**

1. Die Aufladung des Produkts:
   Glücksmaschine Werbung – 37
   Die zweite Haut – 37
   Die Welt als Wille und Supermarkt – 40
   Das käufliche Paradies – 43
   Von der Macht der Werbung – 45
   Der Schrei und das Lob – 49
   Glücksmaschine Werbung – 56
   Schluss – 60
2. Entladungen im Raum:
   Glücksmaschine Tourismus – 62
   Die Epoche der Mobilität – 62
   Die Ferne – 66
   Der scheiternde Sprung – 70
   Das Dreieck der Mobilität – 73
   Der Massentourismus – 77
   Noth und Langenweile – 83

Die Nivellierung von Raum und Zeit – 87
Die Kunst der Unterscheidungen – 93
Die Jagd auf Echtheit – 99
Die zwei Disziplinen – 103
3. Die ferne Lust:
   Glücksmaschine Sexualität – 111
      Auf der Suche nach dem verlorenen Sex – 111
      Striptease des Selbst? – 113
      Nehmen und Geben – 118
      Die verallgemeinerte Prostitution – 121
      Die Ausglättung der Beziehung – 123
4. Was machen die Glücksmaschinen? – 127
      Glück und Differenz – 128
      Zur Ökonomie der Ereignisse – 139
      Das Ereigniserhaltungsgesetz – 148
      Die Kinder des Glücks – 152

Teil II
Das nahende Glück: Einstimmung in die Glückssache – 161

1. Vom Wachwerden – 166
2. Vanilla Traum – 169
3. Kritik der reinen Lust – 176
4. Norm oder Form? – 183
5. Das ruhende Auge – 193
6. Warten auf das Glück:
   Bruchstücke einer Glückskunst – 212

Anmerkungen – 226
Literatur – 235
Bildnachweis – 238
Danksagung – 239

Vorwort

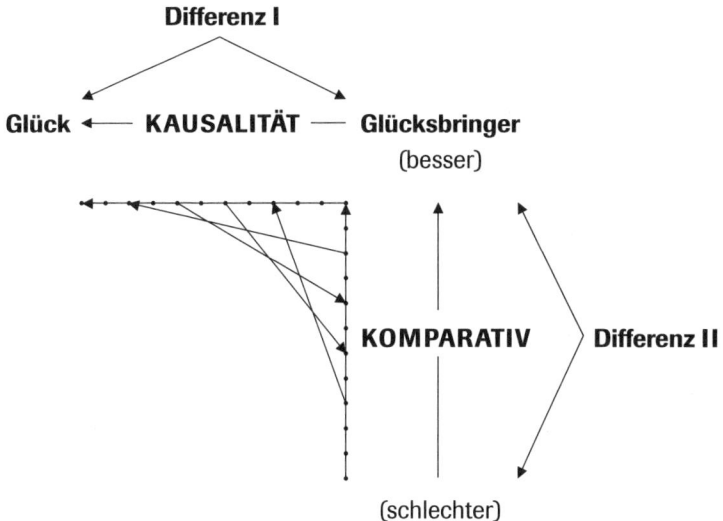

Das Kraftfeld des Glücks

Einleitung

Glück oder Glückssache?

> *Das Wenigste gerade, das Leiseste, Leichteste,*
> *einer Eidechse Rascheln, ein Hauch,*
> *ein Husch, ein Augen-Blick – wenig*
> *macht die Art des besten Glücks. Still!*
> FRIEDRICH NIETZSCHE[1]

1. Die Glücksmaschinen und der Augenblick

Das Glück macht uns Beine. Entweder treibt es uns in die Flucht, Flucht vor dem Augenblick, und setzt dazu als Lockmittel ein Ziel ein. Oder es versenkt uns in eben diesen Augenblick selbst und löst uns mit einem Schlag die Glieder. Auf jeden Fall zieht es uns langsam und hartnäckig aus uns selbst heraus und liefert uns zwei unterschiedlichen Ekstasen aus: der Ekstase des Zieles und der Ekstase des Augenblicks.

Die Ziele sind jedoch keine im Voraus gegebenen Naturdinge wie Bäume oder Sterne. Als Objekte des Begehrens sind sie eher so etwas wie kollektive Kunstwerke. Jede Kultur produziert im Verborgenen Ziele, die mit ihren Glücksverheißungen an den Menschen saugen und das große Triebwerk ihrer Welt in Gang bringen. Unter dem hektischen Atem des Glücks drehen sich die Autoräder, kreist das Blut in den Körpern, heben und senken sich die Bierkrüge, steigt und fällt der DAX-Index, pendeln die Züge auf ihren Intercity-Schienen. Denn sie sollen unsere Bedürfnisse befriedigen und uns glücklich machen.

Aber machen alle diese Maschinen, diese seelischen, physischen, physiologischen, ökonomischen Vorrichtungen uns denn wirklich glücklich? Das war die Frage der herkömmlichen Kulturtheorien und Technikphilosophien. Doch im Verlauf der Versuche, darauf zu antworten, hat sich die Richtung der Frage umgekehrt. Heute fragen wir nicht mehr: »Machen die Maschinen glücklich?« – sondern: »Was macht das Glück mit den Maschinen?«. Hinter dieser Frage steckt eine neuartige Kulturkritik und eine neue Logik der Erfahrung. Nicht die Maschinen sichern das Glück, eher bewegt das Glück die Maschinen. Oder besser noch: Das Glück funktioniert selbst als Maschine, als eine Maschine der Maschinen.

Der Einsatz dieser Supermaschine bedarf vielfältiger Stützpunkte in der Landschaft des modernen Begehrens. Denn die Macht des Glücks offenbart sich erst anhand der Macht der konkreten Glücksbringer, etwa der Macht der neuen Produkte, die regelmäßig an die Strände des Konsums geschwemmt werden; oder der Macht der fremdartigen Geographien, von der jedes Jahr Massen von Menschen in die Ferne gejagt werden; oder der Macht der sexualisierten Körper, an der die Mode, die Medien und die Politik der Personalabteilungen partizipieren. In der Welt dieser Glücksbringer gibt es keinen Superlativ: Es gibt nicht das beste Produkt, den sexuellsten Körper, die fremdartigste Landschaft. Die endlose Beweglichkeit dieser Welt verdankt sich einem absolut gewordenen Komparativ: Das Neue wird von einem immer Neueren abgedrängt und das alt gewordene Neue landet auf einem immer höher wachsenden Müllberg, der seinerseits eine eigene Betriebsamkeit der Wiederverwertung stimuliert. Die rastlose Dynamik des Komparativs und die mit ihr gekoppelten Glückseffekte werden mit Hilfe einzelner Maschinen des Glücks geschürt, kontrolliert und in Grenzen gehalten. Solche Maschinen sind für den Bereich der Produkte die Werbung, für den der Körper die Sexualität und für den Bereich der Exotik der Tourismus. Es gibt zahlreiche andere Maschinen des Glücks, wie das Star-System, das Lottospiel, das Internet, die Börse. Letztlich aber laufen in der Welt des entfesselten Komparativs alle Bewegungs- und Kraftlinien auf das Glück selbst hinaus, das wie eine Vernetzung und Koordinierung der einzelnen Maschinen des Glücks funktioniert. In den weniger als 250 Jahren seit der Industriellen Revolution hat sich nicht nur die Welt der Produktions- und Dienstleistungsmittel in eine große Maschine verwandelt, sondern die Macht selbst, einschließlich der Macht des Glücks.

Alle diese Glücksmaschinen, angefangen mit dem schlichten Glücksrad bis hin zum Räderwerk des Glücks, brauchen Ziele, um überhaupt in Gang zu kommen. Sie stellen zwar Schleifen und Prozeduren zur Erlangung von Zielen bereit. Aber die Ziele selbst müssen erst produziert werden, immer neue Ziele, die jeweils als das Glück an sich identifiziert werden müssen, damit die Maschinen des Glücks in Bewegung geraten. Im Kontext des modernen Lebens handelt es sich dabei insgesamt um die Ziele des unbegrenzten Konsums. Das Glück des unbegrenzten Konsums der Produkte bewegt die Werbungsmaschine. Das Glück des unbegrenzten Konsums der Fremdheit bewegt die Tourismusmaschine. Das Glück des unbegrenzten Konsums der Körper bewegt die Sexualitätsmaschine. Jedes Mal wird das Glück mit der Möglichkeit eines unbegrenzten Konsums identifiziert. Die moderne Seligkeit entzündet sich nicht an der Unbegrenztheit Gottes, sondern an der unerschöpflichen Konsumtiefe der Produkte, der fremden Räume, der Körper. An die Stelle der Unendlichkeit Gottes ist die endlose Konsumierbarkeit der Dinge getreten.

Solange wir uns den Zielen zuwenden, rattern also die Glücksmaschinen. Aber wir stehen nicht nur im Sog der Ziele, sondern auch in dem des Augenblicks. Auf unseren vielfältigen von den Glücksmaschinen entworfenen Wegen beschattet uns der Augenblick wie unser höchst persönlicher Abgrund. Darin uns zu verlieren versetzt uns einerseits in Panik, denn wir befinden uns diesseits der Glücksmaschinen, mit einem Schlag von ihnen verlassen, in unbekanntem Fahrwasser und ganz auf uns gestellt, auf ein »uns«, das gerade im Begriff ist, uns zu entgleiten und sich neu zu ordnen. Andererseits aber erleben wir eine ungeahnte Freiheit, denn die engen Mauern unserer alltäglichen und von den Glücksmaschinen festgelegten Identität lockern sich erst im Raum des Augenblicks, der die Möglichkeit freigibt, dass uns ganz andere Dinge geschehen können, als wir je vermutet haben. Aus den Tiefen des Augenblicks steigt ein spontaner und fast naturwüchsiger Widerstand gegen die Glücksmaschinen auf. Von dorther wird unseren Absichten und Strategien ein Strich durch die Rechnung gemacht. Der Augenblick ist die elementarste Quelle der sozialen Entropie.

Deshalb erscheint er wie ein Loch in der Zeit der Glücksmaschinen. Er ist die Brutstätte der unfreiwilligen Pausen und zu seinen Grundmerkmalen gehört die Plötzlichkeit. Plötzlich klafft der Augenblick auf und zieht uns in seinen Strudel, wenn der Strom ausfällt, der Computer abstürzt, das Auto auf Glatteis ins Schleudern gerät, aber auch wenn wir uns verlieben oder im Lotto gewinnen. Aus den Tiefen des Augenblicks schlägt uns unverdienter Schrecken wie unverdientes Glück entgegen, sodass wir mitten auf der Jagd nach dem Glück stolpern und aus dem vertrauten Gesichtskreis von Schuld und Sühne herausfallen. Deshalb bietet der Augenblick wahrscheinlich die einzige wirklich moralfreie Zone des Lebens. Er gibt sich gegenüber jeder Motivsuche taub, blendet den Blick jeder psychologisierenden Vernunft und hält uns einen Spiegel vor, in dem das archaische Drama unserer Existenz mit ihrem grundlosen Aufstieg und Scheitern offenbar wird.

Deshalb räumen alle archaischen Gesellschaften dem Augenblick eine privilegierte Stellung ein. Jedes Fest feiert einen kosmischen Augenblick, besonders das Neujahrsfest, das den Weltschöpfungsakt wiederholen und damit die Welt erneuern und die lineare Zeit vernichten soll. Das babylonische Neujahrsfest, der Ursprung der späteren Karnevalszüge, die bis zur Renaissance Europa alljährlich heimsuchten, ging auf ein Loch in der astrologischen Zeitrechnung zurück.[2] Die zwölf Mondzyklen gingen in dem einen Sonnenzyklus nicht auf. Das Entsetzen der astrologischen Vernunft führte zur Einrichtung eines ausgezeichneten Augenblicks oder einer Pause zwischen zwei aufeinander folgenden Jahren, eines *Interregnums*, in dem der Schrecken und das Lachen sich vermischen und die vertrauten Ordnungen auf den Kopf gestellt werden durften. In den modernen Gesellschaften ist der Augenblick sich selbst überlassen. Die Feste nehmen einen beliebigen Platz im Kalender ein und ihre sinnlose Mechanik überlagert ihre archaischen Ursprünge. Der Augenblick, zu dem es keinen kollektiven Zugang mehr gibt, ist eine kaum noch vernehmliche »Privatsache« geworden.

2. Ein Bild des Glücks

Damit haben wir ein erstes Bild von der Landschaft des Glücks. Auf der einen Seite haben wir das System der Glücksmaschinen und ihrer Ziele, bildlich gesprochen, ein einfaches Schild mit der Aufschrift »Glück«. Von dieser Maschine werden die Menschen zu einem Strom der geifernden, schwitzenden und atemlosen Geschäftigkeit organisiert. Es ist das große Rennen nach dem Glück. Die Gesichtszüge sind vom Ehrgeiz ver-

Karikatur von Jan Tomaschoff

zerrt, mit einer barschen Handbewegung schiebt ein Mann seinen Nachbarn zurück, um als Erster am Ziel zu sein, ein anderer bangt um seinen Hut, der in dem allgemeinen Getümmel wegzufliegen droht. Ein Dritter kriecht auf allen Vieren, greift aber mit der linken Hand nach dem fernen Ziel, als wollte er damit seinen Gang beschleunigen. Jemand ist gerade gestolpert, aber alle rennen über seinen Körper hinweg.

Auf der anderen Seite haben wir den Augenblick am Straßenrand. Ein Mann liegt auf der Wiese mit einer Blume im Mund, die Vordersohle seines rechten Schuhs hängt nach unten. Die Augen sind geschlossen und ein unbestimmtes Lächeln schwebt über seinem Dreitagebart, denn er genießt offenbar die ihn tragende Erde. Entweder weiß er nicht, dass er riskiert, Hunger, Regen, Kälte zu erleiden. Oder er weiß, dass solche Risiken letztlich auf den Tod hinauslaufen, dass der Tod, der das Ziel der Ziele auch für die Glücksjäger ist, ihn ohnehin holen wird. Die Einsicht macht ihn mutig und der Mut macht ihn genießerisch.

Interessant ist, dass zwei Gestalten auf dem Boden liegen: der unrasierte Mann am Straßenrand und der Gestolperte auf der Rennbahn des Glücks. Aber wie unterschiedlich sie liegen! Der Erste liegt entspannt auf der Wiese wie der Herr der Erde und Gebieter des Augenblicks. Der Mut oder die Ignoranz macht ihn zum König: auf Dauer im Falle des Mutes und auf Zeit im Falle der Unwissenheit. Der andere aber ist nicht nur physisch gestürzt, er ist auch aus dem Rennen herausgefallen. Mit der linken Hand schützt er seinen Kopf, mit der rechten versucht er sich am Boden abzustützen, um eventuell wieder aufzustehen, was ihm aber nicht gelingen wird, denn der Strom der Menschen, die über seinen Körper hinwegrennen, ist lückenlos. Er liegt nicht auf dem Rücken, wie der Mann am Straßenrand, sondern auf dem Bauch. Damit hat er nicht den Himmel, sondern die Erde im Blick. Aber er ist weit davon entfernt, die Erde zu genießen, die ihn nicht trägt und bettet, sondern zum Verlierer macht. (Es ist eben ein Unterschied, ob man aus der horizontalen Lage, die auch die im Tod eingenommene Lage ist, den Himmel oder die Erde im Blick hat.) Dazu kommt, dass seine Stellung am Boden zufällig ist, diktiert von der Logik seines Sturzes: Sie drückt keine Beziehung aus zwischen seinem Körper und der Erde. Denn die Erde ist für ihn nicht das Tragende, sondern nur eine Rennbahn, die zum Glück führt. Gegenüber dem Augenblick, wie auch dem Tod, gibt es offenbar zwei mögliche Haltungen: entweder stellt man sich ihm oder man wird von ihm geholt.

Entscheidend an diesem Bild ist, dass das Glück zwei Positionen einnimmt. Die erste Position befindet sich jenseits des rechten Bildrandes. Dort ruht das Glück wie ein großer unsichtbarer magnetischer Pol und zieht die Menschen an als die große Erfüllung und Freude ihres Lebens. Es wirkt gerade im Medium seiner Abwesenheit und seine Fernwirkung richtet die Menschen wie Eisenspäne aus, entlang Bahnen oder Kraftlinien, die alle zu ihm selbst führen. Die einzige Weise, in der dieses Glück in der Welt existiert, ist als Bild oder Vision in den Köpfen der Menschen. Die zweite Position, die das Glück einnimmt, ist der Straßenrand. Dort zeigt es sich als die reale Erfüllung, die den verlotterten König der Wiesen einholt, unerwarteterweise eben in diesem Augenblick, als eine Erfüllung, die nicht als Abwesenheit existiert und kein Bild im Kopf ist, sondern als zufälliger und aktueller Zustand den Körper des Mannes durchströmt und sich in einem winzigen und einzigen Lächeln verrät. Es handelt sich um das zufällige Glück am Straßenrand, jenseits allen Kalküls, beinahe atmosphärisch, launisch wie das Wetter und ungerecht in seiner Zuwendung. Es ist das Glück als Glückssache.

3. Glück oder Glückssache?

Glück oder Glückssache? Die tiefe Zweideutigkeit des deutschen Wortes »Glück«, das in zwei unterschiedlichen Sinnböden wurzelt und in grundverschiedenen Ausdrücken wie »Ich bin glücklich« und »Ich habe Glück gehabt« mitschwingt: Diese Zweideutigkeit geht auf eine Unentscheidbarkeit in der elementaren Erfahrung der Annäherung zwischen uns und dem Glück zurück. Im Allgemeinen ist die Bewegung der Annäherung das, was jedem Ziel notwendig zukommt, und das Ziel umgekehrt ist das, was gerade durch sein Fehlen der Bewegung eine Richtung gibt. Deshalb können wir Ziele ohne die ihnen zugeordneten Bewegungen nicht denken.

Doch ist jede Bewegung zweideutig. Denn auf die Frage, was sich da eigentlich bewegt, gibt es keine absolute Antwort. Wir befinden uns zum Beispiel auf einem Himmelskörper, der angeblich durch den Weltraum gleitet, lautlos, ohne je scharf zu bremsen, auf einer Bahn ohne plötzliche Kurven. Die Stetigkeit dieser angenommenen Bewegung macht es uns unmöglich zu entscheiden, was sich tatsächlich in Bewegung befindet: wir oder die Sonne? Auch wenn der Augenschein die Sonne als das Bewegte bestimmt – was er Jahrhunderte lang getan hat – ist er nicht die einzige entscheidende Instanz.

Diese fundamentale Zweideutigkeit der Bewegung beschäftigte nicht nur die Astronomen, sondern ließ die abendländische Philosophie in so genannte Objekt- und Subjektphilosophien auseinander fallen. Was bewegt sich in der Erkenntnisbewegung: wir oder die Objekte unserer Erkenntnis? In seiner berühmten »Kopernikanischen Wende« entschied sich Kant bekanntlich für die Bewegtheit des erkennenden Subjekts.

Mit der gleichen Zweideutigkeit sind wir konfrontiert, wenn wir uns auf ein Ziel zubewegen. Bewegen wir uns oder bewegt sich das Ziel? Beide Annäherungsarten sind denkbar und ergeben zwei unterschiedliche Typen von Zielen. Entweder bewegen wir uns. Dann bilden wir uns ein, aktiv zu sein: Wir schmieden Pläne, mobilisieren Gelder und Kräfte, peilen das Ziel an und begeben uns in Fahrt. Doch können wir damit nur einen bestimmten Typ von Zielen erreichen: Karriere, Reichtum, den Traumpartner, soziale Anerkennung, kurz, das Glück im Sinne der Glücksmaschinen.

Aber auch das Umgekehrte ist möglich: dass das Ziel selbst sich in Bewegung befindet. Dass es spazieren geht, um uns nach Lust und Laune abzuholen. Es handelt sich hier um existenzielle Ziele wie Liebe, Freiheit, Tod. Nicht *wir* bewegen uns auf diese Ziele zu, wir lassen sie vielmehr auf uns zukommen. In diesem Sinne sind diese Ziele das auf uns Zukommende überhaupt oder die Zukunft. Das Glück im Sinne der Glückssache gehört in den Bereich solcher Ziele. Keine schlechte Aussicht also: Unsere Zukunft in diesem Sinne ist die Liebe, die Freiheit, das Glück, aber auch der Tod. Das Einzige, was wir tun können, ist, uns auf sie vorbereiten, ganz regungslos inmitten einer Meeresstille der Seele auf sie warten. Damit das Glück als Glückssache glücken kann, braucht es nicht das Geräusch unserer Aktivität, sondern unsere Offenheit und unseren Mut zum Augenblick.

Die Doppeldeutigkeit des Ausdrucks »Glück« wurzelt also in der Doppeldeutigkeit der Annäherung zwischen uns und dem Glück. Und das ergibt den existenziellen Gesamtzusammenhang zwischen Glück und Glückssache: Während wir dem Glück als Ziel entgegeneilen, kann uns jederzeit das Glück als Glückssache ereilen. Es handelt sich um eine Art von Titanenkampf zwischen den zwei Glücksarten, der über unseren Seelen und Körpern tobt. Welche jeweils den Sieg davonträgt, hängt von der spezifischen Kraftkonstellation zwischen den Glücksmaschinen und ihrem Widerstand im Augenblick ab.

Am besten tritt ein solcher Zusammenhang in der Form der Erzählung in Erscheinung. In einem Märchen von Wolfgang Hildesheimer[3] machen sich alle jungen Männer, mit Ausnahme eines faulen Bauernjungen, daran, einen Riesen zu töten und das Land von ihm zu befreien. Ihr eigentliches Ziel dabei ist aber von der Art der Glückssache: Es hat die Fähigkeit, spazieren zu gehen. Das Ziel ist also die Prinzessin selbst, die sie durch ihre Heldentat gewinnen und damit das halbe Königreich erben wollen. Während also die jungen Männer der Reihe nach von dem Riesen verschlungen werden, geht die Prinzessin spazieren und trifft den Faulpelz, der auf der Wiese liegt und an einem Grashalm kaut. »Ei«, sagt die Prinzessin, »was machst du denn da?« »Du siehst doch«, antwortet der Faulpelz, »ich kaue an einem Grashalm.«Als die Prinzessin fragt, ob sie sich zu ihm legen darf, gibt ihr dieser die Erlaubnis. Sie tut es und findet es schön. Und so wird der Faulpelz zum König, was aber auch bedeutet, dass zur Souveränität eines Königs eine gewisse Dosis Faulheit gehört.

4. Der utopische Raum des Glücksbildes

Auf der einen Seite hat man das Glück als Glückssache und auf der anderen das Glück als Ziel und Bild. Das Glück als Glückssache hat so gut wie keinen festen Inhalt, es hat, wie die Liebe oder der Tod, reinen Ereignischarakter. Deshalb ist es kaum möglich, darüber zu reden, es sei denn in einer besonderen, poetischen Sprache. In der funktionalen Sprache des Alltags kann man nur schwer über das Glück als Glückssache reden. Denn diese Sprache gehört zum Herrschaftsbereich der Glücksmaschinen und bedient sich jedes Mal eines vorgegebenen Bildes, wenn sie Glück ausdrücken möchte. Sie sagt Reichtum und meint Glück. Aber Reichtum ist nicht Glück, sondern nur ein Bild des Glücks. Sie sagt Erfolg und meint Glück. Aber Erfolg ist nicht Glück, sondern nur ein Bild des Glücks. Die Bilder können wechseln, aber das Glück selbst bleibt derselbe undefinierbare Zustand, den wir erreichen wollen, den wir aber nicht unmittelbar aussprechen können. In der Sprache des Alltags können wir uns nur anhand von Bildern über das Glück austauschen. Das Bild ist der Stützpunkt, dessen das Glück bedarf, um sich zu manifestieren und seine Wirkung auf die Menschen zu entfalten.

Der Ort des Bildes ist aber ein ganz anderer als der Ort der realen Dinge wie Menschen, Bäume, Steine. Verglichen mit den realen Orten ist der Ort des Bildes eher so etwas wie ein Nicht-Ort, ein U-Topos. Um sich zu zeigen und in der Welt zu behaupten, besetzt das Bild des Glücks einen utopischen Freiraum, der durch das tatsächliche Fehlen des Glücks freigegeben wird. Überall, wo das Glück fehlt, kann ein Bild einsetzen, das uns auf den Weg zum Glück schickt. Grundlegender aber als das Bild des Glücks ist das, was von diesem ausgefüllt wird: der Freiraum, der durch die Abwesenheit des Glücks entsteht. Dieser Raum definiert den Unterschied zwischen dem Glück und seinem Bild und bietet dadurch die Möglichkeit einer Rechtfertigung des Bildes. Denn die Bilder können nur im Namen des Glücks gerechtfertigt werden und das gelingt nur aufgrund des Unterschieds zwischen dem Bild und dem von ihm sichtbar gemachten Glück. Wir rechtfertigen Reichtum und Liebe immer damit, dass sie uns glücklich machen. Aber Reichtum ist nicht Glück, Liebe ist nicht Glück. Und wenn es gar keine Bilder gibt, gibt es auch gar nichts mehr zu rechtfertigen.

Wenn kein Bild mehr den Raum der Abwesenheit des Glücks füllt oder füllen kann, wirft dieser Raum Fragen auf, die sich zu den letzten metaphysischen Fragen steigern können. Eine solche Frage stellt der alte Spruch[4]:

> Ich komm, weiß nit woher
> Ich bin, und weiß nit wer,
> …
> Ich fahr', weiß nit wohin: –
> Mich wunderts, daß ich fröhlich bin.[5]

Dieser Text, der einem Grabspruch aus Heilbronn aus dem Jahr 1498 entstammt und in verschiedenen Variationen und Adaptationen über Angelus Silesius und Meister Eckhart bis zu Bertolt Brecht und Ernst Bloch im zwanzigsten Jahrhundert gelangt ist, stellt einen Sprung in den Funktionskreisläufen der Glücksmaschinen dar. Ich weiß nichts: Ich habe keine Ahnung von meinem Woher und Wohin, wie auch von meinem eigenen Wesen, mir fehlt jegliches Bild meines Ursprungs und Ziels und damit letztlich meines Glücks.

Deshalb wundert es mich, dass ich fröhlich bin. Diese Verwunderung beinhaltet die *Spannung* zwischen dem nackten ontologischen Augenblick, der in Meister Ekkharts Worten ausgedrückt wird:»Ich lebe darum, daß ich lebe«[6], und der Rationalität der Glücksmaschinen. Sind die Metaphysiken und ihre Grundbilder gewissermaßen Effekte der Glücksmaschinen, die in einer Rückkoppelung diese Maschinen erst funktionieren lassen, so offenbart der nackte Augenblick die Grundlosigkeit unserer Existenz, das heißt aber auch unseres Glücks.

Ich weiß nicht, woher ich komme, wohin ich gehe, wer ich bin. Ich weiß *nichts*, trotzdem bin ich glücklich. Das Wissen ist also keineswegs eine notwendige Voraussetzung des Glücks. Umgekehrt ist aber auch das Nichtwissen keine notwendige Voraussetzung des Glücks. Ich bin nicht reich, trotzdem bin ich glücklich. Das besagt aber nicht, die Armut sei die Bedingung des Glücks. Es gibt also einerseits die Bilder oder die instrumentellen Ziele des Glücks samt ihren Gegensätzen. Es gibt andererseits das letzte Ziel: das Glück selbst. Zwischen diesem letzten Ziel und den einzelnen instrumentellen Zielen gibt es eine kleine Zäsur, die den utopischen Freiraum der Abwesenheit des Glücks fühlbar macht und anzeigt, dass das Glück niemals von seinen Bildern erschöpft werden kann.

Diese Zäsur mit ihrer Irritationskraft führt uns entweder gänzlich aus dem Wirkungsbereich der Glücksmaschinen heraus, dem Augenblick entgegen, oder sie liefert die Bedingung seines fortgesetzten Funktionierens. Was die erste Möglichkeit betrifft, so können wir mit gleichem Recht Reichtum oder Armut, Wissen oder Nichtwissen anstreben: Es gibt dafür genügend Beispiele aus der Geschichte der menschlichen Weisheit. Wir können das aber nur im Sinne einer Vorbereitung oder Einstimmung auf das Glück als Glückssache anstreben. Wir streben Reichtum oder Armut an, weil wir glauben, dass Reichtum oder Armut uns frei und offen machen, damit das Glück uns erreichen kann – oder auch nicht. Wir streben Wissen/Nichtwissen oder Liebe/Gleichmut an, weil wir glauben, dass sie uns

durchsichtig machen, damit das Glück uns erreichen kann –
oder auch nicht.

Gemäß der Logik der Glücksmaschine aber sind wir angehalten, das Glück mit Reichtum, Armut, Liebe usw. zu identifi-
zieren. Doch kann diese Identifikation scheitern: Wir erreichen
diese Ziele und sind trotzdem unglücklich. Unsere Enttäuschung, die in der Zäsur zwischen dem Glück und seinen Bildern wurzelt, zwingt uns dann, die Ziele umzudefinieren. Wir
sagen: Wir haben jetzt die Million gescheffelt. Trotzdem sind
wir nicht glücklich. Also ist das gar nicht der *wahre* Reichtum.
Wir haben endlich die Frau unserer Sehnsucht. Trotzdem sind
wir nicht glücklich. Also ist das gar nicht die *wahre* Liebe. Der
Wahrheitsbegriff, der hier im Spiel ist, ist nur eine andere Vari-
ante des bereits erwähnten Komparativs. Nicht der Reichtum,
sondern ein anderer, besserer Reichtum, nicht die Liebe, sondern eine andere, bessere Liebe macht uns glücklich. Damit
rattert die Glücksmaschine munter weiter.

Martin Luther hat versucht, den Heilbronner Spruch paro-
distisch umzukehren:

> Ich lebe und weis, wie lange,
> Ich sterbe und weis, wanne,
> Ich fahr und weis, Gott lob, wohin,
> Mich wundert, das ich traurig bin.[7]

Das war nicht nur als ein Hieb gegen die weltflüchtige Schmerz-
seligkeit der Heilbronner Franziskaner gedacht, sondern ein
Versuch, den antiken und pessimistischen Gehalt des ursprünglichen Spruchs umzukehren und zu christianisieren. Dazu gibt
er folgenden Kommentar ab: »Und das ist auch war, wer es nach
der Vernunfft recht bedencket, kann nicht fröhlich sein. Aber es
sind Heidnische Sprüche und sind nicht recht, man deute sie
denn recht. Es ist wol war, meine Vernunfft solls nicht wissen,
sondern es soll ihr verborgen sein, wo ich aus diesem Leben hin-
fahren sol. Aber ein Christ soll sagen: Ich weis …«[8]

Paul Gauguin: Woher kommen wir? Wer sind wir? Wohin gehen wir?

Während der ursprüngliche Heilbronner Spruch den Raum der Abwesenheit des Glücks nicht mit Bildern füllt, sondern mit einem »Mich wunderts« zu bejahen versucht, unternehmen die Bilder des Glücks eine ähnliche Umkehrung wie Luthers Parodie. Sie versuchen, mit ihren positiven Antworten auf die existenziellen Fragen nach dem Woher, Wohin und Wesen des Daseins, der Irritationskraft der Abwesenheit eines gesicherten Glücks entgegenzusteuern. Es gibt in der Geschichte der Malerei genügend Beispiele für solche Antworten. Ein besonders wehmütiges Beispiel dafür ist das letzte große Werk von Paul Gauguin mit dem Titel »Woher kommen wir? Wer sind wir? Wohin gehen wir?«

Das Bild erweckt einen unmittelbaren Eindruck der Lesbarkeit. Es scheint wie eine Erzählung komponiert zu sein, denn es

organisiert die verschiedenen Lebensphasen zu einer Sequenz, die den Wandel des Lebens von der Geburt (in der Gestalt des Säuglings am rechten Rand) bis zum Tod (in den Gestalten der alten Frau und des weißen Vogels am linken Rand des Bildes) darstellt. Am linken und rechten Bildrand häufen sich die Schatten. In der leicht nach rechts verschobenen Bildmitte steht die hell erleuchtete und aufrechte Figur am Mittag des Lebens, die Arme nach oben gestreckt, im Begriff, eine Frucht zu pflücken. Wenn es sich um die Frucht der Erfüllung oder des Glücks auf dem Scheitelpunkt des Lebens handelt, so ist das in keiner Weise am Gesichtsausdruck der Figur abzulesen, der, wie bei allen anderen menschlichen oder tierischen Figuren des Bildes einen seltsamen in sich versunkenen Schwebezustand anzeigt. Das macht darauf aufmerksam, dass fast keine der Figuren des Bildes mit einer anderen kommuniziert. Die einzige Ausnahme sind die zwei in lange Gewänder gekleideten Frauengestalten rechts von der mittleren aufrechten Figur, die miteinander Vertraulichkeiten auszutauschen scheinen. Doch scheinen sie vom gesamten Bildraum getrennt zu sein und einem ganz anderen Raum, einer vielleicht tieferen Vergangenheit anzugehören als die übrigen Figuren, vielleicht sogar einer Vergangenheit im »eigentlichen« Sinne des Wortes. Vielleicht signalisieren diese beiden Frauenfiguren, die Gauguin selbst als »Symbol der Schmerzen«[9] bezeichnet, das Hineinragen der linearen Zeit – als Erinnerung, als Spur oder bleibender Rest – in die schwebende Gleichzeitigkeit des besonderen *Augenblicks*, um den es hier geht. Alle übrigen Figuren scheinen einem unheimlichen Dämmerzustand verfallen zu sein, wie überhaupt die Lichtverteilung auf Ende und Abenddämmerung hinzuweisen scheint.

Doch besonders rätselhaft ist, dass diese Bilderzählung nicht von links nach rechts führt, wie die Gauguin bekannten europäischen Schriftarten, sondern von rechts nach links. Gauguin selbst unternimmt in einem Brief an seinen Freund und Vertrauten Georges Daniel de Monfreid kurz nach Fertigstellung des Bildes eine Lektüre von rechts nach links.[10] Hat das damit zu tun, dass manche östliche Schriftarten tatsächlich in dieser Richtung verlaufen?

Doch sollte man, bevor man darauf zu antworten versucht, sich den »Titel« des Bildes genauer ansehen. Gauguin selbst hat die drei Fragen nicht als Titel angesehen, sondern als *Unterschrift*. »Als ich aus meinem Traum aufwachte und mein Werk vollendet sah, ging es mir durch den Sinn: Woher kommen wir? Was sind wir? Wohin gehen wir? Eine nachdenkliche Betrachtung, die nicht mehr zum Bild gehört, in Worte gefasst auf die umrahmende Mauer geschrieben. Nicht ein Titel, vielmehr eine Unterschrift.«[11] Seinen eigenen Namen schrieb er unten rechts, während er den unterschriftartigen Titel links an den oberen Rand des Bildes setzte. Das Bild entfaltet sich entlang der Diagonale von rechts nach links und von der Tiefe in die Höhe. Die Diagonale führt von der Tiefe des Eigennamens zur Höhe der dreifachen Frage, die den Namen des Malers, genauer, seiner malenden Existenz, zu bezeichnen scheint.

Zieht man nun die Beziehung des Bildes zu seinem Titel in Betracht, dann wird es klar, dass die im Bild dargestellte Welt zu keinem realen Ort in einem realen Leben gehört. Vielmehr scheint es sich hier um einen Nicht-Ort, einen U-Topos zu handeln. Woher kommen wir? Was sind wir? Wohin gehen wir? Auf die drei Fragen, die den Bildtitel ausmachen, gibt es eine einzige Antwort: das Bild selbst. Der Ort, aus dem wir kommen, an dem wir uns auf unser Wesen zurückziehen und in den wir wieder hineingehen, ist der Nicht-Ort zwischen Leben und Tod, der im Bild dargestellt wird. Die Beziehung zwischen dem Bild und seinem unterschriftartigen Titel erscheint mit einem Mal als Frage und Antwort, als ein Diskurs, der den Rhythmus des Daseins aus Kommen und Gehen, Höhe und Tiefe skandiert.

Damit erscheint das Bild als die Vision eines Sterbenden[12], in der die Gestalten des Lebens in umgekehrter Reihenfolge vorüberziehen und von links nach rechts, gemäß der archaischen Idee der ewigen Wiederkehr des Lebens, die Rückverwandlung des Todes in die Geburt und des Alters in die Kindheit darstellt. Es ist wie eine Blaupause, in der das Geheimnis der Erneuerung des Lebens enthalten zu sein scheint. In ihrer Selbstversunkenheit harren die Figuren eines künftigen Lebens, das von ihnen und ihrer Abfolge im Voraus strukturiert wird.

Und wenn die Sonne sinkt, dann *hinter* dem Betrachter. Der ferne Horizont im Bildhintergrund erscheint im letzten Dämmerlicht der untergehenden Sonne und der Betrachter gehört dem Abend der untergehenden Sonne, indem er als Abendländer in die Nacht des Ostens blickt, die den Nicht-Ort zwischen Leben und Tod in sich birgt.

Die Gesamtkomposition der Figuren sowie der Vegetation zeigt das Halbrund einer Welle, der stehenden Welle des Lebensglücks, mit der aufrechten Figur in der Mitte und den sitzenden Gestalten an den Rändern. In diesem Sinne scheint dieses besondere Bild den Nicht-Ort der Abwesenheit des Glücks auszuschachten und bringt eine Art Gussform des Lebens zur verhaltenen Sichtbarkeit. Auch andere in der gleichen Zeit entstandene Bilder Gauguins scheinen durch die seltsame selbstversunkene Blicklosigkeit ihrer Figuren diesen Nicht-Ort zu signalisieren.

5. Schluss: Einübung in die Glückssache

> They say, you can't buy happiness.
> But maybe they just don't know
> where to shop.
> MARK T. BEST

Sowohl der Heilbronner Spruch in seinen verschiedenen Variationen als auch das soeben besprochene Bild stammen aus der verborgenen Werkstatt, in der die Glücksbilder fabriziert werden: Bilder, die zusammenkommen, sich überlagern und zur Ordnung des Glücks fügen. Gemäß dieser Ordnung erscheint das Glück wie eine Zwiebel aus lauter Bilderschalen. Wenn wir aber diese Bilderzwiebelschalen nacheinander abziehen, bleibt im Herzen des Glücks die Glückssache, von der es keine endgültigen Bilder geben kann. Die Unmöglichkeit einer endgültigen Verbindung von Glück oder Unglück mit einem bestimmten Glücksbild versucht eine alte chinesische Legende zum Ausdruck zu bringen.

Ein alter Mann namens Wang in der Provinz Tschou hatte den schönsten Rappen im gesamten Reich. Eines Nachts aber kamen Räuber und stahlen das Pferd. Als die Nachbarn vorbeikamen, um das Pferd zu betrauern und Herrn Wang in seinem Unglück beizustehen, wiegte er nur den Kopf und sagte: »Wir werden sehen.« Einige Tage später war das Pferd plötzlich wieder da. Es war den Räubern davongelaufen und hatte auf seinem Weg zurück eine Herde Wildpferde getroffen, die sich ihm angeschlossen hatten. So kam es, dass Herr Wang nicht nur sein Pferd wieder hatte, sondern auch noch zehn kraftvolle junge Pferde. Als die Nachbarn kamen, um ihn zu beglückwünschen, winkte er ab und sagte: »Wir werden sehen.« Als wenige Tage später sein Sohn versuchte, die wilden Pferde einzureiten, warf ihn eines der Tiere ab und er brach sich dabei die Beine. »Du armer Mann!«, sagten die Nachbarn, aber Herr Wang erwiderte nur: »Wir werden sehen.« Nicht lange danach brach ein Krieg aus und der Kaiser schickte Soldaten, um im ganzen Land junge Männer zu rekrutieren. Sie kamen auch ins Dorf des Herrn Wang, nahmen alle wehrfähigen jungen Männer mit, ließen aber seinen behinderten Sohn zurück. Als die Soldaten abgezogen waren, kamen erneut die Nachbarn, um Herrn Wang zu beglückwünschen. Darauf antwortete er: »Die Menschen urteilen zu rasch. Sie sind sofort mit ihrem Urteil über Glück und Unglück zur Hand. Doch wer weiß das schon?«

Die Glückssache kommt und geht gemäß einer ganz anderen Ökonomie als das Glücksbild. Nach George Bataille gibt es zwei unterschiedliche Ökonomien, die auf zwei unterschiedlichen Tauschkulturen beruhen. Es gibt einerseits die *beschränkte* Ökonomie mit seiner uns vertrauten Tauschform, bei der es um die Erzielung eines maximalen materiellen Gewinns geht: Wer mehr profitiert, gewinnt. Daneben aber gibt es eine zweite, ältere und umfassendere Ökonomie, deren Tauschprinzip anders lautet: Wer verliert mehr? Nach den Regeln dieser anderen Ökonomie, die Bataille die *allgemeine* Ökonomie nennt, siegt der Tauschpartner, der mehr verloren hat, da er damit mehr an Würde oder Sein gewonnen hat. Zum Bereich dieser allgemeinen Ökonomie zählt Bataille die Erotik, den Krieg, den Sport, sogar die Biologie und zuletzt den Tausch von Geschenken.

Wir können Batailles Unterscheidung verwenden, um unsere Unterscheidung zwischen Glück und Glückssache auf den

Punkt zu bringen. Im Herzen der beschränkten Ökonomie des Glücks, die von den Glücksmaschinen reguliert wird, brodelt die Exzessökonomie der Glückssache. Die allgemeine Landkarte der Glückssache markiert die ekstatischen Zonen der Existenz, zu denen die Ekstasen des Todes, des Krieges, der Erotik usw. gehören. In allen diesen Bereichen ist der Schwindel erregende Sog der plötzlichen Augenblicke inmitten der beschränkten Ökonomie der Glücksmaschine auszumachen.

Betrachtet man das Glück als *Geschenk*, so kann man es im Sinne der allgemeinen Ökonomie bestimmen: als *Glückssache*. Dann lassen sich, ausgehend von der Idee des Geschenks, die Grundzüge der Logik einer *allgemeinen* Ökonomie des Glücks schrittweise sichtbar machen und abschließend eine *allgemeine* Formel für den Umgang mit dem Glück aufstellen.

1. Die besten Dinge des Lebens sind Geschenke. Warum nicht auch das Glück? Die besten Geschenke aber entsprechen unserem Wesen. Vielleicht erweist sich zuletzt das Wesen des Geschenkes als das Wesen des Beschenkten selbst. Bedeutet dann Glück: mit dem ›eigenen‹ Wesen beschenkt werden?

2. Dieses ›Eigene‹ schließt ein, was im Alltag regelmäßig untergeht: unser täglich fortgeführtes Verschwinden. Unser begrenztes Wesen ist untrennbar von unserem Abwesen. Das besagt: Wenn das Glück uns mit unserem *eigenen* Wesen beschenkt, dann führt es uns unweigerlich in die Nähe unseres *eigenen* Todes.

3. In anderen Worten: Das Glück gehört ebenso zu unserem Wesen wie der Tod. Und da zum Tod der Zufall gehört und zu unserem Wesen der Tod, gehört der Zufall wesentlich zu uns. Dem Glück also, das uns mit unserem eigenen Wesen beschenkt, ist der Zufall eingeschrieben. Das Glück ist wesentlich *Glückssache*.

4. Damit aber verschiebt sich die Frage nach dem Wesen des Glücks, die jetzt lautet: Was ist das Wesen der Glückssache? Zugleich stellt sich die Frage nach der Realisierbar-

keit der Glückssache. Die zwei Fragen nach dem Wesen und der Realisierbarkeit der Glückssache sind eng miteinander verschränkt.

5. Vom *Wesen* her zeigt sich die Glückssache als etwas ganz Allgemeines, beinahe als reine Form. Man kann darüber tatsächlich wie über ein Gefäß reden, das unterschiedlich gefüllt werden kann. Denn was das Glück als Glückssache konkret ist, entscheidet sich immer nur konkret: für ein konkretes Individuum oder eine konkrete Gruppe. Es entscheidet sich nur im Zusammenhang der konkreten Existenz. Ist das Glück als Glückssache dann etwa ein Gefäß oder eine Einfassung der Existenz? Gibt es die Grenzen ab, innerhalb derer sich die Existenz entfalten kann?

6. Stimmt das, so erfüllt sich die Glückssache, indem ihre gefäßartigen Grenzen von der konkreten Existenz erreicht werden. Der Prozess dieser Erfüllung beruht meist auf dem Einsatz eines Zieles. Die Glückssache maskiert sich als Ziel und die menschliche Existenz lässt sich vom Trugbild des Zieles fernsteuern. Als das höchste und wesentlichste Ziel der menschlichen Existenz hat das Glück entweder die Form einer Vereinigung oder diejenige einer Trennung. Entweder hängt das Glücksgefühl mit einem *Erreichen*, d. h. der Vereinigung mit einem Ziel des Begehrens, zusammen oder mit einer *Befreiung*, d. h. der Trennung von einem Gegenstand der Abscheu. Als ein »Mittleres« könnte man das »Glücken« nehmen, das genauso ein Erreichen wie eine Befreiung sein kann. Ich bin glücklich, wenn das Leben mir glückt.

7. Kann man aber das Glück als Glückssache wirklich bewusst *realisieren*? Kann man ihm entgegenarbeiten? Viele Teilziele lassen sich in der Tat mit Vorsatz realisieren. Auf die Glückssache aber kann man nicht gezielt und strategisch hinarbeiten. Man kann sich lediglich auf sie *einstimmen*. Die Glückssache kommt nur zum Offenen und Geöffneten, auf Taubenfüßen.

8. Die Offenheit, die ziellose Offenheit – nicht für etwas Bestimmtes, sondern für die Wechselfälle des Lebens, letztlich den Tod – stimmt uns auf die Glückssache ein. Deshalb erscheint die Vorbereitung auf das Glück als eine Einübung in die Schrecken der Offenheit. Offene Menschen sind verspielt und schöpferisch und deshalb auch glücklich. Sie sind nichts Geringeres als die Schöpfer ihrer selbst. Doch gehört das alles eher zu den Liebenswürdigkeiten der Oberfläche. In der Tiefe ruht der Mut zum absoluten Verlust.

9. Zu den Bedingungen der Glückssache gehört also der Mut zum Unglück. Wir können uns niemals zum Glück hinfinden, wenn wir nicht zulassen, dass sich das Unglück an unseren Knochen abfärbt. Darin liegt der Preis des Glücks.

10. Sich das Unglück im Rahmen einer schwierigen Kunst und Übung zu eigen machen heißt: *Das Unglück meistern und das Glück nicht länger fürchten.*

Darin liegt so etwas wie eine Formel des Glücks.

Teil I

Das fliehende Glück:
Über das Glück
der Glücksmaschinen

Wenn wir dem Glück nachstellen, flieht es. Wenn wir das Glück als etwas Fliehendes ansehen, stellen wir ihm nach. Das ist beinahe die Reaktion auf einen Reiz. Die Katze rennt der Maus hinterher und der Hund kann nicht anders, als der Katze nachzurennen.

Voraussetzung der Glücksjagd ist also, dass das Glück flieht. Und dass wir noch schneller sein wollen als das Glück, um es einzuholen. Dazu brauchen wir Reittiere und Wagen. Dazu brauchen wir Vorrichtungen zum Zielen, Treffen, Fangen. Wir brauchen also Maschinen, die *uns* schneller machen. Wir brauchen aber auch Maschinen, die *das Glück* langsamer machen, bis wir es angehalten und uns angeeignet haben.

»Doch wird das Glück immer schneller und ausweichender. Kaum haben wir es gefangen, schon rutscht es uns aus der Hand. Vielleicht ist es überhaupt besser, wenn wir dem Glück nicht mehr nachrennen, sondern es gleich selbst herstellen. Ersetzen wir also die Jagdmaschinen mit Maschinen, die das Glück herstellen. Bauen wir uns doch gleich Glücksmaschinen! Hören wir also auf, Jäger und Sammler des Glücks zu sein. Werden wir zu Glücksbauern! Werden wir zu Glücksmaschinenbauern!« So könnte der Aufruf zur industriellen Revolution des Glücks lauten.

Jedes Glücksstreben bedient sich der Bilder, die jedem Glück, auch dem abwesenden, einen Ort zuschreiben. Grundsätzlich wohnt das Glück nicht hier, am Schauplatz unserer täglichen Mühsal, sondern dort, wo wir nicht sind. Der Ort des Glücks ist ein U-Topos oder Nicht-Ort: ein anderer, schwer erreichbarer, höher gelegener Ort. Früher vermutete man selbst das *irdische* Paradies, dessen Ort nicht der Himmel, sondern irgendwo an der Erdoberfläche war, entweder im fernen Osten, im fernen Westen, im hohen Norden, auf einem hohen Berg, kurz: weit entrückt von Diesseits und Alltag. Im europäischen Mittelalter herrschte die Ansicht, der Garten Eden läge am östlichsten Rand des Ostens. Marco Polo vermutete, dass man ihn als Erstes antreffen würde, wenn man über den westlichen Meeresweg zum Osten gelangen wollte. Kolumbus übernahm diese Vorstellung. Von der ersten karibischen Insel, auf der er landete und die er San Salvador taufte, meinte er, sie sei entweder Teil eines neuen und unbekannten Kontinents oder der östlichste Rand Asiens, das heißt der Garten Eden als west-östliches Paradies auf der kugelförmigen Erde. Später meinte er, die Erde wäre nicht exakt kugel-, sondern birnenförmig und das irdische Paradies würde mitten im Meer unweit der Azoren an einer erhöhten Stelle liegen. Es hätte die gleiche Position wie der Stiel einer Birne. Um diese Stelle herum würde das Meer steil werden, so dass ein Schiff auf dem Weg zum Paradies förmlich das Meer hinaufklettern müsste.[13] Vielen vormodernen Traditionen erscheint der Weg zum Paradies als ein steiler Hang. Der Ort des Paradieses muss der höchste Ort auf Erden sein: der Ort, der dem Himmel am nächsten ist.

Die Jagd nach dem Glück ist beseelt von der Sehnsucht nach dem Paradies und ihren Geschenken: Genuss, Ferne, Nacktheit. Mit der Industriellen Revolution erschien es möglich, diese als Serienprodukte herzustellen. Die Glücksmaschine Werbung wurde aufgestellt, um den Genuss allgemein verfügbar zu machen. Sie verwandelt die industriell hergestellten Serienprodukte in Glücksbringer. Die Glücksmaschine Tourismus wurde aufgestellt, um die Ferne allgemein verfügbar zu machen. Sie verwandelt die Ferne in ein Urlaubsparadies.[14] Die Glücksmaschine Sexualität wurde aufgestellt, um die Nacktheit zu verallgemeinern. Sie verwandelt alles, was die Körper umgibt, in Zeichen ihrer begehrenswerten Nacktheit. Natürlich gibt es andere Glücksmaschinen. Aber die drei genannten stellen einen entscheidenden Teil des Glücksnetzes dar, in dem das moderne Leben ruht oder zu ruhen *scheint*. Denn in Wahrheit wird es von den Glücksmaschinen geradezu aus der Ruhe gelockt und auf eine endlose Jagd nach dem Glück geschickt.

Damit verwandelt sich unsere Frage nach dem Glück. Wir fragen nicht mehr: »Was ist Glück?«, sondern: »Was macht das Glück?« Oder: »Was machen die Glücksmaschinen mit uns?«

1. Die Aufladung des Produkts:
Glücksmaschine Werbung

Glück ist planbar.
HAMBURG MANNHEIMER VERSICHERUNGEN

Die vielen verschiedenen Marken sind im Grunde ...
gleich, und nach zwei oder drei Gläsern Bier könnte sie
nicht einmal mehr ein Experte auseinander halten.
So trinkt der Konsument buchstäblich die Werbung,
und die Werbung ist gleichbedeutend mit der Marke.
MIKE DESTINY (ALLIED BREWERIES[15])

Was ist Glück? Weißer Sand, blauer Himmel, salziges
Wasser.»Das Wasser, die Luft, das Leben«, wie es
bei Perrier heißt. Das Glück besteht darin, in eine
Perrier-Anzeige einzusteigen, zu der Pacific-Reklame
mit dem berühmten Abdruck eines nackten Fußes
zu werden, der aus dem Meer kommt und sich sofort
verflüchtigt auf dem glühend heißen Steg.
FRÉDÉRIC BEIGBEDER[16]

Die zweite Haut

Geben wir es zu: Wir leben in einer überklebten Welt. Häuser-
fronten, Haltestellen, Litfasssäulen, Taxi- und Lastwagenflan-
ken, Gebäudefassaden während der Renovierung, Bahnsteige,
T-Shirts: Alles ist zum Träger von Schrift und Bild geworden.
Und dennoch gibt es noch so viel ungenutzte Fläche! Wenn es
ginge, würden wir mit Sicherheit Berge, Meer, Himmel zu-
pflastern. Von der Unterseite der Wolken würde uns »Coca-
Cola« zublinken und nachts würden sich die Sterne zu leuch-
tenden Anzeigen von Markennamen formieren.
Auch die Zeit böte noch unausgeschöpfte Möglichkeiten.
Man könnte Sendezeiten mit Werbung zuschütten, bis aus den

Fernseh- und Rundfunkangeboten nur noch der Lockruf der Produkte zu hören wäre, unterbrochen durch Spielfilme, Sportsendungen, Wetterberichte. Aber selbst die Unterbrechungen ließen sich doch anderweitig nutzen! Warum sollten sie nicht gleich den Stempel ihrer Sponsoren tragen? Und wer sagt, wir sollten gleich beim Wetterbericht Halt machen? Sicher ließe sich die eine oder andere Wetterlage sponsern, wobei man uns natürlich nicht im Dunkeln lassen sollte, wem wir Sonne, Regen, Schnee zu verdanken hätten: Euer Sony, eure Hypo-Kulturstiftung!

Die Werbung ist so etwas wie eine zweite Haut der Welt geworden, die sich über jene erste ›Naturhaut‹ legt, die wir seit jeher anfassen und durchdringen, die uns täglich versorgt und uns am Ende unseres Lebens mit der Gastlichkeit des Grabes aufnimmt. Die ›Naturhaut‹ der Welt ist unmittelbar an die Sichtbarkeit des Todes gebunden. Sie überdecken heißt deshalb auch, den Tod unsichtbar machen. Philippe Ariès hat einen bemerkenswerten Rückzug des Todes in den modernen Gesellschaften diagnostiziert und gezeigt, wie im zwanzigsten Jahrhundert der Tod »schamhaft ausgespart und zum verbotenen Objekt«[17] wird. Man täuscht selbst den Sterbenden und versagt ihm Auskunft über seinen nahenden Tod, da es darum geht, »der Umgebung… die… gefühlsmäßige Belastung zu ersparen, wie sie die Widerwärtigkeit des Todeskampfes und die einfache Präsenz des Todes inmitten des vollen Lebens mit sich bringt, denn man hält es jetzt für ausgemacht, *daß das Leben glücklich ist oder wenigstens den Anschein haben soll.*«[18] Die Vorstellung des anhaltenden und unvermischten Glücks, die das Wesen und Ziel des modernen Lebens auszudrücken scheint, soll nicht durch das unerwartete und unmanierliche Aufkommen des Todes ins Schwanken geraten.

Diese Vorstellung vom glücklichen Leben beruht nicht auf einem Gesellschaftsvertrag. Sie ist vielmehr ein Effekt der Glücksmaschinen, in besonderem Maße der Glücksmaschine Werbung, von der die Vorstellung des gleichen Glücks aller an jedem Ort und zu jeder Zeit täglich wiederhergestellt wird. Ist es die berühmte moderne Angst vor dem Tod, die uns täglich die Augen mit bunten Bildern zudeckt? Oder die Angst vor dem kalten Universum und seinen intergalaktischen Wüsten, die uns schier übersteigen und ohne viel Aufhebens beseitigen können?

Doch lassen wir diese Fragen vorerst in der Schwebe. Sicher ist nur, dass wir inzwischen kaum die Augen aufmachen können, ohne gleich die Werbung zu Gesicht zu bekommen. Wir sehen in die Welt und sehen nichts anderes als das, was uns glücklich machen soll – gegen Geld, versteht sich. Eine epochale Vogel-Strauß-Politik scheint diese Bilder zu produzieren, Bilder des Glücks, in die wir die Welt gleichsam einwickeln und sie mit nach Hause nehmen, zum Verzehr vor dem Fernseher, aus dem uns erneut Bilder zuströmen. Insgesamt ist die Werbung zur bebilderten Verpackung ›unserer‹ Welt geworden. Sie ist der Spiegel, der uns den Blick zurückschickt und *unser eigenes Begehren* als dessen Quelle offenbart. Denn wir sehen nicht mehr, was jenseits unserer Erwartungen liegt. Wir sehen nur noch, was wir sehen *wollen*. Und was wir sehen wollen, entscheidet täglich darüber, was wir auch tatsächlich sehen.

Mit der Zeit wird also die Spiegelwelt der Werbung zur Gummizelle unserer Subjektivität. Es ist eine Welt, die durch unser eigenes Wollen *genormt* ist. In dieser Welt ist alles jung, stark, gleichmäßig. Niemand schwitzt, niemand scheitert. Auf einem Plakat der Versicherungskammer Bayern steht: »Rente gut, alles gut.« Zu sehen sind: blauer Himmel, Palmen, bunte Strandsessel. *Ende* findet sich durch *Rente* ersetzt. Das Ende ist nicht: sinkende Kraft, Infusionsschlauch, kein Besuch. Das Ende ist vielmehr die abgesicherte Rente, eingerahmt von Himmel, Wasser, Strand. Und wem haben wir diese Wohltat zu verdanken, wenn nicht der bayerischen Versicherungskammer?

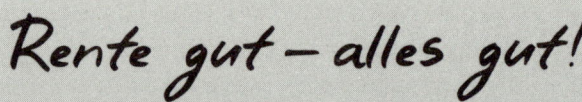

Die Welt als Wille und Supermarkt

Im Allgemeinen ist die Welt der Werbung eine Welt der Dauer-
ferien, getaucht in eine Heiterkeit aus Plastik. Die Sonne
scheint aus einem wolkenlosen Himmel, das Meer ist blau, die
Männer bzw. Frauen verschlingen uns mit ihren Blicken. Natur
und Kultur sind endlich versöhnt. Die Cowboys sitzen am Feuer und rauchen Marlboro, die neuesten Mini-Rover schwär-

men aus und gleiten durch die widerstandslose Landschaft, die Innenräume sind von Ikeaholz und Pflanzengrün überdeckt. Aus allen Oberflächen der Welt tönt uns das Glück entgegen, mit Vorliebe auf Englisch.

Selbst unser Wollen, das unsere Welt zu normieren scheint, ist seinerseits genormt. Schließlich müssen wir ja auch wollen, was uns täglich angeboten wird. Alle, die etwas gelten, tragen Armanihemden und Swatchuhren. Alle *haben* solches zu tragen. Für gewöhnlich gibt sich die Werbung als Repräsentation eines Produkts. In Wahrheit aber ist sie eine schöpferische Präsentation, sowohl des Produkts als auch des Willens danach, denn (a) sie stilisiert das Produkt zum Objekt des Begehrens und (b) sie formuliert das Begehren nach diesem Objekt. Sie präsentiert ein Serienprodukt als ein begehrenswertes und *einmaliges* Gut und formuliert dabei den individuellen Konsumwillen in ein genormtes und beliebig *wiederholbares* Begehren um. In der Karnevalswelt der Werbung steht alles auf dem Kopf: Indem das Serienprodukt als ein begehrenswertes Original erscheint, verwandelt sich die angeblich einmalige Seele in ein Serienprodukt.

Denn die Werbung behauptet erstens, alle Konsumenten würden jederzeit dasselbe wollen. Damit schafft sie die verkaufsfördernde Fiktion eines einheitlichen Konsumentenwillens. Sie behauptet zweitens, dass sie jederzeit bereit sei, ihren eigenen Willen dem einheitlichen Konsumentenwillen anzugleichen. Tatsächlich aber tut sie das Gegenteil. Sie gleicht den von ihr erfundenen Konsumentenwillen ihrem eigenen Willen an. »Lieber Kunde«, sagt sie, »wir wollen doch alle dasselbe, nicht wahr? Aber Sie wissen eben nicht, was Sie wollen. Deshalb sind wir ja da! Wir sagen Ihnen auf Grund unseres Expertenwissens, was Sie selber nicht wissen. Wir sagen Ihnen, was Sie *eigentlich* begehren, oder besser, *begehren sollten!*« Die Werbung will uns also die Wahrheit unseres eigenen *eigentlichen* Begehrens offenbaren. Damit reiht sie sich in die lange christliche Tradition von Beichte und Geständnis ein. Allerdings mit einer wichtigen Umkehrung. Der inquisitorische Dialog bemühte sich, die Wahrheit des Begehrens mit der Zange der Folter aus der *Tiefe* der sündigen Seele ans Licht zu zerren. Die Werbung dagegen konstruiert Wahrheiten – das wahre Begehren, das optimale Produkt, das gelingende Leben –, die sie uns unter der Folter der Wiederholung auf die *Oberfläche* unserer Seele stempelt, bis wir sie für unsere eigenen ursprünglichen Wahrheiten halten. Damit erschafft sie die genormte Konsumseele. Sie schenkt dem Kunden die formelle Freiheit der Wahl, offenbart ihm aber seine Produktignoranz, drängt ihm ihr Wissen auf und unterwirft seinen Willen ihrer eigenen Norm. Sie schafft also nicht nur das Produkt als Objekt eines Willens. Sie schafft darüber hinaus noch den Willen nach diesem Objekt.

Da aber das Lob eines Produkts meist nicht länger als eine Saison dauert und in das Lob eines anderen Produkts umschlägt, versetzt die Werbung den Willen des Konsumenten in ständige Unruhe. In kurzen Perioden muss der Konsumbürger die Richtung seines Willens nach dem Kompass der Werbung ändern. Die Welt ist nicht mehr Schopenhauers *Vorstellung*, sondern ein *Supermarkt*, der stets den Willen des Einzelnen zersplittert und schwächt: ein gigantischer Supermarkt vielfältiger und immer neuer Produkte, der über die Werbung seine dauernd wechselnde Produktordnung dem Willen des Konsumenten aufprägt. Damit gerät der Wille des Einzelnen in ein Schäumen und zerfällt nach dem Diktat der stets sich verschiebenden Produktordnung. »Die Logik des Supermarktes«, schreibt Michel Houellebecq, »führt zwangsläufig zu einer Streuung des Verlangens. Der Mensch des Supermarktes kann organisch gesehen nicht der Mensch eines einzigen Willens, eines einzigen Verlangens sein. Das erklärt, weshalb das Wollen beim zeitgenössischen Menschen einen gewissen Tiefstand erleidet. Nicht dass der Einzelne weniger verlangen würde. Im Gegenteil, er verlangt mehr und mehr, nur hat sein Verlangen etwas Aufreißerisches und Kreischendes bekommen: Zwar ist es kein reines Trugbild, dafür aber zum großen Teil das Produkt äußerer Determinierungen, sagen wir Determinierungen der *Werbung* im weitesten Sinne. Nichts in ihnen erinnert an die organische, totale, hartnäckig auf ihre Vollendung ausgerichtete Kraft, die das Wort ›Wille‹ suggeriert – daher der gewisse Mangel an Persönlichkeit, der sich bei jedem beobachten lässt.«[19]

Das käufliche Paradies

Die Werbung formt den Willen der Einzelnen anhand ihrer Versprechungen. Die traditionellen Offenbarungen versprachen den Guten das höchste Sein (Paradies) und den Bösen die Vernichtung (Hölle). Die christliche Offenbarung versprach die Rückkehr zu Gott, die von einem heilsgeschichtlichen Trieb des Menschen ausging und in seiner Gottebenbildlichkeit verankert war. Welches Glück verspricht uns die Werbung? Sie verspricht uns das Leben von Göttern in einem Dauerparadies und behandelt uns alle wie die Guten der Offenbarung.

Allerdings fordert sie als Gegenleistung nicht ein tugendsames Leben. Das einzige Kriterium unserer Paradiesreife ist für sie unsere Kaufkraft. Die Werbung gedeiht also auf demselben kulturellen Boden wie die revolutionären Utopien, die seit dem späten achtzehnten Jahrhundert wie die Pilze aus der Erde des modernen Lebens schießen. Die politische Utopie verspricht uns das irdische Paradies gegen den Einsatz unserer revolutionären *Tatkraft*. Die Werbung verspricht uns das irdische Paradies gegen den Einsatz unserer konsumwilligen *Kaufkraft*. Gemeinsamer Nenner sowohl der Tatkraft als auch der Kaufkraft ist die *Arbeit*. Es geht letztlich darum, dass man das Paradies zu *erarbeiten* hat. Deshalb ähneln sich Werbung und politische Propaganda. Beide verheißen das *irdische Paradies*. Sie wollen beide umstimmen, Urteile verändern, neue Anschauungen wachrufen. Sie wollen Orientierungshilfe leisten, damit der Einzelne inmitten konkurrierender Ideologien und Produkte das Richtige wählt. Sie bedienen sich beide der aphoristischen Kürze ihrer Slogans und der Schlagkraft der Wiederholung.

Wie sieht das irdische Paradies der Werbung aus? Als Erstes verspricht sie uns, was ehemals die Attribute Gottes waren: *Truth* (Calvin Klein, Parfüm), *Essence* (Philips, Küchengeräte), *Infinity* (Rohleder, Kleidung), *Freiheit* (Peugot, Auto) und nicht zuletzt *Eternity* (nochmals Calvin Klein, Parfüm). Als Zweites verspricht sie uns eine mit den Attributen des Paradieses ausgestattete Welt. Eine Welt ohne Vergänglichkeit, in der die Teppiche länger halten – »Vorwerk Teppich. Und der hält länger, als es uns lieb ist.« (Vorwerk, Teppiche) – und die Make-ups einen »lasting natural finish« (Chicogo) besitzen. »Lassen Sie die Zeit verschwinden« (Jaeger-LeCoultre, Uhren), sagt uns die unermüdliche Stimme der Werbung, oder: »Time changes everything. Except a Rado« (Rado Switzerland, Uhren).

In diesem unvergänglichen Paradies regieren *Natürlichkeit* (»Über-natürlich! Fixiert wie Gel. Natürlich wie Wasser!«: L'Oréal, Haargel), *Frische* (»Die Frische von Wasserperlen.«: Astor, Make-up), *buntes Leben* (»Wir finden, das Leben sollte viel bunter sein.«: Nokia, Handys), *die Schönheit dieser Erde* (»Begegnungen mit der Schönheit dieser Erde.«: Hermes Paris, Besteck), *Magie* (»Magie der Verführung. Meisterhafte Kreationen aus Tahiti-Zuchtperlen.«: Schoeffel, Perlenschmuck), *Eleganz* (»Elegance is an attitude.«: Longines, Schmuckuhren), *Leuchtkraft* (»24 intensive Farben von unglaublicher Leuchtkraft für strahlend schöne Lippen.«: Helena Rubinstein, Lippenstift), *neue Horizonte* (»Die Elemente locken. Neue Horizonte warten.«: Arosa, Schiffsreisen). Und so weiter.

In einem Wort: Die Werbung macht uns täglich das Angebot, wie *Gott* in einem *Paradies* zu leben, nicht etwa im Element einer mystischen Vision oder eines Lebens nach dem Tod, sondern hier und jetzt. Die Glücksmaschine Werbung funktioniert im Rahmen des modernen Dispositivs des irdischen Paradieses, wobei, wie gesagt, Paradies und Gottwerdung nicht mehr gegen die Arbeit der Tugend einzutauschen sind. Einzige Voraussetzung dafür, dass das Werbeglück in Erfüllung geht, ist Geld: durch Lohnarbeit erworbenes Geld für die Vielen, durch

Erbschaft, Spekulation usw. gewonnenes Geld für die Wenigen. Die traditionelle Offenbarungssprache verkündet laut und deutlich die Tugend als den einzigen Weg zum Glück. Die Sprache der Werbung hingegen verschweigt uns den einzigen Weg zum Konsumglück: Geld. Sie preist das Produkt, aber spart den Preis des Produkts aus. Damit erweckt sie den Eindruck, das Glück würde an Bäumen wachsen, für alle gleichermaßen und zu jeder Zeit zu haben, unabhängig von der Einkommensklasse. Sie behauptet: Das Glück ist ein Demokrat.

Von der Macht der Werbung

Könnte die Werbung für einen Augenblick ihren Verkaufsauftrag aussetzen und sich selbst vorstellen, würde sie wahrscheinlich folgendermaßen sprechen: »Ich heiße Octave und kaufe meine Klamotten bei APC … Ich bin der Typ, der Ihnen Scheiße verkauft. Der Sie von Sachen träumen lässt, die Sie nie haben werden. Ich bin Ihnen immer drei Wellen voraus und enttäusche Sie zuverlässig … Ich fixe Sie mit Neuheiten an, die den Vorzug haben, dass sie nicht neu bleiben. Es gibt immer eine neue Neuheit, die die vorige alt aussehen lässt. Mein Amt ist es, Ihnen den Mund wässrig zu machen. In meinem Metier will keiner Ihr Glück, denn glückliche Menschen konsumieren nicht.«[20]

In der Stunde ihrer Wahrheit würde wohl die geständig gewordene Werbung folgendermaßen fortfahren: »Ich caste die Models, von denen Sie in sechs Monaten einen Ständer kriegen. […] Je mehr ich mit Ihrem Unbewussten spiele, desto besser gehorchen Sie mir. Wenn ich an den Wänden Ihrer Stadt ein Joghurt anpreise, werden Sie es kaufen, das versichere ich Ihnen. Sie meinen, frei zu sein in Ihrer Wahl, aber eines Tages werden Sie mein Produkt im Supermarktregal wiedererkennen und Sie werden es kaufen, nur um es zu probieren, glauben Sie mir, ich kenne meinen Job. Mmmhh, ist das geil, Ihr Gehirn zu penetrieren. Ich komme in der rechten Hälfte. Ihr Begehren ist nicht mehr Ihres: Ich zwinge Ihnen meines auf. […] Ideal wäre, wenn Sie erst mich zu hassen beginnen und dann die Epoche, die mich hervorgebracht hat.«[21]

Wir hören hier nicht die Lobpreisung eines Produkts, auch nicht die üblichen Ratschläge, die uns offenbaren, was wir in Wahrheit begehren, und die uns den Weg zum Glück verschreiben. Wir hören hier, was wir sonst nicht zu hören bekommen: die unverstellte Stimme der Werbung, die sich selbst vorstellt, ohne Rücksicht auf ihre ›Werbewirksamkeit‹. In der Regel sind die Angebote der Werbung nichts anderes als reizvoll verpackte Kaufanweisungen. Ihre begeisterten Angaben über Produkt und Lifestyle verdecken nur ihren eigentlichen, fast verzweifelten Ausruf: »Kauft doch, Leute, wo soll die Ware sonst hin?« Wobei gerade die verdeckte Stimme zur häufigsten Strategie der Werbung gehört. Denn sie wirkt angeblich nur dann, wenn wir nicht bemerken, dass sie wirkt oder gar existiert. Wenn sie aber so unverhohlen wie im obigen Zitat über sich selbst spricht, dann nur in einem Augenblick der Unachtsamkeit, in dem sie, durch anhaltenden Erfolg toll geworden, ihre entscheidendste Strategie nicht mehr für nötig hält.

Oder im geschützten Raum der Literatur. In Frédéric Beigbeders Roman konsolidiert sich die ›wahr sprechende‹ Stimme der Werbung zur Figur Octaves und tritt in Gegensatz zur Glücksmaschine Werbung, in die sein Leben eingeflochten ist. Octave ist ein Werbetexter, der seine Branche als eine universelle Korrumpierungsmaschine empfindet und den Alleinkampf mit ihr aufnimmt. Die Werbung ist sein Geldgeber, aber auch sein Gefängnis. Sie ist der unerbittliche Tyrann, der ihn zur täglichen Komplizenschaft anhält. Der Icherzähler Octave erhofft sich seine Entlassung und Befreiung durch die Niederschrift dieses Romans. Er hofft, aus den Fangarmen der Werbung auszubrechen, indem er ihre Wahrheit ausplaudert.

Doch kann das nicht gelingen. Die Maschine der Werbung scheint zur Gummizelle geworden zu sein: gerade für denjenigen, der in ihrem Getriebe zugleich Sand und Rädchen sein und zuletzt ihrem Räderwerk entkommen will. Ist Octave einer oder zwei? Ist er wirklich ein Gefangener oder nur ein armer Irrer, der in seiner überhitzten Phantasie glaubt, sich befreien zu müssen? Auf der ersten Seite des Romans spricht Octave von einem Traum, in dem er im Meer ertrinkt. Mit dem Mund voller Salzwasser hört er, wie vom Strand aus eine Frau nach ihm ruft. Am Ende der Geschichte ertrinkt nicht er, sondern sein Nebenbuhler und ehemaliger Chef, Marc Maronnier. Auch hier ruft eine Frau nach dem Ertrinkenden. Das ist Sophie, die große Liebe Octaves, von der er sich bereits vor Beginn der Romanhandlung trennt, nachdem sie ihm eröffnet hat, dass sie von ihm schwanger ist. Erst im Laufe der Zeit wird Octave klar, dass Sophie seine einzige Liebe ist und dass er an ihrer Abwesenheit förmlich erstickt.

Mit der Zeit steigert sich Octave in einen ohnmächtigen Hass gegen die Weltmacht Werbung. Zusammen mit zwei anderen Leuten begeht er einen sinnlosen Mord und landet im Gefängnis. Der Versuch, sich von der Glücksmaschine Werbung zu befreien, führt ihn direkt in die ›Freiheit‹ des Gefängnisses. Den Roman schreibt er im Gefängnis zu Ende. Auf der anderen Seite brennt sein Chef Marc Maronnier mit Sophie durch, inszeniert aber vorher für die Kollegen den eigenen Tod und flüchtet schließlich in ein Ferienparadies in der Karibik, das im Verlauf des Romans immer mehr den Charakter einer Reklame annimmt. Das Glück: das ist für Marc und Sophie »weißer Sand, blauer Himmel, salziges Wasser … Es besteht darin, in eine Perrier-Anzeige einzusteigen, zu der Pacific-Reklame mit dem berühmten Abdruck eines nackten Fußes zu werden, der aus dem Meer kommt und sich sofort verflüchtigt auf dem glühend heißen Steg.«[22] Am Ende wird dieses ungetrübte Glück zum Glücksalptraum, sodass Marc schließlich in ein Reklame-Meer steigt, um darin zu ertrinken.

Damit zeichnen sich zwei Wege der Befreiung von der Glücksmaschine Werbung ab: der Terrorismus und die Flucht. Der Terrorismus endet im Gefängnis, dem vielleicht einzigen freien Ort in einer von der Werbung überdeterminierten Welt.

(Allerdings gibt es leider auch dort Fernsehen.) Die Flucht in die Freiheit endet in einem anderen Gefängnis: dem Gefängnis des Bildes. Sie ist eine Flucht in das Glücksbild, mit dem uns die Werbung täglich versorgt. Beide Befreiungswege unterstehen der Befehlsgewalt der Werbung.

Allerdings impliziert diese Geschichte eine Auffassung von der Macht der Werbung, die man überdenken müsste. Hier erscheint die Werbung als eine den Menschen äußere und feindselige Macht, der sich der Einzelne nur vergeblich zu widersetzen versucht. Sie funktioniert nur, indem sie die Menschen verführt und sie zu (Kauf)Handlungen anleitet, die eher in ihrem eigenen Interesse als im Interesse der Menschen sind. Doch wollen wir im Folgenden einer anderen Fährte nachgehen. Uns leitet eher die Vorstellung, dass die Werbung eine *schöpferische* Macht ist. Man muss sie nicht als eine den Menschen äußere Macht betrachten, die sie manipuliert und mit Gefängnis und Tod bestraft, wenn sie sich nicht fügen. Man kann sie vielmehr als eine Macht ansehen, die die Menschen erst *erschafft*: als die genormten Subjekte ihres genormten Begehrens.

Damit reiht sich die Werbung ins Arsenal jener von Michel Foucault beschriebenen modernen Maschinen oder *Dispositive* der Macht ein. Diese Maschinen sind keineswegs Instrumente jener souveränen Königsmacht, die sich ehemals als das große öffentliche Theater von Tod und Strafe in Szene setzte. Sie sind vielmehr Organisationsformen der modernen *Bio-Macht*, das heißt Maschinen zur Produktion genormten Lebens. Die souveräne Macht orientierte sich an der Strategie: *Leben lassen und sterben machen*. Sie strafte die äußeren und inneren Feinde des Königs mit Tod und ließen seine Freunde am Leben. Die Apparate der *Bio-Macht* hingegen folgen der Strategie: *Leben machen und sterben lassen*. Für diese moderne Macht hat der Tod an instrumenteller Bedeutung verloren: Er tritt in den Hintergrund, während das Leben in den Vordergrund drängt, nicht als die Zielscheibe der Unterdrückung, sondern als das eigentliche Produkt dieser Macht. Das erklärt, warum die Werbung so viel Wirbel um das Leben macht: um die *Schönheit* des Lebens (»Wir formen Ideen zum Leben«, »Leben kann so schön sein. Beta«: Pro Seda, Möbel), um die *Buntheit* des Lebens (»Wir finden, das Leben sollte viel bunter sein.«: Nokia, Handys), um die *Veränderbarkeit* des Lebens (»Panasonic. Changes your life«: Panasonic, DECT-Telefone). Das erklärt aber auch, warum der Tod im Laufe des zwanzigsten Jahrhunderts schrittweise von der Bühne des Alltags verschwindet, wie es das eingangs angeführte Zitat von Philippe Ariès feststellt.

Die Macht der Werbung stützt sich also nicht auf die Todesdrohung, wie die traditionelle Macht des Souveräns und wie es der Roman von Frédéric Beigbeder nahe legt, sondern auf die Glücksverheißung. Ihre Macht wirkt nicht über die Kraft der Abstoßung und des *Schubs*. Sie hält uns nicht den Tod vor, damit uns dieser abstößt und uns von bestimmten verbotenen Handlungen abhält. Sie wirkt vielmehr über die Kraft der Verlockung, Verführung, Anziehung, in einem Wort: der Kraft des *Zugs*. Sie lockt uns mit Gott und Paradies, sodass wir ihr ohne Widerrede folgen und uns dabei sogar frei und willig vorkommen. Sie macht es den griechischen Hetären nach, deren Schuhsohlen mit Nägeln beschlagen waren in der Anordnung spiegelverkehrter Buchstaben. Beim Gehen stempelten sie die Worte »folge mir« in den Sand.

Indem wir aber dem Lockruf der Werbung folgen, werden wir von ihr erst erschaffen.

Der Schrei und das Lob

Jahrhundertelang meldete sich die Werbung als Schrei. Bis ins achtzehnte Jahrhundert hinein herrschte in den europäischen Städten ein ohrenbetäubender Straßenlärm aus Stimmen, Schritten, Pferdehufen, vorbeirumpelnden Kutschen und Fuhrwerken. Wie noch heute in manchen nichtwestlichen Ländern, wurde dieser Lärm immer wieder durchbrochen vom gellenden Schrei der Scherenschleifer, Essigverkäufer, Fassbinder, Zahnzieher, Rattenfänger und Quacksalber aller Art, Kohlenbrenner, Schuhflicker, Drogenhändler. Der Verkaufsschrei übertönte durch seine Höhe und besondere Melodie den Straßenlärm und erreichte den potenziellen Käufer.

Heute ist der bunte Straßenlärm, zumindest in den modernen Großstädten, zum stetigen Brausen des Autoverkehrs abgeebnet, während der Verkaufsschrei ins Wohnzimmer gewandert ist. Dort werden wir vom Lockruf der Fernseh- und Rundfunkwerbung eingeholt. Mit dem Werbeschrei ist ein Stück der marktschreierischen Öffentlichkeit vormoderner Straßen bis in die Innenräume des modernen Lebens gedrungen.

Zugleich hat sich auf den Straßen der Verkaufsschrei zum Schweigen bedruckter Blätter beruhigt. Während der *hörbare* Anteil des Verkaufswillens die Straße verlassen hat und über Rundfunk und Fernsehen in die Privaträume gedrungen ist, hat sein *sichtbarer* Anteil das Straßenbild erobert: als ein Gedränge aus Bildern und Buchstaben, die uns seither von den überklebten Oberflächen des Alltags ihre Lobpreisungen zurufen. Sogar an der Schwelle zum Wohnzimmer, an den Frühstückstischen der öffentlichen Kaffeehäuser blinken uns seitdem die Anzeigen aus den Blättern der Morgenzeitung entgegen.

Damit hat die Werbung allerdings keineswegs den Charakter des Schreis verloren. Sowohl im Medium der Schrift als auch in dem der Stimme *markiert sie eine Differenz*. Im Mittelalter meldete die Stimme des »Marktschreiermeisters«, der ein vom König unterstütztes öffentliches Amt vertrat und schreiend durch die Straßen zog, ein Qualitätsdifferenzial der feilgebotenen Ware. Er war zugleich Richter und Verkündiger der Warenqualität und diente als eine vom König selbst eingesetzte Verbraucherschutzinstanz.[23] Zu Beginn der industriellen Epoche, in der ersten Hälfte des neunzehnten Jahrhunderts, prägten in Amerika Entertainer und Zirkusleute nachhaltig den Stil der Werbung. Sie präsentierten Sensationen und setzten Unterschiede, von denen die öffentliche Aufmerksamkeit erregt werden sollte, beispielsweise Phineus Taylor Barnam, der 1835 eine alte Sklavin kaufte und sie als die Amme George Washingtons ausstellte.[24] Alles, was öffentliches Aufsehen erregte, reichte als Werbung hin, vornehmlich der Skandal, der für die Werbung eine ebenso wirksame Grundlage abgab wie das Melodram fürs Theater. Das Drama des Verkaufsangebots sollte die Ware zum Stadtgespräch machen, wozu nicht nur *hörbare*, sondern auch *sichtbare* Mittel eingesetzt werden durften. Noch um 1870 wurden exotische Tiere wie Strauße und Elefanten zu Werbezwecken durch die Straßen spazieren geführt.[25]

Ab 1890 lautete das Werbeprinzip vieler amerikanischer Unternehmer: »Bill it like a circus.«[26] In ihren akustischen und visuellen Mitteln sollte die Werbung eine Sensation sein und damit das Produkt selbst als Sensation vorstellen: in seiner *Differenz* gegenüber allen anderen Produkten und als Quelle einer einzigartigen Konsumekstase. Allerdings sollte diese von der Werbung freigelegte Differenz kein neutraler Unterschied sein, vielmehr sollte darin ein qualitativer Rangunterschied sichtbar gemacht werden. Deshalb könnte man den Verkaufsschrei als den sichtbaren Körper des Komparativs betrachten. Seine Abhebung vom Straßenlärm signalisiert im Allgemeinen die Hervorhebung des mit ihm verschweißten Produkts, wobei er mehr sagt als nur: »Dieses Produkt ist *anders*!« Er sagt zudem noch: »Dieses Produkt ist *besser*!«

Nur im Element dieses Besserseins vermag das Produkt als etwas Begehrenswertes in Erscheinung zu treten. Der Schrei ist seine Erscheinungsweise, sowie seine Schminke und Steigerung in einem. Er präsentiert sich, nur um das Produkt zu präsentieren, und erweckt dabei den Eindruck, als würde in ihm das Produkt selbst zum Sprechen kommen. »Nehmt mich doch!«, sagt es. »Bin ich nicht schöner, besser, praktischer usw. als all die anderen? Seht ihr mich nicht auf der höchsten Stufe der Rangordnung der aktuellen Werte?« Als ein akustisches Differenzial an der Geräuschkulisse des Alltags artikuliert der Schrei das Differenzial des Produkts auf dem mehr oder weniger freien Markt der Angebote. Nur als akustische Markierung vermag er selbst den Wert des Produkts zu markieren: auf der Grundlage einer zeichenartigen Beziehung zwischen einer lautlichen Differenz und einer Differenz im Wert.

Des Weiteren bewirkt der Verkaufsschrei eine Unterbrechung in der Zeit des Alltags, die von drei aufeinander folgenden Phasen dimensioniert ist. Erstens: Man *bleibt stehen*, sobald man den Schrei hört.[27] Zweitens: Man *dreht sich* zur Quelle des Schreis, sobald man stehen geblieben ist.[28] Drittens: Man *nähert sich* der Quelle des Schreis, sobald man stehen geblieben ist und sich in die Richtung der Quelle gedreht hat. Der Schrei löst eine zielstrebige Bewegung aus, die direkt zum Produkt hinführt und in dessen Konsum endet.[29] Dieser Annäherungsweg zum Produkt wird von der Glücksmaschine Werbung bereitgestellt. Man könnte gewissermaßen die Werbung selbst als Weg zum Produkt ansehen. Sie funktioniert als Weg, indem sie das Konsumgut als ein *Ziel* festlegt.

Um als Ziel eines Weges in Erscheinung treten zu können, müssen die Produkte, die von ihrer Herstellung her Serienprodukte sind, erst von anderen Produkten und Serien unterscheidbar gemacht werden. Damit erst können sie in ihrer Eigenart und ihrem »Begehrens-Wert« in Erscheinung treten. Mit der Werbung wird ein paradoxer Doppelanspruch der industriellen Zivilisation realisiert. Das Produkt soll einerseits *allgemein verfügbar* sein. Andererseits soll es *anziehend* sein. Der Anspruch der allgemeinen Verfügbarkeit fordert die Serienanfertigung des Produkts. Streng genommen ist das Industrieprodukt als ein »Reprodukt« zu bezeichnen: Es ist von Anbeginn an eine Reproduktion, ohne dass es je ein »Original« gegeben hätte. In seiner seriellen Einbettung büßt das Produkt alle individuellen Züge ein und wird dadurch beinahe unsichtbar, sodass es außerstande ist, anziehend zu wirken. Erst die Werbung rettet das Serienprodukt. Sie macht es *sichtbar* und stattet es mit einer Anziehungskraft aus, die es aus der Masse der seriellen Gleichartigkeit heraushebt. Die industrielle Herstellung macht das Produkt zwar allgemein verfügbar, zerstört aber dafür seine Seltenheit. Die Werbung verleiht dem Produkt die Aura einer Differenz, die es erst begehrenswert macht. In diesem Doppelanspruch steckt gewissermaßen die Bedingung der Notwendigkeit der Werbung in Industriegesellschaften.

Allerdings ist der Werbeschrei, als bloß akustische Differenz, eine negative Macht. Er offenbart das Produkt nur durch einen Akt der Unterscheidung. Den positiven Inhalt des Schreis hingegen bietet das *Lob*.

Die Geschichte der Werbung ist tief in der Geschichte des Lobes eingebettet. Das Lob ist keine negative Macht. Im Unterschied zur *Definition* setzt es keine Grenzen, innerhalb derer es seinen Gegenstand einsperrt. Eher ist es eine ziehende, weitende Macht, die Grenzen zerstört und den Gegenstand von sich selbst befreit, gleichsam seine Haut öffnet und seine verborgene Anziehungskraft freilegt. Auch bei strengen traditionellen Formen wie dem Lob Gottes, dem Lob des Königs, dem Lob der Frau, findet eine kontrollierte Öffnung von Grenzen statt. Dabei verwandelt die lobende Entgrenzung ein endliches Ding in ein unendliches und kehrt den mythologischen Prozess der Genesis um. Nicht das Unendliche erschafft uns, die Lobenden, vielmehr erschafft unser Lob erst das Unendliche. Im Lob erschaffen wir den Gott, der uns erschaffen hat, bzw. dem wir im Lob bescheinigen, dass er uns erschaffen hat. Darin ist das Lob eine Spiegelung und, wie jede Spiegelung, auch eine Verkehrung der Genesis.

Die eigentliche Leistung des Lobs ist, dass es den inhärenten Wert eines Gegenstandes freilegt. Generell erscheint ein Gegenstand wertvoll, wenn er auf irgendeine Weise das Glück verspricht. Das Lob macht die *innere Glücksverheißung* seines Gegenstands erst sichtbar und lässt ihn damit als begehrenswert erscheinen. Man lobt Gott als den, der die Überwindung des Todes und damit die Seligkeit verspricht. Man lobt den König als den, der die Überwindung des Krieges aller gegen alle und damit den Frieden verspricht. Mitunter kann das Lob aber auch einen Gegenstand um- oder aufwerten, der ursprünglich einen anderen Wert oder wenig Wert hatte, wie das Lob der Torheit, des Landlebens, der Nacht, der Hässlichkeit, des Müßiggangs, des Unsinns. Hier wird nicht etwas gelobt, was im Voraus wertvoll war. Vielmehr ist das Lob zu einem Verfahren der Werterzeugung geworden, das gewissermaßen erst das Wertvolle als solches schafft.

In diesen auf- und umwertenden Varianten des Lobs tritt der ursprünglich festgelegte Gegenstand gleichsam über die Ufer seiner alltäglichen Definition und erscheint auf neue Weise begehrenswert. Die Frau hört auf, Frau zu sein, sie wird zur Landschaft: »Deine Schultern heben sich wie zwei Hügel … mein Arm kann kaum die schlanke Neumondlinie deiner Taille umfassen: in der Liebe, wie Meerwasser brandend, brichst du aus …«.[30] Die Nacht hört auf, eine täglich wiederkehrende Periode der Lichtlosigkeit zu sein. Sie wird zur Nacht von Novalis: »Köstlicher Balsam träuft aus deiner Hand, aus dem Bündel Mohn/In süßer Trunkenheit entfaltest du die schweren Flügel des Gemüths …«.[31] Insgesamt hat das Lob eine fliegende Qualität: Es ist ein Rausch der Übertreibungen und bedient sich gerne der Redefiguren. Weil es nicht definieren will und kann, springt es von Bild zu Bild. Es sagt zu Gott: Mein Herr und König. Und zum König: O göttlicher Herrscher, zur geliebten Frau: O Göttin, und zur Göttin: O Mutter usw. Das Lob zerstört definitorische Grenzen, damit es in dem endlichen Ding etwas zu lieben gibt. Es ist eine Vorbereitung auf die Ekstase.

Für gewöhnlich richtet sich das Lob immer auf ein Anderes: Selten wird das Lob der eigenen Person akzeptiert. In Pindars Oden bezieht sich das Lob auf den Sieger im Wettkampf, in Platons Symposion auf die Liebe, im christlichen Psalm auf Gott, in Novalis' Hymne auf die Nacht. Im Lob der Narrheit des Erasmus von Rotterdam[32] findet eine bemerkenswerte Verschiebung statt. Hier zieht der Lobende gleichsam seine Fühler zurück, und das Lob verwandelt sich ins Selbstlob, nicht eines beliebigen Lobenden, sondern der Narrheit selbst: »Man halte sich also bereit, eine Lobrede anzuhören, nicht auf einen Herkules, einen Solon, sondern auf mich, d. i. auf die Narrheit.«[33] Gewöhnlich wird das Selbstlob von den Weisen zurückgewiesen, doch die Narrheit gibt sich bescheidener als »der Haufe der Großen und Weisen, welche bei einer verkehrten Schamhaftigkeit, einen fuchsschwänzerischen Schwätzer, oder einen windichten Dichter mit barem Geld dingen, um aus seinem Mund ihr eigenes Lob anhören zu können.«[34] Stattdessen folgt die Narrheit »dem gemeinen Sprichworte: wenn niemand mich loben will, so lob ich mich selbst.«[35] Auf diese Weise wird die Narrheit als Köder eingesetzt, damit die Prahlerei des Selbstlobs sie ins Lächerliche zieht und mit ihr auch die Mächtigen der Welt als die eigentlichen Narren und Gegner der Weisheit. Durch den Einsatz der Ironie funktioniert das Lob in Wahrheit als Kritik des Gelobten.

Auch bei Nietzsche ist das Lob wesentlich Selbstlob und Kritik in einem, besonders in ›Ecce Homo‹, doch mit einer zweiten Verschiebung. Denn es handelt sich hier um eine andere Art von Kritik. Das Selbstlob stilisiert das eigene Selbst, steigert dessen Wert und erschafft es neu. Diese lobende Selbsterzeugung läuft auf eine Kritik des Herdentriebs hinaus, dem wir im modernen Leben täglich untertan sind und der uns zu genormten Maschinenelementen der modernen Massen macht.

Im Zusammenhang der Produktwerbung stellt sich die Frage: Wer lobt? Der Hersteller des Produkts, der Werbeagent? Beide werden so weit in den Hintergrund gedrängt und das Produkt so weit in den Vordergrund, dass die Grundgeste der Werbung auf ein Selbstlob des Produkts hinausläuft. Im Auftrag eines Produktanbieters und in der Ausführung eines Werbeagenten lässt das Selbstlob des Produkts die Produktpräsenz ins Unbewusste des potenziellen Käufers sickern. Somit findet eine dritte Verschiebung des Lobs statt. Während das Selbstlob bei Nietzsche eine kritische *Distanzierung* von der Herde auslöst, bewirkt das Selbstlob des Produkts, als Kaufanreizung, eine unkritische *Annäherung* an seinen Gegenstand, das heißt: an das lobend-gelobte Produkt.

Wenn der Schrei der sichtbare Körper des Komparativs ist, so ist das Lob dessen Seele. »Schaut her«, sagt das Produkt im Augenblick seines Selbstlobs, »ich bin für euch der bessere Staubsauger, denn ich bin schnell, energiesparend, modern usw. Mit mir habt ihr einfach weniger Ärger beim Wohnungsputz.« Die Öffnung der Grenzen eines Gegenstandes hat den Charakter einer Überschreitung, bei der notwendigerweise abgewertet wird, was innerhalb der Grenzen blieb. Das Lob gibt dem endlichen Ding seine Unendlichkeit, indem es gerade dessen Endlichkeit denunziert. Die Werbung sagt: Meine Damen und Herren! Dieses Produkt ist neu und einzigartig, zugleich aber sind all die anderen Produkte, die Sie ja bereits kennen, verglichen mit diesem: *graue Vergangenheit*. Deshalb impliziert die Werbung von vornherein den Fortschritt, genauer, die fortschreitende Überschreitung von Wert. Sie lobt, indem sie vergleicht. Wie in der Liebe geht auch hier die Selbstwerbung des Werbenden auf Kosten des Nebenbuhlers.

Die Werbung ist also zugleich Schrei und Lob. Der Schrei unterscheidet die einzelne Produktpräsentation von ihrem akustischen und visuellen Milieu und macht damit ein Serienprodukt als ein einmaliges sichtbar. Das Lob transformiert das Serienprodukt in ein Zeichen seiner Konsumierbarkeit und in einen emphatisch empfohlenen Weg zum Glück. Es bestimmt das Produkt als *Glücksbringer*. Sowohl der Schrei als auch das Lob sind in der Logik des Komparativs verankert. Ihr gemeinsamer Effekt läuft auf eine *Aufladung* des unscheinbaren Serienprodukts hinaus, die das Produkt erst als begehrenswert erscheinen lässt.

Glücksmaschine Werbung

Will man ein Produkt verkaufen, so muss man darüber sprechen können. Bevor man ihm die Maske seiner ökonomischen Identität aufsetzt und daraus ein Verkaufsangebot macht, muss das Produkt beginnen, in der Sprache zu existieren. Das bedeutet: Das ursprünglich namenlose Artefakt muss *diskursiviert* wer-

56

den, bevor es verkauft werden kann. Als technische Neuheit muss es zuerst einen *Namen* erhalten, z. B. »Handy«, und daraufhin einen *Markennamen*, z. B. »Nokia«. Dazu kommen bestimmte *Eigenschaften*, etwa »Nokia mit Modemfunktion«, und bestimmte *Nebenangebote* wie Garantiebedingungen. Diese Identifizierungsschritte, die den Weg der Ware von einem anonymen Produkt zu einem käuflichen und konsumierbaren Ding ebnen, werden von der Werbung zu einem Produktprofil organisiert. Damit schlägt die Werbung eine Assoziationsbrücke zwischen dem hergestellten Ding und seinem Beglückungspotenzial.

Für die barocken Grammatiker war der Diskurs eine Maschine der Repräsentation, die unter dem Einsatz von vier Grundoperationen die Dinge und ihre Zusammenhänge sichtbar machte. Die erste Operation war die *Artikulation* (Einsatz von Nomen oder Namen), die zweite war die *Affirmation* (Einsatz des Verbs), drittens gab es die *Designation* (Einsatz der Zeichen) und schließlich die *Derivation* (Einsatz der rhetorischen Figuren).[36] Auch die Werbung funktioniert als Diskurs, allerdings mit einem entscheidenden Unterschied. Die barocke Diskursmaschine machte eine im Voraus bestehende Welt manifest. Gott präsentierte die Welt, der Diskurs *re*-präsentierte sie. Die Diskursmaschine Werbung hingegen ist schöpferisch: Sie *präsentiert* die Produktwelt anhand derselben Grundoperationen wie der barocke Diskurs. Erstens wird die Funktion der *Artikulation* von den *Markennamen* ausgeübt, die die Dinge klassifizieren in einer Welt, in der nur das Käufliche existiert. (Deshalb gibt es in der Welt der Werbung keine Bäume oder Kieselsteine, auch nicht ›blau‹ oder ›kühl‹, sondern ›Wald und Fluss im Tui-Paradies‹, ›kodakblau‹ bzw. ›pepsiblau‹, ›colacool‹ und so weiter.) Zweitens wird die Funktion der *Affirmation* vom *Lob* und drittens diejenige der *Designation* vom *Logo* geleistet, das unmittelbar und überall ein Produkt oder einen Stil evoziert. Die wiederholte Evokation führt zur Einheit zwischen dem Logo und seinem Bezeichneten, sodass schließlich die Allgegenwart des Logo die ›Allkäuflichkeit‹ der Ware gewährleistet. Viertens wird die Funktion der *Derivation* vom regelmäßigen Einsatz der *Redefiguren* geleistet. Man sagt nicht ›Perrier‹, sondern ›ewiges Leben‹, man sagt nicht ›Marlboro‹, sondern ›Freiheit‹.

Mit Hilfe der Figuren wird der Komparativ erst in Gang gebracht, der im Grunde nichts Weiteres sagt als etwa: »Nur in diesem Produkt meldet sich das Sein, das zu konsumieren euer Geburtsrecht ist!« Deshalb gibt es in der Welt der Werbung prinzipiell nur zwei Produktzustände: das Sein und das Nichts, und nur zwei Produktarten: das seiende und das nichtseiende Produkt. Deshalb ist das jeweils angepriesene Produkt gleichsam der Ort einer Epiphanie, der Ort, an dem das Sein als das Optimum etwa eines Rasiergeräts offenbar wird. Demgegenüber nehmen sich alle anderen Rasiergeräte geradezu als nichtseiende Dinge aus, da sie nicht all das leisten und darstellen, was das beste, nahezu göttliche Rasiergerät leistet oder darstellt. Gegenüber dem Rasierapparat von Braun erscheinen alle die anderen als Nichtrasierapparate. Damit lässt jede Werbung das Produkt nicht nur als das Bessere erscheinen, sondern tendenziell sogar als das Einzige, Seltene, als Ausnahme zur Regel, als Übertretung der Grenze des Mangels.

Zugleich unterschlägt die Werbung den Preis des Produkts. Mit keinem Wort sagt sie, dass für dieses Produkt, wie für jedes andere, sauer verdientes Geld ausgegeben werden muss. Vielmehr stellt sie das Produkt als *Angebot* oder *Geschenk* heraus. Damit *simuliert die Glücksmaschine Werbung die Exzessökonomie.* Vor dem Hintergrund einer allgemeinen Bedürftigkeit entfaltet das Produkt seine Aura und Anziehungskraft und sagt: »Konsumiert mich, da ich selten bin, konsumiert mich, da ihr mich praktisch geschenkt bekommt, denn: Was ihr für mich zahlt, fällt kaum ins Gewicht. Ihr macht immer ein Bombengeschäft, wenn ihr mich kauft, ihr müsst euch im Grunde nur dazu durchringen, euch beschenken zu lassen. Denn ich will nur eins: euch glücklich machen. Ich habe keinen anderen Auftrag, als euch glücklich zu machen!« Und so entfaltet sich der sanfte Despotismus des Produkts, um schließlich auszurufen: »Der Kunde ist König!

Und es ist die größte Erfüllung, ihm dienen zu dürfen.« Dabei geschieht im Hintergrund etwas anderes: die Realisierung des genannten Doppelanspruchs des industriellen Lebens. Auf der einen Seite findet vom seriellen Überangebot her ein tendenzieller Wertverlust des Serienprodukts statt. Auf der anderen Seite und im Gegenzug dazu ruft die Werbung die Seltenheit, den Ereignischarakter und den essenziellen Wert des Produkts aus.

Indem aber die Werbung auf diese Weise dem Konsumenten ›dient‹, zerlegt sie den Konsumentenwillen, den sie auf immer andere, neuere, ›bessere‹ Produkte lenkt. Sie zerstört zwar den Willen des Einzelnen, aber keineswegs etwa um diesen in ein Nichts zu verwandeln, sondern um ihn vielmehr in die allgemeine Form des ›Supermarkts‹ zu gießen. Der Wille des Einzelnen wird dem Diktat des Komparativs unterworfen und damit gezwungen, immer wieder sein Ziel zu ändern. Im Laufe der Zeit bezieht er sich nicht mehr auf ein einziges Objekt, sondern eine Vielzahl von Objekten, deren Gesamtzusammenhang erst den Supermarkt ergibt. Der ständige Wechsel des Produkts wird als »Steigerung« verkauft, während der Wille seine Einheit und Zieltreue verliert und sich allmählich der Form des Supermarktes anpasst. Während also die Werbung die Aura der Produkte konstruiert und in ihrer Gesamtheit den Supermarkt präsentiert, zerfällt der Wille in viele Teilintentionen, die sich dann über die Werbung erneut zum *Begehren des Supermarktes* zusammensetzen.

Auf der Objektseite also geht die Glücksmaschine Werbung konstruktiv vor: Sie konstruiert die Aura der Produkte und ordnet sie zu einem Supermarkt der Angebote und ›Geschenke‹. Auf der Subjektseite dagegen geht sie destruktiv vor: Sie zerlegt den einheitlichen Konsumentenwillen und verwandelt das Subjekt in einen unendlich flexiblen *Schatten* des auratisierten Produkts.

Nach der bekannten These von Walter Benjamin[37] wurde das moderne Kunstwerk zwei tiefgreifenden Veränderungen ausgesetzt. Erstens ist das Bild endlos reproduzierbar geworden und damit ins industrielle Zeitalter eingetreten. Zweitens hat das Bild im Zuge dieser Reproduzierbarkeit seine Aura verloren. Allerdings kam in vorindustriellen Kulturen nicht nur dem Bild, sondern dem Artefakt überhaupt so etwas wie eine Aura zu[38], verstanden als dessen *inhärentes Glücksversprechen*. Nicht anders als das technisch reproduzierte Bild musste deshalb auch das industrielle Serienprodukt seine Aura verlieren.

Dennoch kommt es in der industriellen Epoche des allgemeinen Auraverlustes zu großangelegten Versuchen, die abhanden gekommene *Aura des Bildes* mit einem *Bild der Aura* zu ersetzen. Das erscheint unerlässlich im allgemeinen Zusammenhang der Sicherung des gesellschaftlichen Glücksstrebens. In diesem Sinne produziert die Werbung ein *Bild* der Aura des Produkts: einen Entwurf der Aura des Serienprodukts gegen den Strom seiner seriellen Entauratisierung. In diesem Sinne ist das Lob des Produkts eine Konstruktion seiner Aura, verstanden als Heiligenschein seiner Entgrenzung und als ein das endliche Ding umgebender Hof des Figurativen. Erst der Schein von Aura macht das Produkt begehrenswert und die Konstruktion seiner Aura wird zur Kaufanreizung, die das unscheinbare Serienprodukt auf dem weltweiten Auramarkt erst aufleuchten und sichtbar werden lässt.

Schluss

Generell also erscheint heute die Welt vom Firnis der Werbung überzogen. Man könnte gewissermaßen alle Oberflächen als Werbung betrachten, da sie ja erst das Innere eines Dinges in Erscheinung treten lassen. Die Farbe des Apfels zeigt seine Reife und Süße an: Der Anblick seiner Oberfläche lässt uns das Wasser im Munde zusammenlaufen. In diesem Sinne ist seine Farbe durchaus Werbung für seinen Geschmack. Doch ist zwischen der allgemeinen Dingoberfläche und Werbung im engeren Sinne zu unterscheiden. Zwischen der Oberfläche und der Tiefe eines Dinges besteht eine Kontinuität der Beschaffenheit und der sinnlichen Erwartungen. Im Gegensatz dazu besteht zwischen der Oberfläche der Werbung und der Tiefe der Mauer, der Litfasssäule, des Zeitungspapiers oder des Fernsehkastens eine Diskontinuität, die erst die Werbung als mächtige Illusion und wirksame Manipulation konstituiert. Während uns also die Werbung blind macht für das, was sie zudeckt, lässt uns die Farbe des Apfels sein Inneres im Voraus fühlen.[39]

Die Werbung verbirgt ihren materiellen Träger und im übertragenen Sinne die Welt, indem sie das Produkt offenbart. Ihre Bilder machen uns zugleich blind und sehend. Indem sie unser Begehren konstruiert und die Ziele unseres Begehrens in den Vordergrund schiebt, macht sie uns tendenziell blind für alle anderen Aspekte eines Dinges außer seinem Vermögen, *begehrt zu werden*.

Anhand dieser gezielten Blendung will die Werbung zunächst die Alltagsroutine unterbrechen. Inmitten unserer täglichen und von der Arbeit diktierten Bewegungen werden wir von der Werbung dazu angehalten, stehen zu bleiben. Die Plötzlichkeit dieser Unterbrechung hat oft den Charakter einer Epiphanie, als würde uns eine Gottheit oder ein Geist heimsuchen. Man könnte sagen, dass uns die Werbung der Epiphanie des Produkts ausliefert. Sie bewirkt, dass wir auf den vielfältigen Wegen unseres Alltags plötzlich von einem Produkt angefallen werden, um uns dann langsamen aber entschlossenen Schrittes auf das Produkt zuzubewegen.

Bei einer besonderen Art von Werbung kann uns diese Bewegung der Annäherung an das Produkt sogar aus dem Bereich des Alltags hinauskatapultieren. Sie schickt uns über Berge und Meere und lässt uns erst im fernen Urlaubsparadies vorläufig Ruhe finden. Jedes Jahr bringt die Tourismuswerbung ungeheure Menschenmassen in Fahrt. Die Zusammenschaltung der Glücksmaschine Werbung und der Glücksmaschine Tourismus führt zur Verarbeitung der Reise zum touristischen Massenprodukt, das eine große Zahl von Menschen in regelmäßigen Abständen und auf verlässliche Weise glücklich machen soll. Doch

soll zunächst einmal genauer betrachtet werden, aus welchen
›glücksphysikalischen‹ Gründen das Phänomen der touristischen Massenreise aufsteigt.

2. Entladungen im Raum:
Glücksmaschine Tourismus

> *Das Nomadenleben, welches die unterste Stufe der Civili-*
> *sation bezeichnet, findet sich auf der höchsten im allgemein*
> *gewordenen Touristenleben wieder ein. Das erste ward von*
> *der Noth, das zweite von der Langenweile herbeigeführt.*
> ARTHUR SCHOPENHAUER (1851)[40]

> *Es ist in der Tat sehr leicht, sich über den Massentourismus*
> *unserer Zeit … lustig zu machen. Gewaltig aber ist die*
> *Kraft, welche heute überall auf der Welt die Massen an den*
> *Strand ihres kleinen Urlaubsglückes wirft. Es ist die Kraft*
> *einer blinden, unartikulierten Auflehnung, die in der*
> *Brandung ihrer eigenen Dialektik immerfort scheitert.*
> HANS MAGNUS ENZENSBERGER (1958)[41]

> *Sobald die Bewohner Westeuropas ein paar freie Tage*
> *haben, rasen sie ans andere Ende der Welt, fliegen um den*
> *halben Erdball und führen sich buchstäblich auf wie aus*
> *dem Zuchthaus Entflohene. Ein Tadel liegt mir fern; ich*
> *schicke mich an, das Gleiche zu tun.*
> MICHEL HOUELLEBECQ (2001)[42]

Die Epoche der Mobilität

»Die Geschichte des Menschen«, sagt ein französischer Philosoph, »läßt sich als endloser Wettlauf mit der Zeit beschreiben.«[43] Während die Geschwindigkeit zuerst als Flucht – vor

Raubtieren und anderen Gefahren – in Erscheinung trat, wurde sie später zum Königsweg zur Macht. Das Tier, zuerst bloße Ernährungsgrundlage, wurde als Zug- und Reittier bestimmt und das Schiff als das erste ›nichtmetabolische‹ Fahrzeug entdeckt. Schnellere Fahrzeuge und schnellere Mittel zur Übermittlung von Nachrichten, z.B. mit Hilfe von Brieftauben, führten zum Sieg auf dem Schlachtfeld und zur Macht über die Untertanen. »Erst die neuere Geschichte bringt in diesem Wettlauf mit der Zeit einen radikalen Bruch. Zwischen Cäsar und Napoleon gibt es praktisch keine Beschleunigung, bis auf den Punkt vielleicht, dass mehr Segel auf den Schiffen gesetzt, dass Flinte und Hakenbüchse erfunden wurden. Eine wirkliche Geschwindigkeitsrevolution löst erst die industrielle Revolution des letzten Jahrhunderts aus. Denn nun kann der Mensch Maschinen erfinden, die selbst Geschwindigkeit hervorbringen, und zwar nicht nur um unbelebte Gegenstände voranzutreiben (zum Beispiel Kanonenkugeln), sondern um Passagiere zu befördern.«[44]

Das Beispiel mit den Kanonenkugeln ist nicht zufällig. Die hohe Geschwindigkeit der neuen Verkehrsmittel erweckte zunächst den Eindruck, dass hier Menschen statt Metall durch die Landschaft geschossen werden. Tatsächlich wurde in der frühen Zeit der Eisenbahn die Zugfahrt vielfach wie der Flug einer Kanonenkugel empfunden. Denn, wie es in einem amerikanischen Text um 1850 heißt, ein Zug mit einer Geschwindigkeit von 75 Meilen pro Stunde hat eine nur viermal geringere Geschwindigkeit als eine Kanonenkugel.[45] Wird zu der Geschwindigkeit das transportierte Gewicht noch hinzugerechnet, so wird die tatsächliche Gewalt der neuen industrialisierten Bewegung erst deutlich. »Fünfundsiebzig Meilen, das sind hundertundzehn Fuß pro Sekunde, und die Energie von vierhundert Tonnen, die sich mit dieser Geschwindigkeit bewegen, ist fast doppelt so groß wie die eines 2000-Pfund-Schusses, der von einem 100-Tonnen-Armstronggeschütz abgefeuert wird.«[46]

Die aggressive Steigerung der Geschwindigkeit, die als unmittelbare Folge der industriellen Revolution einsetzte, hat dazu beigetragen, dass sich das moderne Leben in einem nie dagewesenen Ausmaß unter dem Diktat der *Mobilität* organisierte: einer Mobilität, die man zugleich praktisch vorfinden und theoretisch in die Welt hineinlegen kann. Peter Sloterdijk hat diese Mobilität als eine »kopernikanische Mobilmachung« gekennzeichnet, die immer größere Kreise zieht, zuletzt im Bereich der Telekommunikation, und alle herkömmlichen Ordnungen von Raum und Zeit aufzulösen droht.[47]

Ein bekanntes Beispiel für eine Theorie der grundlegenden Mobilität im Bereich der nichtmenschlichen Dinge ist die Physik des zwanzigsten Jahrhunderts. Diese hat im Rahmen gerade einer *Relativität*stheorie eine bestimmte Geschwindigkeit für *absolut* erklärt, nämlich die Lichtgeschwindigkeit, und im Rahmen einer Unschärferelation eine grundlegende Komplementarität zwischen Ort und *Geschwindigkeit* entdeckt, und zuletzt eine Gleichung zwischen Masse und *Energie* aufgestellt. Und während die Sterne nach der wohl mächtigsten kosmologischen Theorie dieser Epoche mit ungeheuren Geschwindigkeiten auseinander stieben, entdecken die Menschen in ihrer Mittelwelt zwischen den Sternen und den Elementarteilchen eine immer schneller werdende und mitteflüchtige Beweglichkeit. Was existiert, bewegt sich. Was sich bewegt, existiert.

In der Mobilität also entsprechen sich die Alltagswelt der Menschen und die Welt der nichtmenschlichen Dinge. Diese grundlegende Beweglichkeit hat die Tendenz, immer *weg*zuführen, nicht nur im Kosmos, der sich unaufhaltsam dehnt, nicht nur im Sinne der Sterne, die voneinander *weg*fliegen und der Ordnung der Materie insgesamt, die mit wachsender Entropie auseinander fällt. Auch in der Sphäre der Menschen, in der die Bewegung oft unter der Bezeichnung ›Fortschritt‹ ins allgemeine Bewusstsein dringt, führt sie *weg*: *weg* von der eben da gewesenen Mitte, *weg* vom bisher gültigen Maß, *weg* von der eben erst eingerichteten Heimat. Diese fast selbstverständliche

Gleichsetzung von Bewegung und Dezentrierung erklärt es, dass die spezifisch modernen Bewegungen in menschlichen Belangen oft den Charakter der *Krise* hatten: Krise der Bildung, Krise des Friedens, Krise überhaupt des gegenwärtigen Daseins, im Unterschied zu den eher emotionsfernen Bewegungen in Physik und Astronomie.

Es versteht sich, dass es sich hier nicht bloß um die Mobilität des Automobils oder des Mobiltelefons handelt, sondern um ein Wesensmerkmal des modernen Lebens. Diese Mobilität hat allgemein den Charakter einer spontanen und unaufhaltsamen, oft beschleunigten Dynamik, die auf ganz unterschiedlichen Ebenen und im planetarischen Ausmaß in Erscheinung tritt. Das Wissen bewegt sich in Sätzen und Sprüngen, der Geschmack mutiert von Saison zu Saison, das Geld bewegt sich gemäß dem Pulsschlag der Konjunkturzyklen. Die Dinge bewegen sich als Waren von den Herstellern zu den Konsumenten und ziehen ihre wuchernden Bahnen rund um die Erdkugel. Die Bilder bewegen sich im Kino und Fernsehen, die Partnerschaften bewegen sich von Krise zu Krise bis zur Familienkatastrophe, die ihrerseits die Denkweise einer rasch wachsenden und heranwachsenden Generation der Scheidungskinder formt.

So augenfällig ist die Bewegtheit der gegenwärtigen Welt, dass der genannte französische Philosoph sich veranlasst sieht, eine neue Wissenschaft zu erfinden: die Wissenschaft der *Dromologie*. Diese Wissenschaft betrachtet die Dinge nicht mehr als Substanzen oder Relationen, wie es die traditionellen Metaphysiken tun, sondern als *Geschwindigkeiten*.[48] Die Dromologie entdeckt die Geschwindigkeit als formende Kraft, die den Stil einer neuartigen Wahrnehmung prägt. Einen verwandten Ansatz befolgt die ›Geschichte der Eisenbahnreise‹ von Wolfgang Schivelbusch, die vorführt, wie das Auftauchen der Eisenbahnreise im 19. Jahrhundert eine neue Kultur der Geschwindigkeit hervorgerufen und seitdem schrittweise das moderne Bewusstsein geprägt hat.[49]

Vor diesem Hintergrund der allgemeinen Mobilität ist es nicht erstaunlich, dass auch die Menschen in Bewegung sind, jener Bewegung, die alljährlich die Monotonie ihres Arbeitslebens unterbricht und sie in großen Schwärmen in »ferne« und »fremde« Länder jagt. Die Epoche der allgemeinen Mobilität ist auch die Epoche des Massentourismus.

Die Ferne

Seit der Romantik gehört die *Ferne* zu den konstanten Objekten des modernen Begehrens, nicht als eine geographisch konkrete Ferne, sondern schlicht als das Andere und Jenseits des jeweils Vertrauten und Alltäglichen. Man will grundsätzlich anderswo sein als dort, wo man gerade ist. Dabei handelt es sich nicht um die Ferne als Erfahrungsquelle oder Element eines adlig-bürgerlichen Erziehungsprogramms wie im 18. Jahrhundert, sondern um *die Ferne an sich*, die wie eine archaische Verheißung durch den Nebel des industrialisierten Alltags lockt.

Sicher kommt noch die Ferne als Medium der Erholung in Frage. Das stellt eine zweite und eher spätere Funktion der Ferne dar, die sich erst zu Beginn des zwanzigsten Jahrhunderts im Zuge der sozialpolitischen Kämpfe um das Urlaubsrecht durchgesetzt hat. Dennoch steht die Ferne für uns heute nicht bloß im Dienst der Regenerierung der Arbeitskraft. Die Entspannung kann man sich doch auch in der Toskana oder an der Nordsee holen. Wozu noch nach Thailand fliegen oder gar in die Südsee? Wozu dient noch der Abenteuerurlaub, wenn es bloß darum gehen soll, Kraft zu schöpfen für die Rückkehr zum Arbeitsalltag?

In seiner Totalität bewegt sich das moderne Leben tatsächlich im Gravitationsfeld der Ferne, die als ein Wert an sich erscheint. Wie ein auf die Erde herabgefallener Himmelskörper[50] zieht diese Ferne beständig an den Menschen und entfaltet die Unruhe ihres Reisetriebs, der sich wiederholt als Urlaubsreise entlädt.

Wiederholt: jedoch nicht nur wegen des periodischen An-
bruchs der Urlaubssaison. Die Tendenz zur Wiederholung der
touristischen Reise beruht auf einer Logik der Obsession, die
mit dem Glücksstreben im Allgemeinen und der Politik der
Glücksmaschinen im Besonderen zusammenhängt. Das Obsessive am modernen Reisetrieb entzündet sich an einer prinzipiellen Abwesenheit, die zum Wesensbau der Ferne gehört.
Die Ferne, die als Bild und Glücksziel die Bewegung der Reise
ankurbelt, funktioniert wie eine Fata Morgana, die sich entzieht, sobald wir uns ihr nähern. Sie ist kein konkreter Ort, vielmehr ein Nicht-Ort: genauer, eine Qualität, die manchen Orten zukommt und ihnen eine eigentümliche Anziehungskraft
verleiht. Die Ferne ist im Zusammenhang des Tourismus das,
was den Raum der modernen Existenz polarisiert und zu einem Spannungsfeld unterschiedlich anziehender Orte werden
lässt.

Und erst wenn die Qualität der Ferne sich mit einem konkreten Ort verbindet, wird dieser zum ›fernen Ort‹ und damit
prinzipiell erreichbar. Gerade in der Verbindung mit einem Ort
ist die ›Ferne‹ überwindbar: Sie schlägt potenziell in Nähe um,
sobald der ferne Ort erreicht ist. Zwischen der Ferne als Qualität und dem fernen Ort herrscht eine ähnliche Beziehung wie
zwischen dem Glück und dem Glücksbringer. Das Glück ist
nicht etwas, was man besitzt, sondern was man inkarniert, indem man glücklich *ist*. Der Glücksbringer hingegen ist etwas,
was man besitzen kann: Er ist eher ein Mittel oder Weg zum
Glück. Sobald aber das Glück in der Gestalt eines Glücksbringers erlangt ist, verweist es nur noch weiter auf das, was
der endliche Glücksbringer niemals repräsentieren kann: das
noch immer nicht erreichte Glück. Diese ständige Verschiebung des Glücks von der Position des prinzipiell Erreichbaren
zu derjenigen des noch immer nicht Erreichten verleiht unserer
Glücksuche den Charakter einer iterativen Unendlichkeit.
Nach der gleichen Logik gibt es einerseits die *Ferne an sich*, die
kein erreichbarer Ort ist, sondern einen *Zustand* kennzeich-

net. Man geht ohne einen Ortswechsel auf Distanz. Man *ist* fern, ohne dass ein ferner Ort aufgesucht wird. Manchmal ist man sogar sich selbst fern. (Vielleicht ist die Sehnsucht nach Ferne nicht zum geringen Teil auch die Sehnsucht, von sich selbst Abstand zu nehmen.) Es handelt sich um einen Zustand, in dem ein Unterschied gegenüber allem Vertrauten aufgetreten ist.

Andererseits gibt es den *fernen Ort*, der, als bloß der eine Pol der Beziehung ›Ferne‹, endlich und erreichbar ist und, wie jeder Glücksbringer, Element einer iterativen Logik der Obsession. Denn: Aus der Nähe besehen ist der ferne Ort ja oft nichts anderes als eine weitere Variation der Nähe. Häuser, Mahlzeiten, Toiletten sind im Urlaubsparadies tendenziell oft dasselbe, was das System des Tourismus in anderen vertrauteren Lokalitäten auch eingerichtet hat, ebenso die Fernsehprogramme und Animationsangebote. Die fremde Landschaft, die sich in der Tat von der vertrauten unterscheidet, findet sich vom Firnis einer nivellierenden Modernität überzogen, die von der weltweiten Kultur des Tourismus stimuliert und erzeugt wird. Das gleich geartete Verkehrsnetz, die Highways und Flugschneisen, Eisenbahnschienen und Stromleitungen legen sich über die Fremdheit dieser Landschaften und wiegen die Reisenden in dem Gefühl: Heimat ist überall, Westen ist überall, Moderne ist überall. Der wesentliche *Entzug der Ferne*, der den Zwangsmechanismen des modernen Reisebetriebs eingeschrieben ist, vereitelt systematisch die Suche nach Fremdheit und Ferne und bewirkt die obsessive Wiederholung der touristischen Reise. Jeder Urlaub ist eine Enttäuschung und nach jeder Enttäuschung verspricht man sich Abhilfe von einem *nächsten* Mal, vielleicht mit einem anderen, *ferneren* Urlaubsziel.

Darin besteht der »Fluch des Touristen«, wie Michel Houellebecq es nennt: »Fluch des Touristen, der sich verzweifelt auf die Suche nach ›nicht-touristischen‹ Orten begibt. Durch seine bloße Anwesenheit trägt er jedoch dazu bei, sie in Misskredit zu bringen, und ist so gezwungen, immer fernere Ziele anzusteuern, wobei das Vorhaben im Zuge seiner Verwirklichung nach und nach zerstört wird. Diese hoffnungslose Situation, die dem des Mannes gleicht, der seinem Schatten zu entfliehen sucht, ... nannte man ... das Paradox des *double bind*.«[51]

Doch woher kommt überhaupt erst dieses leidenschaftliche Bedürfnis nach Ferne? »Ich glaube«, behauptete André Malraux vor fast einem halben Jahrhundert, »dass das Recht auf den Selbstmord in genau dem gleichen Maße besteht wie das Recht auf die Reise.«[52] Das existenzialistische Pathos dieser Aussage legt nahe, dass es sich hier keineswegs um Selbstmord etwa aus Not oder im Dienst eines Ideals nach Art der Selbstmordkommandos handelt. Es handelt sich eher um einen bewussten Akt der Lebensgestaltung, der erst von den Hinterbliebenen als ein Scheitern bzw. als Akt des Heroismus ausgelegt wird. Michel Foucault hat den Selbstmord als ein »simples Vergnügen« gekennzeichnet: »Sicher, die Überlebenden sehen rings um den Selbstmord nur jämmerliche Spuren von Einsamkeit und Ungeschicklichkeit, Rufe ohne Antwort. Sie kommen nicht umhin, die Frage nach dem ›Warum?‹ zu stellen. Dabei sollte man gerade diese Frage in Bezug auf den Selbstmord nicht stellen. ›Warum? Ja ganz einfach deshalb, weil ich es gewollt habe.‹«[53] Es handelt sich beim Selbstmord um nichts Weiteres als eine elementare Antwort auf das Bedürfnis, mit dem eigenen bisherigen Leben zu brechen. In ebendiesem Sinne hat der Selbstmord eine tiefe Affinität mit der Reise, bei der es darum geht, mit der Heimat zu brechen, zumindest auf Zeit. Bei beiden, dem Selbstmord wie der Reise meldet sich das Bedürfnis nach dem Ereignis eines Bruchs. Und was als Bedürfnis einsetzt, wird bald zum Recht: zum prinzipiellen und unantastbaren *Recht auf das Ereignis*.

Streift man von Malraux' Aussage ihren engeren existenzialistischen Dekor ab, so offenbart sie eine allgemeine Verbindung zwischen dem Tod und der Bewegung: der Transzendenz des Todes und der Bewegung als Vollzug der Freiheit der Existenz. Erst vor dem Hintergrund dieser Verbindung wird die

Erfahrung der *Vertikalität* sichtbar, aus der die Unruhe des modernen Reisetriebs hervorgeht.

Der scheiternde Sprung

Zu den allerersten Handlungen im Leben der Menschen gehört der Akt der Aufrichtung. Ohne fremde Hilfe stellt sich das Kind mit einem Mal auf die Füße und tut die ersten tappenden Schritte. In einem frühen Stadium ihres Lebens richten sich die Menschen zwischen Himmel und Erde auf, wie Pfeile, die in den Himmel zeigen. Die aufrechte Haltung ist keineswegs nur ein *Zeichen* im Allgemeinen, das den Himmel als Objekt anzeigt, sondern auch *Wegweiser*. Denn sie gibt die Richtung an, die die Menschen gehen wollen und müssen.

Am liebsten aber würden die Menschen nicht erst mühsam und Schritt für Schritt hinaufsteigen, sondern mit einem Satz. Sie würden am liebsten gleich in den Himmel springen, um ab sofort an seiner Macht teilzuhaben. In der archaischen Aufrichtung der menschlichen Gestalt vibriert ein *Wille zum Himmel*, der, wie jeder Wille auch ein Wille zur Macht ist: Wille zur Macht des Himmels. Denn der Himmel erscheint als Sitz der höchsten Macht.

Der Vorrang des Himmels ist keine kulturelle Selbstverständlichkeit: Er ist erst in historischer Zeit als eine Kraft aufgetaucht, die für die Organisation der sozialen Hierarchien maßgeblich war. In seiner kleinen ›Historischen Psychologie des Karnevals‹ identifiziert Florens Christian Rang die babylonische Kultur als den Schauplatz für den ersten dramatischen Auftritt des Himmels im Gesichtskreis der Kultur. Hier tritt der Himmel als Quelle des Gesetzes auf, zuerst des astrologischen Gesetzes, das im babylonischen Denken über Leben und Tod gebietet: »Was der Himmel befiehlt, hat auf Erden zu geschehen – in diesen kategorischen Imperativ mündet die praktische Vernunft in ihrer ersten Periode, der heteronomen, in der sie zur Herrschaft gelangte.«[54]

Die Ranghöhe des Himmels hält sich über die ägyptisch-griechische Antike, das christliche Mittelalter, die neuzeitliche Physik und Astronomie bis in unsere Gegenwart aufrecht. Die Auffassung von der Gesetzesmacht des Himmels gehört mit Sicherheit zu den ältesten und hartnäckigsten Vorurteilen, in deren Herrschaftsbereich auch das gegenwärtige Denken steht, nicht nur das populäre horoskopgeleitete Denken im engeren oder das wissenschaftliche Denken im weiteren Sinne, sondern das moderne Denken insgesamt: »… auch in unseren Tagen unterschreiben mit ihrem Herzblut Millionen das astrologische Dogma: ›Was der Himmel befiehlt, hat auf Erden zu geschehen‹, wenn auch nicht mehr in der astrologischen Form: ›Was die Sterne befehlen, hat auf Erden zu geschehen‹. Und auch die Hunderttausende, die vom Himmel nichts mehr wissen wollen, wollen doch noch etwas ›über sich‹, und wäre es bloß ein Glücks-Ideal, zu dem sie ›aufsehen‹: Die Sprache schon färbt ihr Neu-Wollen beständig mit altchaldäischer Schau.«[55] Der Himmel zieht beständig an den Menschen und versetzt sie in Bewegung, indem er sie tendenziell von der Erde löst. Im modernsten Glücksbestreben lebt die archaische Spannung zwischen Himmel und Erde fort.

Deshalb möchten die Menschen am liebsten ohne Zeitverlust, d. h. ab sofort in den Himmel ihres Glücks gelangen. *Ab sofort*: Für den Willen zum Himmel erscheint die Zeit als ein Hindernis. Das wilde Verlangen nach Glück intendiert die Vernichtung der linearen Zeit und damit die Aufhebung der Mühsal des endlosen mühsamen Werdens sowie des Raumes, der nur in der Zeit durchschritten werden kann. Mit einem Sprung möchten die Menschen im Himmel sein, aber nicht als Tote, nicht als tote Ahnen, sondern im Vollbesitz ihres Lebens. So gesehen ist also Glücklichsein eine paradoxe Angelegenheit. Es beinhaltet so etwas wie Gottwerdung. Der Glückliche lebt vom *Himmel* aus, aber ohne tot zu sein: als ein *himmlisch-lebendiges* Wesen.

Doch kann der Sprung in den Himmel nicht gelingen. Gegenüber dem Oben des Himmels als Quelle der transzendenten

Unruhe der Menschen ruht das Unten der Erde als ein Untergrund und Sprungbrett: als das, wovon sich die Menschen absetzen und losspringen müssen, um ein Mehr an Macht und damit auch an Glück zu erlangen. Je *mehr Macht*, umso *höher*, je höher, umso mehr Macht, lautet das Prinzip, was in zwischenmenschlichen Belangen soviel heißt wie: Jede Rangordnung signalisiert Macht, jede Macht impliziert Rangordnung. Doch ist die Erde nicht nur ein neutraler Untergrund, sondern mit ihrer eigenen Anziehungskraft ausgestattet. Ihr beständiger Zug auf die Menschen gehört wesentlich in die tragische Ökonomie von Aufstieg und Fall. Jeder Sprung nach oben muss durch den Fall bezahlt sein. Die Menschen fallen, fallen so oft sie springen, und ihre Falltiefe entspricht der Höhe ihres Aufstiegs. Jedes Mal holt sie die Erde wieder. Sie ist der Teppich, auf den sie zurückkommen und bleiben müssen – der Teppich ihrer ›Realität‹ und letztlich ihres Todes:

> »… wie aus geölter,
> glatter Luft kommen sie nieder
> auf dem verzehrten, von ihrem ewigen
> Aufsprung dünneren Teppich, diesem verlorenen
> Teppich im Weltall.«[56]

Das Drama des Falls wird von der frühen griechischen Tragödie, etwa eines Aischylos, mit großer archaischer Energie dargelegt. Dem Trieb nach oben widersetzt sich die animalische Schwere und, ihr entsprechend: die Schwerkraft. Und am Ende, im Augenblick des Todes bzw. des Untergangs, holt die Erde die Menschen doch noch zu sich, so dass sie, die sich im Drama der Aufrichtung als Helden behaupten wollten, von den Pforten des Himmels und ihres Glücks abfallen und wieder die horizontale Lage auf der Erde einnehmen: »Erde kehrt zu Erde zurück«. Und so werden am Ende Orest, Ödipus, Herakles und alle die Helden der griechischen Tragödie von der Erde geholt.

Doch entdeckt die konstant gebliebene Bewegungsenergie zwischen diesen zwei Tendenzen nach oben und unten eine neue Richtung und einen neuen Freiheitsgrad in der tangentialen Bewegung. Der vom Fall erstickte Aufstieg löst eine ›epische‹ Bewegung in die Ferne aus. An die Stelle der Sehnsucht nach Transzendenz und Macht tritt das Fernweh: Der gescheiterte Sprung in den Himmel rettet sich als Reise in die Ferne. Bei Ödipus vollendet sich der Kreis (aus Aufstieg und Fall) in Blendung und Verbannung. Bei Odysseus vollendet sich der Kreis (aus Verirrung und Rückkehr) in einem geglückten Leben.

Das Dreieck der Mobilität

Der Übergang von der Vertikalität zur Lateralität gehört wesentlich zur Logik des Epochenbruchs und der allgemeinen Transformation der europäischen Gesellschaften am Ende des 18. Jahrhunderts. Im Zuge der Demokratisierung des modernen Lebens, d. h. der politisch-juridischen Egalisierung einerseits – alle sind vor dem Gesetz *gleich* – und der technologischen Egalisierung andererseits – alle können auf die *gleiche* Weise und theoretisch *gleich* billig mit der Eisenbahn reisen – werden tendenziell alle Rangordnungen der Macht um 90° gedreht, womit die Rangordnung als solche zum Verschwinden gebracht werden soll.[57] Damit wird auch die Rangordnung der Werte auf die Horizontale projiziert und auch, wie bereits dargelegt, die Vertikale zwischen Himmel und Erde. Daraus geht im Allgemeinen die Horizontale der *erreichbaren Utopien* hervor und im Besonderen die Horizontale der *Ferne*. Es ist eine neue Epoche des ›irdischen Paradieses‹. Die Sonne des Glücks verlagert sich von der Höhe des Himmels auf die Ferne der horizontalen Linie. An die Stelle des himmlischen Mittagsglücks tritt das abendliche Glück der *Ferne*, die keine heilsgeschichtliche Kategorie mehr ist wie zur Zeit von Kolumbus, sondern eine rein geographische.

Damit bricht sich eine neue Epoche Bahn: die Epoche der Angleichungen an endliche und erreichbare Ideale. Im Element dieser Angleichungen treten einerseits die diversen utopistischen Bewegungen des 19. Jahrhunderts und andererseits die touristische Bewegung auf den Plan: keineswegs als bloße Gegensätze, sondern als Früchte eines gemeinsamen geschichtlichen Bodens. Es handelt sich gewissermaßen um die zwei Seelen der Moderne: den *utopischen Entwurf* als Motor der Revolutionen und das *Bild der Ferne* als Motor des Tourismus. Der utopische Entwurf entstammt den modernen geschichtsphilosophischen Diskursen. Das touristische Bild der Ferne entstammt u. a. der Glücksmaschine Werbung.

Worin aber besteht das Gemeinsame beider Bewegungen, die das moderne Leben in Atem halten und eine Art des Jenseits in den tristen modernen Alltag hineinleuchten lassen? Es ist bekannt, dass der utopische Entwurf von der revolutionären Sehnsucht nach Freiheit beseelt ist. Auch die Tourismusmaschine wird von der Energie eines Freiheitstriebs betrieben, des Triebs nach der Freiheit der Ferne. »Das Verlangen, aus dem sich der Tourismus speist, ist das nach dem Glück der Freiheit. Noch im Rummel von Capri und Ibiza bezeugt es seine ungebrochene Kraft. Die Bilder jenes Glücks, welche die Romantik aufgerichtet hat, behalten gegen alle Fälschung Recht ...«[58], stellt Hans Magnus Enzensberger fest. Auf der einen Seite haben wir also das utopistische Ideal der revolutionären *Freiheit* mit seiner zugleich emanzipatorischen und mörderischen Gewalt. Auf der anderen Seite haben wir das touristische Ideal der *Freizeit* in seiner ganzen Banalität und Beschränktheit. Das aber, worin beide Bewegungen, die utopistische und die touristische, übereinkommen, ist der *Wunsch nach Freiheit*, der dem Bedürfnis nach Ferne zugrunde liegt und in seiner modernen Hartnäckigkeit einen Hang zur Nivellierung der tragischen Vertikalität signalisiert.

Man könnte also die Ordnung der modernen Mobilität als ein umgekehrtes Dreieck beschreiben, mit der Basis nach oben und der Spitze nach unten. Die Basis manifestiert sich an der Oberfläche des modernen Bodens als die zwei scheinbar unvereinbaren Haltungen des Revolutionärs und des Touristen. Die Spitze des Dreiecks, das sich in die Tiefe des modernen Bodens senkt, bezeichnet das Bedürfnis nach Freiheit.

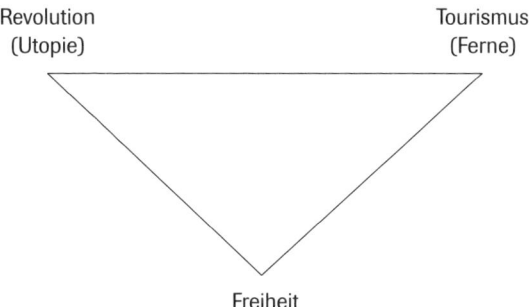

Revolution
(Utopie)

Tourismus
(Ferne)

Freiheit

Seit der französischen Revolution sieht sich das abendländische Denken vom Problem der Freiheit gebannt. Man muss aber diesen modernen Diskurs der Freiheit auf zwei Ablehnungen zurückführen: die aufgeklärte Verabschiedung Gottes und die revolutionäre Enthauptung eines Königs. Nietzsche hat die Hinrichtung des Königs und den Einsatz der aufgeklärten Atheismen synoptisch als einen archaischen Doppelmord betrachtet, der gleichsam zur Prähistorie der Moderne gehört und aus dem erst eine neue ›Kultur der Freiheit‹ hervorgehen konnte. In jedem Aufbegehren der Freiheit, sei es in der Familie, der Schule oder im Beruf, schwingt dieser Doppelmord mit, als der dunkle Unterbau der demokratischen Tendenz überhaupt. Denn die gleichzeitige Abschaffung der weltlichen und der geistlichen Höchstinstanzen birgt eine tendenzielle Abschaffung von Rangordnung und Vertikalität überhaupt, mit der sich das Problem der Freiheit in dasjenige der *gleichen* Freiheit aller radikalisiert. Die moderne Verschärfung des Freiheitsproblems mit ihrer Demokratisierungstendenz erscheint also insgesamt als ein Effekt des Rückzugs der herkömmlichen Metaphysik, verstanden nicht nur als eine binnenphilosophische Disziplin, sondern darüber hinaus als ein Katalog der Werte,

75

die die Institutionen und gesellschaftlichen Praktiken des vorrevolutionären Europas im 17. und 18. Jahrhundert reguliert hatten.

Man kann die Spuren des Erdbebens, mit dem der moderne Diskurs der Freiheit einsetzte, bis in die feinsten Verästelungen des modernen Denkens verfolgen. Theoretisch gesprochen ist die Freiheit eine Sache der neuzeitlichen aufgeklärten Vernunft, die sich seit Descartes und Galilei an die Stelle der herkömmlichen Autoritäten setzt, als das »natürliche« Licht an die Stelle des göttlichen. Erst infolge der emphatischen Verabschiedung Gottes und des Königs am Ende des 18. Jahrhunderts kann sich die Herrschaft dieser freien Vernunft zum Paradox einer *Herrschaft der Freiheit* steigern: einer Freiheit, die wesentlich Bewegungsfreiheit ist und die sich *physisch* als die Sprengung von Raumschwellen meldet – den Schwellen des Körpers, des Kerkers, der Landesgrenzen usw. – und *geistig* als die aufgeklärte Missachtung herkömmlicher Autoritäten. Folglich artikuliert sich die Freiheit immer als Regelbruch und Grenzüberschreitung. Es gehört zur Radikalität der modernen Freiheit, dass sie sich prinzipiell an *Grenzen* abarbeitet. Da in der Perspektive des revolutionären Aufstands das Oben jeder Rangordnung in Zweifel steht, erscheint in ihr die Überschreitung als revolutionäre Verpflichtung: die Überschreitung der *Grenzen* der von oben her festgelegten Regeln. Und da sich der Gesamtbereich der Regeln bzw. Gesetze aus einer gesetzgebenden souveränen und letztlich göttlichen *Vernunft* herleitet, ist das Problem der Freiheit unmittelbar geknüpft an die Frage nach den *Grenzen der Vernunft*.

Die revolutionäre Utopie und die touristische Ferne sind moderne Nachfahren vormoderner religiöser Glücksideale. Als Extrempunkte der horizontalen Achse bilden sie den Himmel des vormodernen Glücks ab und evozieren, als irdische Projektionen des Himmels, Bilder vom irdischen Paradies. Erstreckt sich die Horizontale *in der Zeit*, so haben wir die utopistische Bewegung, die zu einem idealen künftigen Menschheitszu stand führt. Aus der vormodernen *Ewigkeit* wird die Ferne einer revolutionären Zukunft und mit ihr das *Ende der Geschichte*. Erstreckt sich die Horizontale *im Raum*, so haben wir die touristische Bewegung, die in die Welt des Urlaubsparadieses führt. Aus dem vormodernen *Jenseits* wird eine touristisch erreichbare irdische Ferne. Und der Unterschied zwischen der revolutionären und der touristischen Sehnsucht nach Ferne, zwischen der Zeit und dem Raum der Glück verheißenden Ferne, signalisiert eine Spaltung der modernen Glücksidee überhaupt: zwischen dem Glück einer kämpferischen Selbstverwirklichung und dem Glück eines käuflichen und wiederholbaren Konsums. Die transzendente Höhe der tragischen Vertikalität fällt auseinander in die bevorstehende Ferne einer utopischen Zukunft und die erreichbare Ferne des Urlaubsortes. An die Stelle der traditionellen *imitatio Christi*, der Mystik der nachahmenden Realisierung der Gottebenbildlichkeit, tritt ein Doppeltransport auf dem doppelten Weg zum Glück. Das Fahrzeug der Revolution führt über die Epochengrenze zur Freiheit einer fernen und utopischen Zukunft. Das Fahrzeug des Tourismus führt über die Zollgrenze zur Freiheit des fernen, aber erreichbaren und damit wiederum doch nicht so fernen Urlaubsparadieses.

Der Massentourismus

Das Paradies ist fern. Doch rückt es der Alltagswelt immer näher, da es regelmäßig erreichbar ist. Die alljährlich wiederholte Urlaubsreise bewirkt tendenziell das Gleichwerden zwischen Ausgangspunkt und Ziel. Der Prozess der tendenziellen Homogenisierung von Raum und Zeit begann bereits mit der Einführung der Eisenbahn, gewissermaßen als Mitgift der gesteigerten Geschwindigkeit.[59] Diese Tendenz, die bis heute anhält, wird von der Glücksmaschine Tourismus selbst produziert, als ein Effekt der erhöhten Geschwindigkeit und Effizienz der Reise. Allerdings droht diese tendenzielle Homogenisierung, gerade der Glücksmaschine Tourismus den Boden zu entziehen. Denn die Reise setzt im Allgemeinen geradezu eine Polarisierung von Raum und Zeit voraus. Man unternimmt die Reise, weil das Reiseziel, zumindest während der Urlaubszeit, interessanter ist als die Welt von Beruf und Alltag. Damit also die Reise überhaupt noch stattfinden kann, muss neben der Tendenz zur Homogenisierung umgekehrt die tendenzielle Polarisierung von Raum und Zeit unternommen werden. Wir kommen noch auf diese Paradoxie zurück.

Die Homogenisierung des Raumes führt dazu, dass sich das Dort hier und das Hier dort befindet. Die Mobilität der Menschen wird gestützt durch eine eigentümliche Mobilität des Raumes selbst, die in einem unaufhaltsamen Austausch zwischen den Kategorien des Nahen und des Fernen besteht. Der gebieterische Anspruch auf Konsum fordert eine widerstandslose Verfügbarkeit und globale Allgegenwart der Objekte des Begehrens. Das ruft eine Logik und Kultur der Reproduzierbarkeit auf den Plan.

Einerseits werden die Merkmale des paradiesischen *Dort* ohne Umschweife auf das graue *Hier* des heimatlichen Alltags übertragen, sodass irgendwann das ferne Original und die nahe Kopie in praktischer Hinsicht nicht mehr unterscheidbar sind. Man kann in den alltäglichen Nahräumen bereits die exotische Küche oder die Flora und Fauna des Urlaubsparadieses konsumieren. Dafür sind die örtlichen Speiserestaurants oder der botanische Garten oder der städtische Tierpark zuständig. Andererseits nimmt das ferne Urlaubsparadies allmählich die Merkmale der Alltagswelt an. Bevor sich die Menschen auf Reisen begeben, sind bereits die Merkmale in Fahrt. Bevor wir den Flug in die Karibik antreten, sind bereits das bayerische Bier und die italienischen Spaghetti unterwegs, uns immer voraus, um uns dort heimatlich zu empfangen, falls es uns dort unheimlich werden sollte. Diese Tendenz erzeugt einen entscheidenden Effekt des Tourismus im Besonderen und der Glücksmaschinen im Allgemeinen: die Standardisierung. Das Hier und das Dort imitieren und normieren einander im Element der Glücksmaschine Tourismus. Die Bilder des Urlaubsglücks sind genormt, die Wege zum fernen Paradies sind ausgeglättet und die Dauer der Reise als Entrückung und Ekstase ist festgelegt und genormt als Urlaubszeit.

Damit greift der expansive Berufsalltag nach der Ferne und verleibt sich diese ein, sodass man auch im Urlaub von der Welt der Arbeit beschattet und in der Gummizelle des industriellen Alltags eingesperrt bleibt. Im Herzen der gegenwärtigen Freizeitkultur wuchert zwar das alte romantische Ideal des Taugenichts, auszubrechen ins Offene und Ferne, *weg* von der Welt des strengen Vaters und Arbeitgebers, *weg* ins Reich einer Liebe und Erfüllung, die der täglichen Welt abhanden gekommen zu sein scheinen. Doch kommen wir heute nicht einfach fort wie Eichendorffs Taugenichts. Der Ausbruch findet auf geregelten Bahnen statt. Anstelle der romantischen Faulheit, in der sich Freiheit und Gefahr vermischten, tritt der Urlaub als bezahlte Faulheit in Erscheinung.

Dennoch entsteht der Eindruck, die Spannung der Arbeit würde die Menschen wiederholt in ein Jenseits der Arbeitswelt katapultieren. Aus diesem Grund sind die Menschen mit der Regelmäßigkeit von Mahlzeiten und Zähneputzen unterwegs, auf der Jagd nach ihrem Urlaubsglück: oft von den kälteren in die wärmeren, meist aber von den *reicheren* in die *ärmeren* Regionen der Erde; in großen Heerscharen, uniformiert in Bermudas und Baseballmützen, ausgerüstet mit Visa-Card und Freizeit; in *periodischer* Bewegung, zu bestimmten Jahreszeiten und für eine festgelegte Dauer; und in *kreisender* Bewegung auf festgelegten Bahnen, *weg* vom Ort der Arbeit und des Alltags und dann wieder *zurück*, immer mit dem Rückfahrschein in der Tasche.

Von diesem touristischen Bewegungsrausch werden alljährlich riesige Menschenschwärme erfasst. Erstaunlich ist der *Vorgang*, der die ungerichteten Bewegungsenergien solcher Menschenmengen zu einer wiederholten und kreisenden Bewegung organisiert, die wie ein Fließband Massen von Reisewilligen Jahr für Jahr zu ihrem Ziel hin und dann wieder zurück nach Hause befördert. Erstaunlich ist aber auch die *Kraft*, die diese Fließbänder erst in Gang bringt und die »heute überall auf der Welt die Massen an den Strand ihres kleinen Urlaubsglückes wirft«.[60]

Der genannte *Vorgang* bildet den Hauptgegenstand der Tourismusforschung. Der Massentourismus antwortet auf das allgemeine Bedürfnis der Mobilität mit industriellen Mitteln. Sein Rohstoff ist die Ferne, zunächst als bloße Idee, als der imaginäre Ort der Verirrung und der geglückten Freiheit, als Verheißung des plötzlichen und unvermittelten Märchenglücks, kurz: als Möglichkeit der Glückssache. Sein Produkt ist die touristische Reise. Die Ferne lockt, die Menschen folgen und der Tourismus greift ein, um ihnen die Wege in die Ferne zu bahnen. Deshalb scheint das vielteilige und weltumspannende System des Tourismus eine einzige und einfache Aufgabe zu haben: die Mobilität gewaltiger Massen arbeitsmüder Bürger der Industriegesellschaften zu organisieren. Von ihm soll die Reise in den Dienst der Erholung gestellt, d. h. in seinem ganzen unberechenbaren Ereignisreichtum ausgeglättet und schließlich als Algorithmus aufgestellt werden: als ein Geschehen, das gegen Geld für alle verfügbar und jederzeit wiederholbar ist. Das System Tourismus, das die Erholung vom industriellen Alltag sichern soll, funktioniert selbst wie eine Industrie, aber nicht einfach als einer unter den einzelnen Industriezweigen. Es hat nicht den homogenen Charakter z. B. der Automobilindustrie: Sein Produkt, die Reise, ist zugleich abstrakter und komplexer als ein Auto. Denn die Reise beinhaltet ein Ensemble aus heterogenen Elementen wie Weg, Fahrzeug, Unterkunft, Freizeit usw., von denen jedes einzelne auf einen anderen Industriezweig zurückverweist. Der Tourismus hat eher den Charakter einer Matrix oder Quelle der Einzelindustrien wie Gastronomie, Freizeit- und Unterhaltungsindustrie, Straßenbau. Er stimuliert diese Industrien in ihrem Wachstum, stimmt sie in ihrem Funktionieren aufeinander ab und führt sie schließlich im Rahmen ihres einheitlichen Zweckes zusammen, die Urlaubsreise als Massenware hervorzubringen.

Auf diese Einzelindustrien gestützt, organisiert der Massentourismus die weltweite, periodische und freizeitbedingte Bewegung der Massen, bringt damit ungeheure Geldmengen in Bewegung und sichert Arbeitsplätze, sodass die Freizeitwelt des einen zur Arbeitswelt des anderen werden kann. Auf der Reiselust der Massen beruht »ein gewaltiger Geschäftszweig. Fast 30 Prozent des Welthandels im Dienstleistungsbereich entfallen auf grenzüberschreitende Reisen. Jeder neunte Arbeitsplatz auf der gesamten Erde hängt heute vom Tourismus ab. Zehn Prozent des weltweiten Bruttosozialprodukts werden von der Reisebranche erwirtschaftet. Nur Mineralöl- und Automobilindustrie kennen höhere Umsätze. Und allein die Medienindustrie kommt heute dem Tourismus an Expansion gleich. 220 Millionen Menschen sind weltweit in der Reiseindustrie beschäftigt ... Die Bewohner der westlichen Industrieländer geben nur für Lebensmittel und Wohnen mehr Geld aus als fürs Reisen. Selbst in Zeiten finanzieller Einschränkungen wird kaum beim Reisen gespart. Und es bleibt ein Hauptziel von Arbeit und Geldverdienen für viele eindeutig definiert: auf Reisen gehen. Dabei betrug die Wachstumsrate der Ausgaben für Tourismus in den letzten 15 Jahren acht Prozent. 800 Millionen Menschen sind jährlich als Urlaubsreisende unterwegs.«[61] Es ist sogar zu vermuten, dass die Tourismusindustrie von ihrem Umsatz her seit dem Jahr 2000 zum größten Sektor der Weltwirtschaft aufgestiegen ist.

Die Aufgabe der Verregelmäßigung der Urlaubsmobilität der Massen, das System zu ihrer Bewältigung und das weltwirtschaftliche Gewicht dieses Systems bilden also für gewöhnlich den Gegenstand der Tourismusforschung, die das Phänomen Tourismus methodisch zergliedert, statistische Analysen anstellt und Meinungsumfragen unternimmt über das Reiseverhalten der Bevölkerungen der Industrieländer, die ja in der

Hauptsache die Ausgangs- und Endpunkte der großen touristischen Routen bilden. Sie bestaunt das Phänomen des Welttourismus und fixiert es als *System*, das sie in allen funktionalistischen Details beschreibt. Sie bestaunt den Erfolg dieses Systems und beschreibt, wie es die Hauptaufgabe der Ausrichtung und Normung der Bewegungsenergien der Wohlstandsbürger bewältigt.

Was die Tourismusforschung weniger beschäftigt, ist, dass es diese Aufgabe überhaupt *gibt*. Woher kommt sie, was signalisiert sie? Feststeht, dass ihr unmittelbarer Anlass die Mobilität der Menschen ist, die innerhalb weniger Jahrzehnte nach dem zweiten Weltkrieg in Häufigkeit und Volumen geradezu explosiv angestiegen ist. Dieses plötzliche Auftauchen der Mobilität ist aber ein rätselhaftes Phänomen. Es ist sicher erstaunlich, dass der Tourismus als System funktioniert, aber ebenso erstaunlich ist es, dass es den Tourismus überhaupt gibt, dass sich die Menschen in dieser Menge und mit dieser Hartnäckigkeit immer wieder auf den Weg machen. Woher kommt dieses augenfällige Bedürfnis nach Bewegung? Vom Blickwinkel dieser Frage erscheint der Tourismus als die Wirkung einer historischen *Kraft*, die es zu beschreiben gilt. Eine noch so vollständige Beschreibung des Tourismus *als System* oder Apparat kann nicht erklären, wodurch dieses System *faktisch* in Gang kommt. Denn sie fragt gar nicht nach der *Kraft*, die jahrein jahraus den Einsatz dieses Systems bewirkt.

Das Ereignis des tatsächlichen und wiederholten Einsatzes der Tourismus-Maschine geht auf keine Strukturen, sondern auf energetische Prozesse zurück. Die Suche nach den Ursprüngen dieser Prozesse führt bis an die Schwelle der Moderne am Ende des 18. Jahrhunderts zurück. Um diese Hintergründe in den Blick zu bekommen, bedarf es einer Tourismus-Analyse, die nicht nur das Funktionieren des Tourismus beschreibt, sondern auch die energetische Quelle nennt, die ihn als Apparat speist. Die Reflexion über die *Kraft*, die den modernen Tourismus als System zum Einsatz bringt, beginnt als *Kritik*: als Unbehagen über die Tatsache, dass gewaltige Menschenmengen weltweit und mit einer fast naturgesetzlichen Regelmäßigkeit in Bewegung versetzt und von der schieren Möglichkeit dieser Bewegung abhängig werden.

Noth und Langenweile

Gegen Ende des 18. Jahrhunderts verwandelt sich der Reisediskurs. Die Reise erscheint nicht mehr als bloßes Mittel zum Zweck wie die barocke Bildungsreise, sie hat einen Eigenwert erlangt und gilt der neuen romantischen Sensibilität als Möglichkeit des *Ereignisses*. Deshalb ist die Reisekritik getragen von einem allgemeinen romantischen Unbehagen am industriellen Optimismus der Zeit. Zielscheibe dieser Kritik ist die technisch gesteigerte und touristisch organisierte Reise, die als Flucht und schale Zerstreuung empfunden wird und das ›eigentliche‹ Wesen der Reise zu verfehlen scheint.

Doch wovor soll der Reisende fliehen? Das Eisenbahnzeitalter bringt eine Nivellierung von Raum und Zeit mit sich. Die hohe Geschwindigkeit, die Verflüchtigung der durchreisten Landschaft, das Verstummen der Mitreisenden, der monotone Rhythmus der Fahrt lassen dem Reisenden die Zeit *lang* werden. Er ergreift die Flucht, entweder in den Schlaf oder in die Reiselektüre.

Doch erscheint auch die Reise insgesamt als Flucht. Flucht vor der Eintönigkeit des industrialisierten Lebens und des im Maschinentakt vibrierenden Alltags, der mit unbeirrbarer Regelmäßigkeit zwischen Arbeitszeit und Freizeit pendelt. Dazu kommt die Flut der Serienprodukte, die ihre Verbraucher in den Sog ihrer standardisierten Perfektion ziehen, sie in Menschenmassen organisieren und zu Massenmenschen stilisieren: zu Menschen, die unter der gleichen Handelsmarke und Artikelnummer die gleiche Seife, die gleichen Schuhe, die gleichen Möbel verwenden und nicht zuletzt die gleichen Zeitungen lesen. Das industrialisierte Leben erscheint als eine groß angelegte Vorrichtung der tendenziellen Serialisierung von Produkten und Menschen. Ihr eigentliches Produkt ist die Serie, und es ist diese Serialität, die von Baudelaire, und nicht nur Baudelaire, als *Langeweile* erfahren wird, die unter allen möglichen Ungeheuern und wilden Tieren am »häßlichsten, bösesten, unreinsten«[62] ist: ein delikates Monster, das weder schreit noch fuchtelt, sondern nur Wasserpfeife raucht und gähnt und am liebsten die Welt verschlingen würde.[63]

Vor der Langeweile flieht aber nicht nur die Poesie Baudelaires im Besonderen und die Literatur im Allgemeinen, sondern auch der Tourist. Doch erscheint die touristische Flucht als vergeblich. Denn die Langeweile beherrscht sogar den Zwischenraum der Eisenbahnreise und lauert selbst noch am Reiseziel auf den Flüchtling. Wovor der Reisende flieht, holt ihn wieder ein:

Bitteres Wissen, das man der Reise entnimmt!
Die kleine eintönige Welt lässt uns heute,
gestern, morgen, immer unser Bild erschauen:
Eine Oase des Grauens in einer Wüste der Langeweile![64]

Es ist der gleiche Baudelaire, der im gleichen Gedichtzyklus den ›wahren Reisenden‹ definiert, als jemanden, der fortgeht, um fortzugehen.[65] Beim ›wahren Reisenden‹ kommt die Reise gewissermaßen zu sich selbst und erlangt einen irreduziblen Eigenwert. Die romantische Kritik prangert den Tourismus an, weil dieser tendenziell den Eigenwert der Reise auflöst und ihre bedingungslose Freiheit preisgibt. Die Langeweile, die den Reisenden aus seinem Alltag hinauskatapultiert, um ihn in der von ihm angestrebten Ferne wieder einzuholen, wirft ihren Schatten auf die touristische Reise insgesamt. Sie erscheint als eine vergebliche Flucht vor der Langeweile des modernen Lebens, auch wenn sie sich als Suche nach dem Differenten, Nichtnivellierten, Anderen, Archaischen, Authentischen des vormodernen Lebens artikuliert.

Zu den frühesten Kritikern des modernen Tourismus zählt Schopenhauer, der die Reisebewegung ausschließlich als Flucht definiert. Er bezieht diese Bewegung nicht auf das Glück oder das Glücksstreben, sondern auf das Unglück, und bestimmt sie als Flucht vor dem Unglück. Das Unglück ist jedoch kein einfacher Gegensatz zum Glück, sondern ein zweifacher. Denn es gibt zwei Arten des Unglücks: den Schmerz, der aus der *Noth* geboren wird, und die *Langenweile*, die ein notwendiger Ausfluss des Reichtums ist. Folglich kann es auch nur zwei Arten der Flucht vor dem Unglück geben: die Flucht der Armen vor der Not und die Flucht der Reichen vor der Langeweile. »Demgemäß sehn wir die niedere Volksklasse in einem beständigen Kampf gegen die Noth, also den Schmerz; die reiche und vornehme Welt hingegen in einem anhaltenden, oft wirklich verzweifelten Kampf gegen die Langenweile.«[66]

Die Langeweile bezeichnet das Lebensgefühl eines abgestumpften Geistes. Sie entspricht seiner inneren Leere, die den Gelangweilten auf die Suche nach neuen, stärkeren Reizen schickt. Aber die Bewegung des Gelangweilten ist nicht bloß Reaktion auf die *Schubkraft der Langeweile*. Sie ist auch eine Reaktion auf die *Zugkraft der Not*, die sich als Sehnsucht nach Not artikuliert. Die Langeweile ist die tote Zeit der abgetöteten Empfindung, in der nur noch das Bedürfnis nach Wechsel, Reibung, Schmerz, kurz, nach »*Noth*«, glimmt. Deshalb geht der Gelangweilte auf die Jagd nach Reizen. Aber er ist ein Magersüchtiger der Reize: nichts schlägt an. Deshalb sucht er immer stärkere Reize und damit die Not. Wird jedoch ein gewisses Maß an Not überschritten, so sieht er sich mit seinen Nerven überfordert und sehnt sich erneut nach der Langeweile des Vertrauten.

Und so oszilliert das moderne Leben zwischen *Noth* und *Langenweile*. Schopenhauer veranschaulicht diese Oszillation in seinem berühmten Bild der Stachelschweine in einer eiskalten Nacht: gehen sie auseinander, so frieren sie; rücken sie einander näher, so stechen sie sich. Zwischen beiden Leiden hin und her geworfen, entdecken sie mit der Zeit die optimale Entfernung, in der sie es am besten aushalten können.

Als eine Unterart des Lebens oszilliert auch der Tourismus zwischen *Noth* und *Langenweile*. Gegenüber der Langeweile des Arbeitsalltags erscheint die Not der Ferne als Glück; gegenüber der Not der abenteuerreichen Fremde erscheinen der Komfort und die Langeweile des Alltags als Glück. Diese Auffassung wird sogar der Wortbedeutung des Tourismus, d. h. der Tour gerecht: der Tour als Kreis- oder Rundfahrt.[67] Jede Tour beinhaltet die Retour, jeder Fahrschein – nach der gängigen Praxis des Massentourismus – einen Rückfahrschein. Der Tourist flieht die Langeweile des Vertrauten und sucht die Ferne, d. h. die Nähe zum Fremden, Unvertrauten. Die Ferne, in der sich der Tourist aufhält, wird als Abenteuer und Entbehrung, d. h. als eine Art Not erlebt. Und die Not treibt den Touristen wieder zurück in die Langeweile des Alltags.

Deshalb verlangt er nach einer Mischung aus *Noth* und *Langenweile*. Die Not bringt sein abgestumpftes Gemüt in Fahrt. Die Langeweile artikuliert sich in der Übertragung des Komforts und der Sicherheiten des Alltags auf die Fremde. Genau diese Mischung bietet die Glücksmaschine Tourismus: eine Mischung aus Reiz-, Erlebnis-, Abenteuer- und Ereignisangeboten auf einem Sockel des Komforts und der Verlässlichkeit.

Wie die Stachelschweine mit ihrem Hang zum guten Maß zwischen Wärme und Distanz, sucht der Tourist die mittlere Distanz zwischen Heimat und Ferne: zwischen Langeweile und Not. Die Tourismusindustrie liefert das Maß der Stachellänge, die sich aus Zeit und Raum zusammensetzt: Es geht darum, für eine im Voraus genormte Urlaubszeit eine genormte Menge an Distanz und Fremdheit (im Schutz der touristischen Infrastruktur) zu konsumieren. Es geht darum, eine gebotene Dosis Differenz zu konsumieren. *Denn der genormte moderne Mensch geht aus Mangel an Differenz zugrunde.*[68]

Schopenhauers Kritik am Tourismus ist nicht bloß die Schrulle eines technikfeindlichen Ewiggestrigen des neunzehnten Jahrhunderts. Vielmehr ist sie Ausdruck einer frühen Sensibilität für die moderne Macht der Glücksmaschine Tourismus und die unterirdischen Vorgänge, die sie hervorbringen. Allerdings sieht diese Kritik, von der die Maßstäbe für einen bis ins zwanzigste Jahrhundert reichenden Typ von Tourismuskritik gelegt wurde, in erster Linie nur den Fluchtcharakter der touristischen Reise. Dabei kann man selbst diese Flucht als Kritik betrachten, wie Hans Magnus Enzensberger im Zitat am Beginn dieses Abschnitts.

Doch muss man einen Schritt weitergehen und den Rückschlag der touristischen Bewegung auf den Touristen selbst ins Auge fassen. Es kommt letztlich darauf an zu sehen, in welchem Maße die touristische Reise den touristischen Menschen formt. Damit tritt die Glücksmaschine Tourismus als eine menschenformende Einrichtung in Erscheinung. Denn nichts suchen die Menschen so sehr wie das Glück und nichts formt sie so sehr wie ihre eigene Glückssuche.

Die Nivellierung von Raum und Zeit

Alle diese verstreuten Hinweise können nun zu einer allgemeinen ›glücksphysikalischen‹ Kennzeichnung der Reise gebündelt werden: Die Reise ist eine Entladung im Raum der Existenz. Das setzt, um beim Bild zu bleiben, eine Spannungsdifferenz oder eine Polarisierung des Raumes voraus. Wir reisen grundsätzlich in einem heterogenen, diskontinuierlichen Raum und unsere Reisebewegung erscheint im Allgemeinen als die Resultante aus einem vertikalen Sprung und einem lateralen Ausbruch aus der Heimat. Doch verlegt die neuzeitliche Idee des irdischen Paradieses die vertikale Dynamik des Sprungs zusehends in die Lateralität der weltlichen Reise. Ab dem neunzehnten Jahrhundert verschwindet die vertikale Dimension der Reisebewegung, die ehemals für die Orientierung an ein Paradies konstitutiv war. Das liegt daran, dass das irdische Paradies sich radikalisiert: Es wird zu einem wirklich *irdi-*

schen Paradies. Es ist nicht mehr ein quasimythischer Ort, zwar auf der Erde, dennoch von Höhe und Transzendenz aufgeladen; es ist ein reales Fleckchen Erde. In vielen vormodernen Kulturen führt der Weg ins Paradies über den Tod, der als ein Vehikel für die Fahrt ins Paradies erscheint. Im neunzehnten Jahrhundert tritt die Eisenbahn an die Stelle des Todes. Ab da braucht man nur noch in die Eisenbahn zu steigen, um in ein neuartiges Paradies zu gelangen: das Urlaubsparadies.

Mit der Eisenbahn verschwindet auch der traditionelle *Weg* der Kutsche mit all seinen ›Unwegsamkeiten‹. Das liegt einerseits an der *Glätte* der Schienen, was die physische Ausglättung der vertikalen Dimension der Fahrt besagt; und andererseits an der *Geschwindigkeit*, die das Gefühl erweckt, man würde mehrere Stunden in einen Nicht-Ort eintreten, sich gleichsam in die Reisebewegung einsperren lassen, um dann plötzlich am Ziel zu sein, unberührt, unversehrt, ohne Staub und Schweiß, und doch, auf fast unerklärliche Weise, ermüdet. Das Verschwinden des Weges führt zum Gefühl einer nivellierten Raumzeitlichkeit und einer generell eingeebneten Reisewelt.

Als einziger Inhalt der modernen Reise bleibt das Fortgehen um seiner selbst willen. Dieser Akt des Fortgehens hat den Charakter einer wiederholten Kritik am ›Hier und Jetzt‹. Gewissermaßen wiederholt sich im touristischen Akt die Französische Revolution. Jede Reise beinhaltet einen Königsmord, der an den Evidenzen des Alltags verübt wird. Aber jede Reise, sofern sie touristisch ist, wiederholt auch die Restauration und mit ihr die Rückfahrt, in deren Folge sich die Erschütterungen und Veränderungen durch die Reise wieder im Alltag verlieren, sodass wir wieder vor der Trostlosigkeit des Unveränderten stehen und erneut der Revolution der Reise bedürfen. So hangelt sich der moderne Bürger von Urlaub zu Urlaub und verspricht sich jedes Mal den letzten, ›endgültigen‹ Fortgang, freilich mit dem Rückfahrschein in der Tasche.

Eine unmittelbare Konsequenz der absoluten Wertsetzung des Fortgehens ist: *die Ferne ist überall*. Wenn das Ziel dem Weg

eingebaut ist, ist es auch egal, wohin man fährt, jeder Ort erlangt den Charakter der Ferne, so lange man sich auf dem Weg
befindet. Es ist erst die Fahrt, die dem (vorläufigen) Endpunkt
des Weges die Aura der Ferne verleiht. In jedem ›Hier‹ befindet
sich ein mögliches ›Dort‹: ›Alles ist gleich fern‹. Darin steckt die
Bedingung einer neuartigen Mobilität. Die gesteigerte Geschwindigkeit führt aber auch zur Schrumpfung des Raums
und dessen Normung durch die Metropolen, die als Ausgangspunkt der Reise und als allgemeine Beurteilungsnorm in die
Reiseerfahrung eingehen. ›Alles ist gleich fern‹ beinhaltet auch
sein Gegenteil: ›Alles ist gleich nah‹. Das Ergebnis beider ist ein
durch und durch homogenisierter Mobilitätsraum.[69] Das steht
im Gegensatz zum Raum der Existenz in traditionellen vorindustriellen Kulturen.

»Für den religiösen Menschen«, schreibt Mircea Eliade, »*ist
der Raum nicht homogen*; er weist Brüche und Risse auf: Er ent-
hält Teile, die von den übrigen qualitativ verschieden sind …
Durch die Manifestierung des Heiligen wird ontologisch die
Welt gegründet. In dem grenzenlosen homogenen Raum ohne
Merkzeichen, in dem keine *Orientierung* möglich ist, enthüllt
die Hierophanie einen absoluten ›festen Punkt‹, ein ›Zentrum‹ … Für den profanen Menschen dagegen ist der Raum homogen und neutral: Es gibt in ihm keinen Bruch zwischen seinen qualitativ verschiedenen Teilen. Der geometrische Raum
lässt sich nach jeder Richtung teilen und abgrenzen, aber aus
seiner Struktur ergibt sich keine qualitative Differenzierung,
keine Orientierung.«[70]

In traditionellen Kulturen gibt es einen heiligen Raum und
eine heilige Zeit. Der heilige Raum ist der Tempel, die heilige Zeit regiert souverän an den sakralen Festtagen. Hermann
Usener hat darauf hingewiesen, dass *templum* und *tempus* –
Bezeichnungen für den heiligen Raum und die heilige Zeit –
etymologisch verwandt sind.[71] Die Grundform des Tempels,
beispielsweise bei den Juden, widerspiegelt einerseits ein *imago
mundi*, ein Wesensbild des gesamten räumlichen Universums,

und andererseits die Gestalt des runden Jahres. Der heilige Raum ist konzipiert als ein Raum mit einer Öffnung nach oben, durch die der Sprung in die Höhe der Götter gelingen kann. Dieser Sprung kann aber nur in der heiligen Zeit geschehen, in der Form einer rituellen *imitatio dei*, der Nachahmung einer göttlichen und weltschöpferischen Heldentat am Beginn der kosmischen Zeit. Der heilige Raum und die heilige Zeit ergeben zusammen die Bedingung der Möglichkeit der Vertikalität und des Sprungs.

Aus der Privilegierung des Tempels als heiliger Raumzeit, die den Kosmos widerspiegelt, ergibt sich also die heterogene Raumzeitlichkeit der vormodernen (und im Grunde vorchristlichen) Kulturen. Im Tempel vereinigen sich die Diskontinuitäten von Raum und Zeit. Deshalb bildet er den Ort des Heiligen als den Ort einer unerschöpflichen Anziehungskraft. Die moderne Homogenität von Raum und Zeit verweist auf einen allgemeinen Verlust des Heiligen, der seit Nietzsche als Tod Gottes genannt wird. Dieser Verlust artikulierte sich am Ende des achtzehnten Jahrhunderts unter anderem als die revolutionäre Doppelaufhebung von Monarchie und Metaphysik.

In modernen Gesellschaften ist der Raum nicht mehr polarisiert zwischen dem von Tod und Untergang geprägten profanen Raum und dem von Transzendenz aufgeladenen heiligen Raum. Die Zeit ist nicht mehr eine bloß lokale Größe, die sich von Ort zu Ort unterscheidet, sondern eine im Rahmen internationaler Zeitzonen einheitliche Zeit. Außerdem gibt es in der Monotonie des industriellen Arbeitslebens, aus dem die natürlichen Rhythmen von Tag und Nacht, Winter und Sommer so gut wie ausgeschaltet sind, keinen naturwüchsigen Kontrast zwischen arbeitsintensiveren und arbeitsärmeren Zeiten, wie etwa bei den Bauern zwischen Sommer und Winter. Dazu kommt, dass infolge der Aufklärung und des allgemeinen Rückgangs der religiösen Rhythmen im Arbeitsalltag der Kontrast zwischen der Zeit der Arbeit und der Zeit des Gebets, zwischen der profanen Zeit der alltäglichen Verrichtungen und der heiligen Zeit der Feste, zwischen Werktag und Sabbat verschwindet.

Sind aber Raum und Zeit nivelliert, so kann darin keine Spannung entstehen. Denn jede Spannung setzt ein Spannungsgefälle zwischen unterschiedlichen Feldzonen voraus. Wie kann da Reise stattfinden? Hier greift die Glücksmaschine Tourismus ein, indem sie anhand ihrer Angebote erneut bestimmte Orte polarisiert. Sie produziert Ferne, indem sie einem Ort die Aura des Fremdartigen verleiht. Und sie stützt sich auf eine Zeitzone, die seit etwa hundert Jahren die Selbstverständlichkeit des modernen Urlaubs genießt. Die Aura des Ortes birgt die Verheißung einer Apotheose: Wer in ein Paradies eingeht – und sei dies ein Urlaubsparadies –, wird zumindest für die wenigen Ferientage ein Gott.

In vormodernen Zeiten bestand eine gewisse Entsprechung zwischen der Rangordnung der Macht und der Rangordnung der Orte. Überall genoss der Königssitz besonderen Rang. Entsprechend wurde auch das absolutistische Verkehrsnetz ausgelegt. Alle Wege führten zum Zentrum der Königsmacht. Im Zuge der Industrialisierung des Lebens musste das Verkehrsnetz allein von der Demokratisierungstendenz her massiv ausgebaut werden. Dazu kam, was die Demokratisierung von innen her ermöglicht und gestützt hat: die kapitalistische Perspektive. An die Stelle des Königssitzes traten die großen ökonomischen Zentren, die Bergwerke, die Industrieanlagen und die großen Verbraucherballungszentren.

Ökonomie, Demokratisierung, Massentourismus führten zu einem massiven Ausbau des Verkehrsnetzes, sodass die Erdoberfläche bald von einem feinen Spinnennetz aus Straßen, Wasserwegen, Eisenbahnschienen, Flugstrecken umspannt schien. Zusammen mit den Fahrzeugen, die sich auf ihm bewegen, funktioniert dieses Netz wie ein gewaltiges Uhrwerk oder Gehirn, das sich zunehmend zu verselbstständigen droht und überall von seinem eigenen Scheitern beschattet wird. Die unkontrollierte Produktion von Fahrzeugen und die explosionsartig gestiegene Touristenzahl führen überall zu Staus und Überlastungen, sodass die ›unsichtbare Hand‹ des Verkehrssystems und die List der Verkehrsvernunft zusehends übertroffen wird vom Verkehrswahnsinn. Und so wiederholt sich im Sektor Verkehr das allgemeine Schicksal der modernen Rationalität.

Ursprünglich wurden die modernen Verkehrsstraßen nach dem Modell der Eisenbahnschiene gebaut. Bereits der Wortlaut verrät die innere Zusammengehörigkeit von Autobahn und Eisenbahn. Man bedenke den langen Weg zwischen der mittelalterlichen Marktstraße, die man als die *philadelphische Straße*[72] bezeichnet hat, und der Autobahn. Die mittelalterliche Stadtstraße war so sehr von kommunikativen Strukturen durchzogen, dass kein Fortkommen möglich war, ohne vom ›lieben Bruder‹ (*philein*, lieben und *adelphos*, Bruder) umarmt zu werden, sodass die Straße in gleichem Maße Aufenthalts- und Durchzugsraum war. Der Durchzug war von geringen Geschwindigkeiten bedingt und deshalb von der gleichen Wahrnehmungslogik begleitet wie der Aufenthalt. Dagegen waren die Verbindungsstraßen zwischen Städten und später die barocken Kutschenstrecken eher Durchzugsräume, wobei der Durchzug stets von den Wechselfällen und Ereignissen der Reise unterbrochen wurde. Im Unterschied dazu sind die modernen Auto- und Eisenbahnstrecken unerbittliche Durchzugsräume. Auf der Fahrt auf diesen Strecken ist wegen der hohen Geschwindigkeiten nicht einmal mehr Straßenräuberei möglich. Das wäre bereits zu viel Aufenthalt.

Das Netz der Verkehrswege zum Urlaubsglück hat also ihre eigene autonome Rationalität, die sich von den naturwüchsigen Hindernissen und Störungen gelöst hat. Die einzige Unterbrechung ist der Unfall. Je höher das Gebäude, umso gewaltiger sein Zusammensturz. Je höher die Geschwindigkeiten und je größer die auf Reisen befindlichen Massen, umso gewaltiger die Unfälle. Die Transzendenz des Glücks wird auf dem Wege überschattet von der Transzendenz des Unfalls, die mit einer apokalyptischen Gewalt auf die Reise hereinbricht. Ein Beispiel ist der Untergang der »Titanic«.

Die Glücksmaschine Tourismus hat also im Allgemeinen zwei Effekte: (a) die Nivellierung von Raum und Zeit, die Beseitigung der traditionellen Differenzierung von Raum und Zeit in ›heilig‹ und ›profan‹ und damit die Vernichtung herkömmlicher Reizquellen, von denen aus die Reisebewegung aufgerollt wurde; (b) die erneute Reizproduktion zum Ausgleich für die Reizarmut und die daraus folgende Langeweile des modernen Lebens. Ohne diese ›künstlichen‹ Ereignisse, die von der Glücksmaschine Tourismus regelmäßig entworfen und angeboten werden, würde die Bewegung der modernen Urlaubsreise zum Stillstand kommen.

Die künstlichen Ereignisse der Glücksmaschinen dienen dazu, das Leben in der Reiz- und Ereignislosigkeit der modernen Langeweile erträglich zu machen. Aber auch da kommt es, gemäß der allgemeinen Tendenz der industriellen Ökonomie, zur Überproduktion. Daraus ergibt sich die viel besprochene und -verschriene Reizüberflutung, die ihrerseits zur Abstumpfung der Wahrnehmung führt. Zu den vielfältigen Vorrichtungen zur Produktion von Reizen gehört neben den Kultur- und Freizeitindustrien im Allgemeinen die Tourismusmaschine im Besonderen. Diese organisiert die touristische Reise als Flucht vor der Langeweile und Suche u. a. nach dem Differenten, Nichtnivellierten, Anderen, Archaischen, Authentischen des vormodernen Lebens.

Die Kunst der Unterscheidungen

In der Epoche der Mobilität bleibt es nicht bei der Homogenisierung von Raum und Zeit. Die Nivellierung greift um sich. Insgesamt erschöpft sich das Leben des Einzelnen in der wesentlichen Gleichartigkeit der Produkte, in deren Netz sich der Einzelne verstrickt findet. Diese allgemeine Nivellierung macht die erneute Schaffung der Diskontinuität erforderlich.

Das ruft eine Kunst der Unterscheidungen auf den Plan. Von daher ist der Wille zur Unterscheidung zu verstehen, in dem z. B. die Mode, jenseits aller ökonomischen Motivierung, ihren Ausgangspunkt nimmt. Doch zeigt sich gerade die Mode als Quelle neuer kurzlebiger Serien. Was auf dem Laufsteg als einmalig präsentiert wird, wird in wenigen Wochen zum Serienprodukt. In Industriegesellschaften ist die Legitimation einer Innovation oft nichts anderes als ihre Nachahmbarkeit zum Zweck der Serienanfertigung. Im Allgemeinen wird alles Einmalige unweigerlich zur Masse, sodass man den Verfall der Einmaligkeit beinahe nach Halbwertszeiten messen müsste.

Vor eben diesem Hintergrund der Nivellierung und Serialisierung erscheint der Dandyismus des neunzehnten Jahrhunderts als eine ausgefeilte Kunst der Selbstunterscheidung, die nichts an der eigenen Person unberührt lässt, von der Kleidung bis zur geringsten Geste, und letztlich nichts anderes ist als eine Praxis der Selbstformung. Auch das moderne Reisen mit seinem Anspruch des unbedingten Fortgehens ist durchaus Ausdruck eines Willens zur Unterscheidung und zur Begegnung mit dem Unterschied in Gestalt eines fernen fremden Landes. Dieser Wille realisiert sich nur im Rahmen einer von der Glücksmaschine Tourismus betriebenen Praxis der Unterscheidungen zwecks Erzeugung und Aufrechterhaltung eines Spannungsraums, in dem erst die Energie des Reisens sich entladen kann.

Wir haben gesehen, dass die allgemeine Erreichbarkeit der Ferne und die Steigerung der Geschwindigkeit zu einem Verlust der Ferne und einer Homogenisierung von Raum und Zeit führen. Um dieser Tendenz entgegenzuwirken, muss die Glücksmaschine Tourismus eine zweifache Unterscheidung vornehmen: (a) die Unterscheidung einer besonderen Zeit und (b) die Unterscheidung eines besonderen Raumes.

(a) Unterscheidung einer besonderen Zeit: das heißt, der arbeitsfreien Zeit des *Urlaubs*. In vorindustriellen Kulturen waren traditionelle Feste wie das Neujahrsfest Unterbrechungen in der Zeit des Alltags. Das Fest diente als eine Art Pause, in der die Zeit der Geschichte und der Erinnerung vernichtet und der Weltschöpfungsakt wiederholt wurde, damit sich der Kosmos erholen und erneuern konnte. Auch der Urlaub ist Pause in diesem Sinne. Auch der Urlaub unterbricht die Zeit des Alltags. Was dabei vernichtet wird, ist allerdings nicht die Zeit der Erinnerung, sondern die Zeit der Arbeit. Damit hängt es zusammen, dass der positive Zweck des Urlaubs nicht die Regenerierung des Kosmos ist, sondern die Selbstschöpfung des erschöpften Industriebürgers.

Die allgemeine Einrichtung des modernen Urlaubs geht historisch auf sozialpolitische Kämpfe zurück, in deren Verlauf sich die Vorstellung eines allgemeinen Rechts aller auf bezahlte arbeitsfreie Zeit durchsetzen konnte. Woher kommt das Bedürfnis nach Urlaub? Im Allgemeinen dient die Festung des modernen Alltags zum Schutz vor dem Unerwarteten. Die Monotonie der täglichen Routine, das Diktat der Uhr, die täglich gleichen Arbeitszeiten, die täglich wiederholten Arbeitsabläufe: In all diesen Festlegungen gibt es keinen Raum für das Ereignis.[73] Die typische Müdigkeit, die das Leben in Industriegesellschaften kennzeichnet, rührt von der Ereignislosigkeit des versicherten Alltags her und ist eine der entscheidenden Bedingungen für das Bedürfnis nach Erholung und Urlaub. Daran liegt es, dass der Anspruch auf Erholung oft mit dem Anspruch auf Kitzel zusammenfällt. Mit seiner typischen Offenheit für Traum, Zauber, Überraschung, Transzendenz funktioniert der Urlaub als eine notwendige Schleuse für das Ereignis.

(b) Unterscheidung eines besonderen Raumsegments: das heißt, des bestmöglichen Ortes, an dem die arbeitsfreie Zeit verbracht werden kann. Im Rahmen der touristischen Erschließung von Landschaften und ganzen Kulturräumen entstehen solche Orte als ausgezeichnete Räume der touristischen Anziehung. Es handelt sich um die *Urlaubsparadiese*. Während das traditionelle *templum* der Ort war, an dem der Weltschöpfungsakt vollzogen werden konnte, gibt das Urlaubsparadies einen Rahmen für den Selbstschöpfungsakt des Touristen ab. An die

Stelle des archaischen Paradiesmythos tritt der Mythos Urlaub und an die Stelle des Tempels das Urlaubsparadies als das ausgeprägte Ziel der touristischen Reise. Die Repolarisierung des Raumes geschieht also einerseits anhand der Propagierung des Mythos Urlaub und andererseits anhand der Einrichtung der touristischen Infrastruktur und ihrer Elemente, die das Urlaubsparadies als solches markieren. Dazu gehören das Hotelwesen, die Strände, die üblichen Urlaubsangebote usw.

Zur Herstellung dieser polarisierenden Unterschiede im Raum stützt sich die Glücksmaschine Tourismus auf zwei Teilmaschinen: eine *Ferne-Maschine* und eine *Reisemaschine*.

Die Ferne-Maschine: Wir haben gesehen, dass die Industrialisierung der Reise zu einem Verlust der Ferne führt. Die neue Mobilität beseitigt eine der elementarsten Bedingungen der traditionellen Reise: den Kontrast zwischen Nähe und Ferne. Heute ist diese Raumnivellierung, infolge des explosionsartigen Wachstums des Tourismus, weltweit vollzogen. Wie kann da noch Reise stattfinden? Die neue Bedingung, unter der allein die touristische Reise stattfinden kann, liegt auf der Hand: die *regelmäßige* Produktion von Ferne. Vor dem Hintergrund des nivellierten Raumes ist also die Ferne das neue Produkt einer neuen Maschine: einer Ferne-Maschine, die einen wesentlichen Teil der Glücksmaschine Tourismus bildet. Ferne wird produziert, indem eine bestimmte Zone des homogenen Raumes exotisiert wird und damit die Züge der Ferne erhält. Im allgemeinen Jargon des Tourismus nennt man das die »touristische Erschließung eines Gebietes«. Was aber faktisch geschieht, ist die Produktion einer *touristischen* Ferne und die erneute Polarisierung des homogenisierten Mobilitätsraumes.

Diese Ferne ist keineswegs eine konstante Eigenschaft, die mit einer konstanten geographischen Lage in Verbindung gebracht wird. Vielleicht war ein Landstrich früher nah und unscheinbar. Vielleicht war er aber auch so fremd, dass er jenseits des touristischen Bewusstseins lag. Aber plötzlich wird er zum Kristallisationspunkt von Ferne und Anziehung. Mal ist Thailand das Zentrum der touristischen Aufmerksamkeit, mal die Karibik. Entscheidend ist: Die Ferne wird produziert, die Ferne wandert. Sie muss wandern, denn sie beginnt zu verschwinden, sobald sie entsteht und touristisch in Anspruch genommen wird. Deshalb muss sie auch immer von neuem produziert werden. In traditionellen Kulturen wurde von den Eschatologien und Paradiesmythen Ferne produziert. Heute hat die Glücksmaschine Tourismus diese Rolle übernommen.

Die Reisemaschine: Die Reisemaschine, die zum unerlässlichen Zubehör der Glücksmaschine Tourismus gehört, ist eine Weiterentwicklung der eigentlichen Innovation bei der Einführung der Eisenbahn. Diese bestand in der Kombination aus Lokomotive und Schiene mit ihrer doppelten Leistung: Steigerung der Geschwindigkeit und Beseitigung aller Unebenheiten der ehemaligen Kutschenstraße. Die moderne Reisemaschine, die alle Möglichkeiten des Land-, Wasser- und Flugverkehrs kombiniert und optimiert, hat diese zwei Leistungen geradezu perfektioniert.

Als Folge davon *gleiten* die Menschen mühelos und immer schneller zu ihrem Urlaubsglück, sodass die Reise immer mehr den Charakter eines Sprunges erlangt: nicht des Hochsprungs in den Himmel, sondern des Weitsprungs ins ferne Urlaubsparadies. Je mehr die Reise zu einem industriellen Serienprodukt wird, umso mehr werden die Reisewege zu Fließbändern, auf denen die Touristen hin und her rutschen. Mit dem Ausbau der internationalen Flugrouten wird der Weitsprung wörtlich realisiert: In wenigen Stunden erreicht man den neuen Kontinent mit einem einzigen Sprung über den großen Ozean des Kolumbus.

Die moderne Reisemaschine entstand schrittweise, als die ersten Reiseführer und die großen Reiseunternehmen wie Thomas Cook zum rein »technischen Ensemble«[74] aus Lokomotive und Schiene hinzukamen und alte Barockschlösser, die von der großen Revolution nicht vernichtet werden konnten, zu Hotels umfunktioniert wurden: zu zeitgemäßen Palästen, in denen der

Tourist zugleich Kunde und König war und einige königliche Tage im Jahr verbringen durfte. Während sich also der Dandy in strenger Arbeit an sich selbst in die aristokratische Haltung einübt, darf sich der Tourist am Urlaubsziel einige Tage lang als Aristokrat wähnen. Um die neu entstehenden Hotelketten organisierte sich eine ganze ›Animationsindustrie‹, die das Urlaubsparadies mit Unterhaltungs-, Gesundheits- und Bildungsangeboten bestückte. Alle diese Elemente sollten drei distinkte Leistungen erbringen, die zur Industrialisierung der Reise und zum Funktionieren der Glücksmaschine Tourismus beitrugen: (a) Sie sollten die Anziehungskraft des Reiseziels als Glücksbringer steigern; (b) sie sollten die Reisebewegung beschleunigen; (c) sie sollten den Reiseweg technisch-organisatorisch ausglätten, das heißt: von allen Hindernissen und Gefahren befreien.

★★★

Die erneute Differenzierung von Raum und Zeit setzt also ein mit einem Bild und einem Bruch: dem Bild vom Urlaubsparadies und der Unterbrechung der Zeit der Arbeit durch den Urlaub. Zur Realisierung des Bildes bietet die Glücksmaschine Tourismus ein eisenbahnartig diszipliniertes Verkehrsnetz. Zur Realisierung der Unterbrechung von Arbeit bedient sie sich eines ›Urlaubsdispositivs‹, von dem das allgemeine Urlaubsrecht historisch durchgesetzt wurde und zu dem ganz unterschiedliche Dinge wie arbeitsrechtliche Diskurse, gewerkschaftspolitische Aktionen, arbeitsmedizinische Forschungen usw. gehörten.

Die Realisierung des Weges zum Urlaubsparadies beinhaltet zwei unterschiedliche Typen von Verarbeitung: die Verarbeitung der Sehnsucht nach Ferne zur Urlaubsreise und die Verarbeitung der Reisenden zu Touristen. Die Ferne ist genau genommen der *Abstand* zwischen ›hier‹ und ›dort‹. Dieser Abstand verbraucht sich, sobald er entsteht und sich dem Konsum bietet. Folglich muss er unablässig produziert werden. Andererseits aber kann der Tourist nur über sein *Bedürfnis* nach Ferne erreicht werden. Folglich muss dieses Bedürfnis immer von neuem geschürt werden.

Insgesamt also erzeugt die Glücksmaschine Tourismus Spannungsdifferenzen inmitten des homogenisierten Raums der modernen Mobilität und entwirft die Bahnen zur Entladung der Spannung. Erst diese Spannungsdifferenzen erzeugen den touristischen Reisetrieb, der sich periodisch als Urlaubsreise entlädt. Die alljährlich wiederholte Reise führt einerseits zu einer Normierung sowohl der Reiseroute als auch der Reisenden. Andererseits aber muss die Norm durchbrochen werden. Die Glücksmaschine Tourismus sieht sich angehalten, immer wieder Neues zu bieten, Ferne und Ereignis zu produzieren, um damit die Reiseenergie zu schüren und auf hoher Flamme zu halten. Die Durchbrechung der Norm beinhaltet jedoch die Produktion nicht nur von Ferne und Ereignis, sondern auch von *Echtheit*.

Die Jagd auf Echtheit

Unter der Weltherrschaft der Norm verwandelt sich die Reisewelt in eine Art Innenwelt, in der alles, was das Glück gefährdet, beseitigt ist. Das führt zu einem allgemeinen Gefühl von Substanzverlust, denn *das reine Glück ist das getrübte Glück*. Das gehört zu den Grundparadoxien des Glücks.

Mit der Normierung der Reise will die Glücksmaschine Tourismus einerseits den Anspruch des größtmöglichen Glücks für die größtmögliche Zahl realisieren. Andererseits aber sieht sie sich genötigt, der ansteigenden Langeweile und dem sinkenden Interesse der potenziellen Kunden entgegenzusteuern. Beide Aufgaben stehen im Zusammenhang der lückenlosen Normierung der touristischen Reise. Zur Auflösung des Widerspruchs zwischen dem Motiv der Glückssicherung und dem Effekt der Langeweile und Glücksminderung muss die genormte Welt des

Urlaubsparadieses ein Stück weit geöffnet und mit einer gewissen Dosis historischer und folkloristischer *Echtheit* angereichert werden.

Es ist eine archaische Einsicht, dass jede Lust bezahlt werden muss. Das, womit man Lust bezahlt, ist das Leid. Für die archaischen Griechen zum Beispiel musste selbst die Geburt durch den Tod bezahlt werden. Dieses Tauschverhältnis zwischen Lust und Leid konstituiert die elementarste und allgemeinste Ebene der ›beschränkten‹ Ökonomie.[75] In der Konsumgesellschaft bezahlt man Lust nicht direkt mit Leid, sondern mit Geld. Das Leid wird auf geleistete Arbeit reduziert und dadurch messbar, sodass man ungehindert und auf eine für alle ›gleich‹ zugängliche Art die Lusterfüllung erlangen kann.

Die Anpassung der Lust an das Geld als allgemeines und abstraktes Äquivalent führt zu einer Art Entwirklichung der Lust. Denn ungehinderte Lust erscheint nicht als *wirkliche* Lust. Für die Glücksmaschine Tourismus ergibt sich daraus eine besondere Aufgabe: die abhanden gekommene Wirklichkeit wiederherzustellen, dem garantierten Reiseglück Gefahren und Widerstände einzubauen, aber innerhalb der Grenzen eines ausgeklügelten Systems der Sicherheiten. Deshalb bieten die Reiseprospekte Abenteuer und Animation, zugleich aber auch Reiseversicherungen. Wie die Themenparks bieten sie eine inszenierte Wirklichkeit: eine zahnlose Wirklichkeit, die so viel ›Spannung‹ und ›Natürlichkeit‹ liefert wie erforderlich, doch ohne dass man dabei irgendetwas riskiert.

Dennoch scheint das nicht zu befriedigen. Deshalb befindet sich der Tourist auf einer endlosen Jagd nach Echtheit, der Echtheit der ›unverdorbenen‹ Natur, des ›echt‹ südländischen Temperaments, der ›echt‹ archaischen Lebensform usw. Im Rahmen dieser Sehnsucht nach Originalität ist der Tourist nicht anders als der Kunstliebhaber, der ins Museum pilgert, um einen ›echten‹ Rembrandt zu bewundern. Die Sehnsucht nach Originalität ist die Wurzel der allgemeinen Suche nach Ferne und Fremdheit. Beide beruhen auf einer Sehnsucht nach der Aura des Ursprünglichen, die letztlich auf ein Bedürfnis nach einer göttlichen Seinsgarantie hinausläuft. Die Glücksmaschine Tourismus liefert diese Aura in der Form der *inszenierten Authentizität*[76]. Doch verkauft sie auch damit nichts anderes als das *Ereignis*, das heißt: etwas, was die genormte Reisewirklichkeit zu durchbrechen und von der Produktivität der Glücksmaschinen unabhängig zu sein scheint.

In der Epoche der Kutsche (achtzehntes Jahrhundert) war die Reise selbst die Hauptquelle der Ereignisse. Diese waren die Un- und Überfälle, von denen die große Bildungsreise durch Europa regelmäßig heimgesucht wurde. Gleichzeitig wurde im Diskurs der Reisebücher dem Ereignis wenig Bedeutung beigemessen. In der Epoche der Eisenbahn (neunzehntes Jahrhundert) wechselte der Ort der Ereignisse: Sie wanderten von der wirklichen Reise in den romantischen Reisediskurs. Schließlich fand in der Epoche des Massentourismus eine weitere Verschiebung statt. Die Ereignisse wanderten erneut von dem Diskurs in die Sphäre der wirklichen Reise. Aber es waren jetzt nicht mehr ›wirkliche‹ Ereignisse, von denen die Reise heimgesucht wurde. Vielmehr wird seither die Reise fortwährend mit konstruierten und inszenierten Ereignissen belebt, ohne die sie in der Langeweile versinken würde. Die massentouristische Reise wird also mit einer konstitutiven, aber simulierten Unsicherheit ausgestattet, was letztlich auf eine *Fiktionalisierung der Reise* hinausläuft.

Und indem die Glücksmaschine Tourismus das Ereignis anbietet, gibt sie den Menschen die Gelegenheit, sich selbst als Ereignis zu erleben, worin das wesentliche Stück ihrer Glückserfahrung besteht. Indem die Glücksmaschine Tourismus das Ereignis verkauft, *erschafft sie den touristischen Menschen selbst.*

Wir haben die zwei gegenläufigen Tendenzen oder Aufgaben der Glücksmaschine Tourismus kennen gelernt. Einerseits wirkt sie der Nivellierung von Raum und Zeit entgegen. Anhand der Normung des Urlaubs und der Errichtung von Urlaubsparadiesen, anhand der Aufstellung einer ganzen Ereignisindustrie mit ihren Abenteuer- und Animationsangeboten versucht sie, die touristische Bewegung überhaupt in die Gänge zu bringen. Indem sie aber das tut, setzt sie andererseits sich selbst in die Welt. Hinter den Kulissen des Urlaubstheaters, im Hintergrund des Animations- und Ereignisvordergrunds entstehen die Standardlandschaften aus Hotelarchitektur, Flughäfen, Reisebüros, Autobahnen usw., die lauter Wege zum Urlaubsglück sind, unumgänglich in ihrem instrumentellen Wert und unscheinbar in ihrem grauen Internationalismus. Immer wieder melden sich diese Wege wie ›Störungen‹ inmitten des Ereigniskonsums. Wie in Brechts epischem Theater kommt es zu Unterbrechungen des Urlaubsparadiestheaters: zu Pannen, langen Wartezeiten, der üblichen Touristenkost für die Bescheideneren usw. Jede Panne hat gewissermaßen ihren eigenen Aufklärungswert.

Mitunter scheint die Grauzone der touristischen Infrastruktur sogar eine beruhigende Wirkung zu haben, wie Michel Houellebecq feststellt. »… die Läden im Flughafen bildeten noch einen Raum nationalen Lebens, aber eines in eine Sicherheitszone verwandelten, abgeschwächten, dem Standard des Weltkonsums angepassten nationalen Lebens. Für den Touristen, für den die Reise zu Ende ging, handelte es sich um einen *Zwischen-Raum*, der nicht so interessant und zugleich nicht so beängstigend war wie der Rest des Landes. Ich hatte die Vision, *dass die ganze Welt tendenziell immer mehr einem Flughafen gleicht.*«[77] Dieser *Zwischen-Raum* ist uns bereits als der Nicht-Ort der Eisenbahnreise begegnet, an dem die Langeweile regiert, die den Reisenden entweder in die Lektüre oder in den Schlaf treibt.

Damit ergibt sich eine Art Wettstreit zwischen den Zwischenräumen und den Zielorten: den infrastrukturellen Zwischenräumen mit ihrer genormten Ereignislosigkeit und den eigentlichen Zielorten, den Urlaubsparadiesen, die Orte sorgfältig konstruierter Ereignisse sind. Die Kluft zwischen den Zwischenräumen der Flughäfen, Bahnhöfe, Reisewege einerseits und den Aufenthaltsorten andererseits, mit ihrer schmucken Traditionalität, ihren modernen Annehmlichkeiten und ihren vormodernen Spannungszonen lässt sich jedenfalls nicht zugunsten der Paradiese beseitigen. Was tatsächlich geschieht, ist das Umgekehrte: Die grauen Zwischenräume holen die Paradiese ein. Sie bewirken, was man den unaufhaltsamen *Verschleiß des Paradieswerts* nennen könnte: Je leichter ein Paradies erreicht wird, umso leichter hört es auf, ein Paradies zu sein, denn das ›Hier‹ und das ›Dort‹ vermischen sich allzu leicht.

Diese Vermischung ist ein weiterer Beitrag zu der bereits erwähnten Nivellierung von Raum und Zeit. Als unmittelbare Antwort auf die Nivellierung greift erneut die Glücksmaschine Tourismus ein, und mit ihr die Macht des Komparativs, von der die Versuche, ein noch *besseres* Paradies zu entwickeln, noch *bessere* und *stabilere* Ereignisse zu konstruieren, entfesselt werden. Indem aber die Glücksmaschine Tourismus der Nivellierung entgegentritt, tritt sie nur noch auf der Stelle. Indem sie versucht, den Reiseraum zu repolarisieren, trägt sie zur weiteren Nivellierung bei. Denn je interessanter das Urlaubsparadies, umso mehr die Tendenz, dieses in die Heimat zu verpflanzen. Je stärker sich das Fremde und Exotische mit den Annehmlichkeiten der Heimat vermischen, umso interessanter das Urlaubsparadies. Die gleiche unaufhaltsame Nivellierung kann man auch für die Zeit feststellen, die durch den Parallelismus zwischen Berufsstress und Freizeitterror eingeebnet wird.[78]

Die zwei Disziplinen

Die touristische Bewegung ist oft als Flucht und Unfreiheit betrachtet worden: prinzipiell als eine Bewegung *weg von* etwas. Doch: Wenn wir die Monotonie und Müdigkeit des Alltags verlassen, dann nicht nur, weil wir von ihm *abgestoßen* sind, sondern auch weil wir uns von etwas noch Besserem *angezogen* fühlen, dessen Bild die Glücksmaschine entwirft und uns vor

Augen hält. Sobald wir also fliehen, greift die Glücksmaschine Tourismus ein, organisiert unsere Flucht und erzeugt uns als touristische Menschen. Man müsste also die touristische Reise durchaus auch als eine Bewegung *hin zu* etwas betrachten. Man müsste in ihr die Kräfte der Anziehung wahrnehmen, die uns erst auf die Gegenwart der Glücksmaschine Tourismus aufmerksam machen.

Genau genommen organisiert die Glücksmaschine Tourismus zwei distinkte Fluchtbewegungen. *Erstens* unsere eigene Flucht. Hans Magnus Enzensberger hat diese touristische Flucht als Ausdruck eines Freiheitsdrangs und als eine latente und unbewusste Kritik an bestehenden Lebensformen in modernen Industriegesellschaften gedeutet: »Es stellt der politischen Verfassung, in der wir uns befinden, ein vernichtendes Zeugnis aus, dass allein Omnibusunternehmer und Bettenhändler sie ernst nehmen. Die Flut des Tourismus ist eine einzige Fluchtbewegung aus der Wirklichkeit, mit der unsere Gesellschaftsverfassung uns umstellt. Jede Flucht aber, wie töricht, wie ohnmächtig sie sein mag, kritisiert das, wovon sie sich abwendet.«[79] Doch ist die touristische Bewegung nicht nur als Verneinung des Berufsalltags zu betrachten. Sie ist im gleichen Maße die Bejahung seines kurzzeitigen Verschwindens. Die Abstoßung beinhaltet die Anziehung zum ganz Anderen dessen, was uns abstößt.[80] Wenn wir ins Flugzeug steigen, haben wir zwar den Alltag hinter uns. Doch haben wir im gleichen Maße das Bild des Urlaubsortes vor uns, der uns bevorsteht und uns einige Wochen lang beglücken soll. Die Glücksmaschine Tourismus organisiert unsere Flucht, indem sie die Anziehungskräfte bündelt, die auf uns einwirken, uns zum Urlaubsort ziehen und uns damit zu dem machen, was wir sind: Menschen, die deshalb den Berufsalltag bestehen, weil sie diesen ertragen können und die wiederum diesen ertragen können, weil sie regelmäßig und für begrenzte Zeit ausbrechen dürfen. Nur in zweiter Linie ist die touristische Flucht auch Kritik. Primär ist sie die Reaktion auf eine Anziehung und damit ein konstitutives Element der Glücksmaschine Tourismus. Wir fühlen uns angezogen von der alternativen Lebensform, die uns die Glücksmaschine Tourismus am Urlaubsort vorschlägt. Diese Anziehungskraft, der wir ausgesetzt sind, ist das Element, das uns an die Glücksmaschinen im Allgemeinen bindet und uns zu guten und gefügigen Bürgern der Industriegesellschaften macht.

Zweitens aber organisiert die Glücksmaschine Tourismus die Flucht des Reiseglücks selbst, verstanden als Glücksache. Als plötzliches und unverdientes Zufallsglück verflüchtigt sich die Glückssache, während wir auf den Schleifen der Glücksmaschine hin und her gleiten. Organisiert also die Glücksmaschine Tourismus einerseits unsere eigene Flucht zu unserem Reiseglück, so organisiert sie andererseits die daran gekoppelte Flucht der Glückssache mit. Während die Wege zum Reiseglück zubetoniert und in Autobahnen zum Glück verwandelt werden, verliert das damit erreichbar gewordene Glück das, was ihm wesentlich ist: den Charakter des unverdienten und unerwarteten Privilegs. An die Stelle der Glückssache tritt das präparierte Reiseglück der Glücksmaschine Tourismus als abgesichertes Ereignis und Tauschwert in einem. Dagegen hat das Glück als Glücksache keinen Tauschwert. Es kann nicht gegen Arbeit getauscht werden, da es in Beziehung zur Arbeit inkommensurabel ist. Im Gegenteil: Es taucht mit Vorliebe dort auf, wo keine Arbeit stattfindet. Denn es befindet sich jenseits der Sphäre der Arbeit und hat viel eher mit einem »Fehlen der Arbeit« zu tun als mit einer irgendwie messbaren Leistung, wie auch der »Wahnsinn«[81], die »Poesie« und andere vergleichbare »Übertreibungen« der menschlichen Existenz.

Das Dasein funktioniert also nicht nur als Festung gegen das Unglück, etwa in der Form des Verbots oder des Gesetzes. Das entspräche eher dem Modell der Psychoanalyse und anderer Verdrängungstheorien. Das Dasein ist durchaus auch formbares Material. Formbar durch Maschinen, die Ereignisse aufgreifen und kanalisieren: Maschinen der *Produktion*, nicht der

Reduktion des Menschen. Maschinen, die nicht die archaischen Wünsche des immer schon wünschenden Menschen unterbinden. Vielmehr Maschinen, die Wünsche erzeugen und damit auch die Menschen selbst als Wünschende. Der Wille des Menschen mag frei sein: Das propagieren neben dem Christentum die diversen Demokratien und Kapitalismen des modernen Zeitalters. Feststeht jedoch, dass der Wille des Menschen *produzierbar* ist: nicht nach der schöpferischen Maßgabe Gottes als dessen Ebenbild, sondern nach der normierenden Maßgabe der Glücksbilder, die die Glücksmaschinen entwerfen, propagieren und in die Menschen einpflanzen, um sie alle langsam in glückliche Klone zu verwandeln.

Somit bilden die zwei Fluchtarten gleichsam die zwei Klammern der Glücksmaschine Tourismus. Unsere eigene Flucht bringt die Maschine in Gang. Aus dem Einsatz der Maschine wiederum erfolgt die Flucht des Glücks als Glücksache. Über die Vermittlung der Glücksmaschine Tourismus treibt also unsere eigene Flucht das Glück als Glücksache in die Flucht.

Zusammenfassend kann man also sagen: Die Glücksmaschine Tourismus kämpft heute gegen die von ihr selbst produzierte Nivellierung von Raum und Zeit anhand einer Praxis der schöpferischen Unterscheidung privilegierter Raum- und Zeitzonen. Sie produziert Ferne und unterscheidet damit das Urlaubsparadies als privilegierte Raumzone. Sie stützt sich auf das Urlaubsdispositiv und unterscheidet damit die Freizeit als privilegierte Zeitzone.

Die Wirkung, die sie damit auf die reisende Menschheit ausübt, lässt sich als eine Art *Disziplin* kennzeichnen. Mit der Industriellen Revolution, der Eisenbahn und der Aufstellung der modernen Glücksmaschinen im neunzehnten Jahrhundert trat ein ganzes Spektrum der Disziplinen auf den Plan, die von Michel Foucault beschrieben und katalogisiert worden sind. Man könnte sagen, dass alle diese Disziplinen zwei unterschiedlichen und gegensätzlichen Modellen folgen: dem Modell des *Dandys* und dem Modell des *Soldaten*. Gegen die Macht der einsetzenden industriellen Nivellierung erzielt der Dandy die Selbsterschaffung durch eine raffinierte Kunst der Selbstunterscheidung. Jeder Dandy ist irgendwo ein Künstler. Jeder Künstler ist irgendwo ein Dandy. Während aber der Dandy sich selbst erschafft, wird am anderen Ende des Spektrums das disziplinierte Individuum von fremden Kräften erschaffen: von Maschinen der Disziplinierung in Fabriken, Kasernen, Schulen usw. Für diesen Vorgang steht der Soldat Modell.

Die zwei Typen von Disziplin – die Disziplin des Soldaten, die Disziplin des Dandys – kehren in der modernen Reisekultur wieder. Der Massentourist, der sich der digitalen Bandbreite der touristischen Angebote bedient, setzt sich dem Zugriff der Glücksmaschine Tourismus aus. Je regelmäßiger er auf den Fließbändern des Welttourismus hin und her gleitet, umso entschiedener wird sein Reiseempfinden, sein Raum- und Zeitgefühl, sein Umgang mit Fremdheit diszipliniert. Er ist ein Soldat der Reise, gänzlich dem Diktat der touristischen Reise ergeben. »Zusammengekauert in einem unzureichenden, ja lächerlich engen Sitz«, schreibt Michel Houellebecq, »den man nicht verlassen kann, ohne alle seine Nachbarn zu belästigen, wird man von vornherein mit einer Reihe von Verboten empfangen, die die Stewardessen mit verlogenem Lächeln vorbringen … Während der gesamten Flugdauer lassen sie sich alle nur erdenklichen Schikanen einfallen und hindern Sie daran, sich frei zu bewegen und überhaupt irgendwelche Tätigkeiten auszuführen, bis auf jene, die einer begrenzten Liste von Dingen angehören …«[82]

Der Soldat der Reise trägt die Uniform des Touristen, bevorzugt die gleichen Speisen wie seine im touristischen Marsch befindlichen Reisegenossen und seine Paradiesvorstellungen und Partnerwahl im Urlaubsliebesparadies sind durch den anhaltenden Anschlag der Werbung im Allgemeinen und der Tourismuswerbung im Besonderen genormt. Er genießt es, neben den anderen Reisesoldaten, wie die Sardinen in der Büchse, am Strand zu liegen, und sucht die gleichen Abenteuer in den von der Glücksmaschine Tourismus sorgfältig konstruierten Ereignislandschaften. Vor allem fühlt er sich als ein ausgesuchtes und privilegiertes Exemplar der Menschheit, mit seiner Kreditkarte und seinem urlaubsbedingten Ausnahmezustand, in dem er nicht arbeiten muss wie die um ihn herumschwänzelnden Fabrikarbeiter der Gastronomie- und Animationsindustrie. Zusammen mit seinen Reisegenossen bildet er so etwas wie eine *Herde aus lauter Individuen.*

Als Gegensatz dazu könnte man das Bild des experimentell Reisenden entwerfen. Dieser ist ein Dandy der Reise, der sich in der Kunst der Unterscheidungen übt. Er versucht die abgetretenen Pfade der Touristen zu umgehen, er nimmt sich Zeit für seine Reise. Er ist leise und meidet die lauten Orte. Oft fährt er gar nicht weit weg. Das überlässt er den Gläubigen der Glücksmaschine Tourismus. Vielmehr entdeckt er die kleinen, versteckten und unentdeckten Räume seiner näheren und ferneren Umgebung und versteht es, diese mit seinem *eigenen* Atem zu füllen.

Damit vollzieht der experimentell Reisende einen Akt der Differenzierung, mit dem er vom touristisch Vertrauten abrückt und der touristischen Differenzindustrie mit ihrer rastlosen Produktion neuer Paradiese und neuer käuflicher Ekstasen die eigene begrenzte, aber sich selbst gemäße Differenzkunst entgegenhält.

Die experimentelle Reise kann als eine *Überschreitung* der Glücksmaschine Tourismus stattfinden. Man kann sich der touristischen Angebote bis zu einem gewissen Punkt der Reise bedienen und dann sich frei machen, um Reiserouten und -formen außerhalb der touristischen Schutzzonen auszuprobieren. Gleichsam auf hoher See verlässt man die Glücksmaschine Tourismus, am Urlaubsparadies und im touristischen Gastland, und geht alleine weiter, zu Fuß oder ohne Geld, wie es ein Freund von mir tat, als er die Straße von Gibraltar überquerte und von Marokko bis Gambia allein weiterwanderte durch Dörfer und kleine Städte und überall gegen Arbeit seine Mahlzeiten verdiente. Auf solchen Reisen unterzieht man sich einem strengen persönlichen Reiseregime: Man gibt sich selbst die Regeln, wie mein Freund, der es sich zur Pflichtübung machte, ohne eine einzige Münze in der Tasche weiterzureisen und zuzusehen, wie weit er damit kommen würde. So wurde in den sechziger Jahren eine Vielzahl alternativer Reiserouten und -formen ausprobiert. Diese nahmen später organisiertere Formen an, um als die heutigen Trekking- und Abenteuerreisen von der Glücksmaschine Tourismus einverleibt zu werden.

Man kann aber auch die Glücksmaschine Tourismus *unterschreiten*. Ein Beispiel dafür ist die »Expedition«, die 1982 von Julio Cortázar und Carol Dunlop unternommen wurde.[83] Das Projekt bestand darin, durch die Verlangsamung der Reisegeschwindigkeit der Autobahn zwischen Paris und Marseille kosmische Ausmaße zu verleihen und sie in eine »Kosmobahn« zu verwandeln, auf der sie die »Autonauten« sein konnten. Sie versorgten sich mit Proviant, Büchern, Musik, Kamera, zwei Reiseschreibmaschinen und bewegten sich auf der Autobahn wie Alexander von Humboldt in den Anden oder die Argonauten auf hoher See.

Damit rissen sie an der unteren Grenze der touristischen Reisekultur, dort, wo die Glücksmaschine Tourismus einsetzt, gleichsam das Steuer an sich und schlugen eine eigene, andere Richtung ein. Ganz nah dem Alltag, ganz nah dem Ort der Arbeit, beschlossen sie, die Autobahn, die sonst als reiner Durchzugsraum funktioniert, in einen *Aufenthaltsraum* umzuwandeln. Ihr Widerstand gegen die Glücksmaschine war gerade ihre *Langsamkeit*, mit der sie wieder Raum und Zeit herstellten. In winzigen Etappen bereisten sie eine Strecke, die normalerweise in wenigen Stunden zu bewältigen wäre, um auf diese Weise einen ganzen Monat auf der Autobahn förmlich zu »leben«[84]. Allein diese Verwandlung der Autobahn in einen Aufenthaltsraum war ein Akt des Widerstands gegen die Glücksmaschine Tourismus. Denn damit war die Autobahn als der graue infrastrukturelle Zwischenraum der touristischen Reise aufgewertet und umgewandelt in ein neuartiges Reiseziel, ohne erneut die Glücksmaschine Tourismus einzusetzen.[85]

Auch hier war es erforderlich, sich Regeln zu geben. Der Dandy der Reise ist nicht minder diszipliniert als der Dandy der allabendlichen Salons. Das reisende Paar gab sich die Regeln: (a) während der einen Monat dauernden Reise die Autobahn kein einziges Mal zu verlassen, (b) auf allen 65 Rastplätzen zwischen Paris und Marseille Halt zu machen, (c) pro Tag nicht mehr als zwei Rastplätze aufzusuchen. Durch die schlagartige Verlangsamung der Reise, die sich aus diesen Regeln ergab, verwandelte sich die Autobahn in eine fremdartige Landschaft. Die Autonauten konnten sich Zeit nehmen, Flora und Fauna eines bis dahin unentdeckten Kontinents zwischen Paris und Marseille zu beobachten und darüber genau Bericht zu erstatten. Sie studierten das Verhalten der anderen Reisenden und erkundeten das betriebsame Universum des Rastplatzpersonals.

Die Autobahn als Urlaubsparadies. Auch die Unterschreitung der Glücksmaschine Tourismus kennt ihr Urlaubsliebesglück, das allerdings von anderem Tempo ist als die flüchtigen Affären in den Massenurlaubsparadiesen. Auf ihrer Autobahnidylle entdeckte sich das Liebespaar Cortázar-Dunlop von neuem, und ihr Reisebericht ist nicht zuletzt eine bewegende Liebesgeschichte. Kurz nach Beendigung der Reise starb Carol Dunlop an dem Leiden, an dem sie bereits zu Beginn der Reise erkrankt war. »Ich sah sie auf ihre einsame Reise gehen, bei der ich sie nicht mehr begleiten konnte, und am 2. November entglitt sie meinen Händen wie ein kleines Rinnsal ...«[86], schreibt Cortázar am Ende des Reiseberichts, den er nach dem Tod seiner Gefährtin alleine verfasst. Kurz darauf stirbt auch er.

3. Die ferne Lust:
Glücksmaschine Sexualität

*Die Bedeutung der Sexualität in unserer Kultur ... liegt eben
an ihrer Verbindung mit dem Tod Gottes. Dieser Tod ist ...
der von nun an konstante Raum unserer Erfahrung.*
MICHEL FOUCAULT[87]

*Wie wundervoll kann doch Sex sein, wenn die Menschen
ihn mächtig und heilig halten, und er die Welt füllt.
Wie der Sonnenschein, der durch einen hindurchgeht!*
KATE[88]

*Die Geschlechtsorgane sind eine Quelle ständig verfügbarer
Lust. Der Gott ..., der uns als törichte, grausame, sterbliche
Wesen geschaffen hat, hat zugleich diese Form der schwachen
Entschädigung vorgesehen. Wenn es nicht ab und zu ein
wenig Sex gäbe, woraus würde dann das Leben bestehen?
Es wäre ein nutzloser Kampf gegen die sich versteifenden
Gelenke ... Valérie spreizte die Schenkel über meinem Mund.*
MICHEL[89]

Auf der Suche nach dem verlorenen Sex

Am Anfang des zwanzigsten Jahrhunderts reist eine junge iri-
sche Witwe nach Mexiko und entdeckt dort, inmitten der revolutionären Wirren, dass nur Götter und Göttinnen Sex haben
können und dass sich Menschen in göttliche Wesen verwandeln
müssen, wenn sie Sex machen. Dem Sex wohnt die Apotheose
inne.[90]

Am Ende des zwanzigsten Jahrhunderts reist ein französischer Buchhalter in mittleren Jahren nach Thailand. Unter dem
Eindruck des blühenden thailändischen Sexbetriebs entdeckt
er, dass dort die Kunst des Gebens noch am Leben sei und dass
in Europa diese Kunst und mit ihr auch die Sexualität tot sei.

Die modernen Menschen »können ihren Körper nicht mehr einem anderen Menschen als schönes Geschenk darbieten und ihm ganz einfach Lust verschaffen, ohne etwas dafür zu erwarten. Sie haben den Sinn für das Geben völlig verlernt.«[91] Dem Sex wohnt die Gabe inne.

Nur Götter können also geben? Nur im Geben sind wir göttlich? Jedenfalls ist beiden Reisen gemeinsam, dass sie von Europa *wegführen.* Sie sind Fluchtversuche aus der Gummizelle der modernen Sexualität, in der der Sex gegen alles Mögliche einzutauschen ist – Geld, Aussehen, Status usw. – nur nicht gegen den Sex selbst. In der geschlossenen Welt der modernen Sexualität steht der sexuelle Austausch unter dem Regime einer ›beschränkten Ökonomie‹ des Geldes. Soll dennoch ein Ausbruch aus dieser Welt gelingen, dann nur unter Zuhilfenahme der Glücksmaschine Tourismus. Denn erst am fernen Reiseziel erhält der Sex die Aura, die ihn zu etwas Göttlichem und Verwandelndem macht. In der nahen Alltagswelt dagegen ist er nur noch Routine: *Wir* holen uns den Sex, nicht der Sex *uns.*

In dem Roman *The plumed serpent* von D. H. Lawrence verlässt Kate, die junge Witwe, ihre europäische Heimat auf der Suche nach neuem Lebensinhalt. Zunächst lässt sie sich, wie die meisten modernen Menschen und Touristen, von ihrem »Willen zum Glück«[92] lenken und zu ständiger Begeisterung fürs Fremdartige und Pittoreske anreizen, »aus einer Art Höflichkeit gegenüber dem großen Showman Schicksal.«[93] Worauf sie sich schließlich doch noch einlässt, ist eine uralte und fremde Welt, in der Männlichkeit und Weiblichkeit etwas anderes bedeuten als in der ihr vertrauten. Am Ende ihrer Reise in die Nacht der altmexikanischen Götter erkennt sie, was sie die ganze Zeit gesucht hat und wovon die fremdartige Kultur dieses Landes durchströmt ist. »Es ist Sex«, sagt sie. »Wie wundervoll kann doch Sex sein, wenn die Menschen ihn mächtig und heilig halten, und er die Welt füllt. Wie der Sonnenschein, der durch einen hindurchgeht!«[94] Diese ältere, archaische Beziehung zwischen Männern und Frauen hat nichts von der geschwätzigen Sexualität der modernen Menschen, sondern etwas Dunkles, Verschwiegenes und Gewalttätiges an sich. Die Geschichte endet damit, dass Kate eine Göttin und eine Gattin wird: die Gattin des blutrünstigen Gottes Huitzilopochtli, der von einem mexikanischen General aztekischen Ursprungs verkörpert wird.

Kate erfährt also nicht nur, dass der Sex heilig ist, sondern, dass er gerade auf Grund seiner Heiligkeit nur Göttern zuteil werden kann. Um den wahren Sex zu erleben, muss der Mann ein Gott und die Frau eine Göttin werden. Und da es mindestens zweier bedarf, um den Sex zu leben, bedeutet die Reise ins Reich des Sex, ausgehend von einer Moderne, in der Gott tot ist, die Rückkehr mindestens eines Gottes und einer Göttin, d.h.: die Rückkehr zum Polytheismus. In der Nacht des abgewandten christlichen Gottes führt die Suche nach dem Sex zu einer Wiederkehr der Götter.

Striptease des Selbst?

Im modernen Leben erscheint der Sex vielfach als eine arbeitsfreie, maschinenfreie und archaische Zone. Wo der Sex regiert, sind wir angeblich ganz unser nacktes und nicht sozialisiertes Selbst. Der Mann ist ganz der Mann in seiner rauen und unzensierten Männlichkeit. Die Frau ist ganz die empfängliche und empfängnisbereite Weiblichkeit. Im Sex liegt die Quelle des wilden und nicht totzukriegenden Glücks eines authentischen Lebens. Seine Wahrheit soll die Unwahrheit des modernen Lebens anprangern, dessen *viktorianische* Verfassung im Gegensatz zu Mittelalter, Steinzeit und allen Aborigines der Welt steht.

Deshalb erscheint der *Weg* zum Sex als ein möglicher Fluchtweg aus der industrialisierten Alltagswelt, auf deren Fließbändern, Rolltreppen, Verkehrsbahnen sich Menschen und Waren bis zur Unkenntlichkeit vermischen. Dennoch ist an dieser

Flucht nichts von der Feigheit des Fliehens zu erkennen. Eher empfindet man in ihr den Mut zur Rebellion gegen eine verklemmte bürgerliche Welt und deren asketische Arbeitsmoral, ihr umwegiges Lustleben, ihre prinzipielle Heuchelei. Im modernen Leben steht der Einzelne nicht mehr einsam gegenüber Gott, sondern gegenüber *seinem eigenen Sex*, der ihm wie sein wahres Selbst erscheint. Foucault hat das moderne Selbst als ein diszipliniertes und unterworfenes, darüber hinaus aber auch als ein sexualisiertes Selbst dargestellt. Deshalb erscheint die Flucht in den Sex geradezu als Akt der Treue gegenüber sich selbst und der Weg zum Sex als der Weg zu sich selbst und letztlich zu einem höchst persönlichen Glück. Es gibt kaum ein modernes Glücksbild, dem nicht der Sex beigemischt ist.

Man könnte die allgemeine Flucht in den Sex als einen Akt des kollektiven Striptease betrachten, bei dem eine ganze Gesellschaft sich auszieht und die Einzelnen gleichsam die Hüllen ihres gesellschaftlichen Daseins fallen lassen. Schrittweise entledigt sich das ›bürgerliche‹ Selbst der Normen und viktorianischen Zensuren, die seinen Alltag beherrschen. Dabei sind Natur und Ziel der Flucht keineswegs unabhängig von dem Objekt, vor dem man flieht. Die im Striptease enthüllte Nacktheit ist keineswegs eine absolute und neutrale Nacktheit. Sie wird vom Akt der Entkleidung und letztlich von der abgestreiften Kleidung selbst konstituiert. Die Nacktheit bleibt »innerhalb der Natur der Ausgangsbekleidung«[95], wie Roland Barthes feststellt. Vielleicht fliehen wir auf unserem Weg zum Sex letztlich vor der Sexualität selbst? Vielleicht ist das, was wir verlassen, wenn wir den ursprungsnahen Sex suchen, unsere eigene *genormte* Sexualität, die tendenziell nie befriedigt ist, die immer gesteigert, denaturiert, enttraditionalisiert (weg von der »Missionarsstellung!«) werden muss und die fortwährend von einer Norm *befreit* werden soll, die immer wieder entsteht, sobald eine bestimmte sexuelle Praxis sich etabliert? Auf seiner stripteaseartigen Flucht in den Sex lässt das moderne Selbst seine gesellschaftlichen Hüllen fallen und enthüllt den Sex selbst als sein Innerstes. Das abgestreifte Kleid ist die Norm, die enthüllte *Nacktheit* der ursprüngliche und fremdartige Sex, nach dem man schon immer gesucht hat.

Im Barock spielte das *Medium* eine ausgeprägte Rolle. Ebenso wie bei den logischen Schlussfiguren der Scholastik ein Mittelbegriff (oder ›Medium‹) die Verbindung zwischen zwei weiteren Begriffen sichtbar machen konnte, diente im Barock der Diskurs als Medium der Erkenntnis und die Kleidung als Medium der Sichtbarkeit der Menschen. Alles Sichtbare erschien nur mittels eines Mediums. Die Welt erschien in der Repräsentation, die Erkenntnis im Diskurs und der Mensch selbst in seiner Kleidung, die nicht nur seinen Stand verriet, sondern seinen Geschmack, Charakter und Bezug zur Macht, die im Wesentlichen eine höfisch-souveräne Macht war. Man braucht nur an die Bedeutung von Kleidung und Falte in der barocken Malerei zu denken. Gewissermaßen kleidete sich der barocke Mensch nicht nur in seine Kultur, sondern letztlich in Gott, weshalb er nur als ein *wesentlich* gekleideter und *in sein Wesen* gekleideter Mensch sichtbar werden konnte. Deshalb lief die Nacktheit gewissermaßen auf Gottlosigkeit hinaus.

Nach dem Tod Gottes und dem Rückzug der klassischen Metaphysik gegen Ende des achtzehnten Jahrhunderts entfällt zunächst die Bedeutung des Mediums. Die Dinge sind entweder für sich selbst (Positivismus) oder als Erscheinungen für den erkennenden Menschen (Transzendentalphilosophie und Idealismus) sichtbar. Der Diskurs löst sich als Medium der Erkenntnis auf. Das Verschwinden Gottes macht den Menschen als ein endliches Wesen sichtbar, das sich selbst fortwährend Boden geben muss.

Während die neue klinische Anatomie theoretisch und praktisch in den kranken Körper dringt und dort den Sitz und die Quelle der Krankheit sucht, dringen die Liebenden mit einer typisch modernen Verzweiflung in den geliebten Körper und behaupten damit das *irdische Paradies* als Utopie der Verschmelzung und Erlösung von Körpern. Während der Körper auf dem Weg zur Nacktheit zuerst die barocken Farben abstreift und nur noch den schwarzen Frack zulässt, den Baudelaire als Totengräbermode empfindet, wird die Sexualität zur Verheißung eines irdischen Glücks und zum Vehikel der Erlösung.

Die barocke Menschenkunde war eine Art Kultur- und Sittenspiegel, der das Kulturkleid des Menschen als Anzeige seiner universellen und unveränderlichen Natur aufzeigte. Die neue Anthropologie des neunzehnten Jahrhunderts hingegen sucht das *nackte* Wesen des Menschen aufzuzeigen. Zugleich wird im gesellschaftlichen Leben der nackte Körper mit neuem Wert aufgeladen. Im Verlauf des neunzehnten und des beginnenden zwanzigsten Jahrhunderts intensiviert sich das Interesse am nackten Körper, während die Schamgrenze mit immer größerer Entschiedenheit um ihn gezogen wird: im viktorianischen und wilhelminischen Umfeld sogar mit Unterstützung der Politik, was den zahlreichen Sittenprozessen gegen Künstler und Nudisten aus dieser Zeit zu entnehmen ist. Dennoch befindet sich die Nacktheit auf dem Vormarsch: auf einem Weg, der über Monte Verità und die FKK-Strände zu den heutigen Loveparades führt.

In vormodernen Kulturen wurde das Wesen der Sexualität öffentlich und rituell gelebt, in Form von großen kollektiven Paroxysmen wie den dionysischen Orgien der griechischen Antike oder den späteren Karnevalszügen. Bei diesen periodisch entfesselten Massenereignissen ging es wesentlich um die Einebnung der Differenz zwischen dem Heiligen und dem Profanen in Form rituell gelenkter Überschreitungen. Die entscheidende Geste dieser Feste war der Akt der Profanierung. Seit dem Tod Gottes jedoch findet sich die Differenz zwischen dem Heiligen und dem Profanen bereits im Voraus aufgehoben und muss deshalb erneut produziert oder simuliert werden, damit die sexuelle Überschreitung überhaupt noch stattfinden kann. In einer permissiven modernen Gesellschaft lässt sie sich durch

Exhibitionismus jeder Art wiederherstellen: durch die Aura der Originalität einer neuen Mode, einer abweichenden Frisur, einer abweichenden Kleidung oder der Gewaltsamkeit konkreter sexueller Handlungen wie der SM-Praktiken und so weiter. Auch die Nacktheit dient der Produktion von Differenz. Der Hang, immer mehr Körper zu zeigen, läuft der tendenziellen Gleichschaltung von Männer- und Frauenkleidung in Beruf und Freizeit zuwider. Die Nacktheit erscheint beinahe als die letzte Anzeige der anatomischen Differenz zwischen Mann und Frau und als Ausgleich für den gleichschaltenden und uniformierten Jeans- und T-Shirt-Alltag.

Zur allgemeinsten Aufgabe der Glücksmaschine Sexualität gehört also die Erzeugung von Differenz als Bedingung der Möglichkeit sexueller Überschreitung. Zu ihren augenfälligsten Effekten gehört der Drang nach Nacktheit. Das Funktionieren dieser Glücksmaschine, die den Weg zum Sex als der nackten Wahrheit des Menschen bereitstellt, beruht auf einem kollektiven und oft unbewussten Bild des Archaischen, das eine *Grenze* darstellt: in moralischer wie auch in historischer und geographischer Hinsicht. Der Weg zum archaischen Kern des Sex führt einerseits über eine Reihe *moralischer* Schallmauern, die vom psychoanalytischen Diskurs als ›normale Perversionen‹ katalogisiert worden sind. Andererseits führt der Weg zum Sex über eine *historische* Grenze zum Archaischen, die der allgemeinen Sphäre der vormodernen Kulturen zugeordnet wird; und über eine *geographische* Grenze zum Archaischen, die der so genannten Dritten Welt zugeordnet wird, die aufgrund ihrer pittoresken Vormodernität das erforderliche Maß an Folklore und Sensation für eine touristische Erschließung bietet. Deshalb fällt der Weg zum Sex oft mit dem Weg in eine touristische Ferne zusammen und bildet eine Praxis und einen Erfahrungsknoten, die in den letzten zwei Jahrzehnten unter dem Stichwort Sextourismus in Erscheinung getreten sind und die man zu den grellsten Effekten der Glücksmaschinen Sexualität und Tourismus zählen muss.

In dem Roman von D. H. Lawrence findet sich der historisch bedingte Knoten aus Reise, Sex und Tod Gottes dargestellt und auseinandergelegt. Am Leitfaden der Romanhandlung fügen sich die Mechanismen der sexuellen und spirituellen Befreiung Kates, sowie die Schwierigkeiten ihrer Neuverwurzelung im archaischen Dasein zu einer einheitlichen strategischen Logik. Der unbestimmte »Wille zum Glück«, der noch am Anfang der Geschichte den Erfahrungshorizont Kates abzustecken schien, erscheint am Ende als durchtränkt vom Sex, dessen Allgegenwart und Durchdringungskraft Kate in ihrem bereits zitierten Ausruf als das Licht der Sonne empfindet. Die Lebensbahnen, die sie zur schicksalhaften Erschließung der heiligen Sexualität führen, konstituieren sich aus den Anziehungs- und Abstoßungslinien der Glückskraftfelder der Sexualität und erscheinen am Ende als ein Segment der Glücksmaschine Sexualität selbst, in dem sich die Linienführung ihres metaphysischen und erotischen Unternehmens bündelt.

Nehmen und Geben

In modernen Gesellschaften vollzieht sich der sexuelle Tausch hauptsächlich im Rahmen einer Ökonomie des *Nehmens*. Darin ist er nicht anders als andere alltägliche Tauschhandlungen. Jeder will etwas vom Anderen und ist bereit, es ihm notfalls auch mit Gewalt zu entreißen. Damit es dennoch zu einem friedlichen Zusammenleben kommen kann, werden ›moralische‹ Regeln aufgestellt, etwa: »Du sollst von deinem Partner nicht mehr nehmen als er von dir.« Haben wir einmal das *Geben* verlernt, so haben wir endgültig den Zugang zum Sex verloren und leben im Zustand eines Dauermangels, den wir trotz unserer interkontinentalen Reisen und unserer fieberhaften Suche nach sexueller Erfüllung nicht beheben können. »Wir sind gefühlskalt und rational geworden«, sagt Michel in Houellebecqs Roman ›Plattform‹, »legen höchsten Wert auf unsere individuelle Existenz ... außerdem sind wir von Gesundheit und Hygiene besessen. Das sind nicht gerade Idealbedingungen für das Liebesspiel. In der Situation, in der wir uns befinden, ist die Professionalisierung der Sexualität in den westlichen Ländern unvermeidlich geworden.«[96] Was damit angekündigt wird, ist einer der zentralen Effekte der Glücksmaschine Sexualität: *die verallgemeinerte Prostitution.*

Bei der Prostitution im engeren Sinne herrschen klare Verhältnisse. Im Mittelpunkt stehen nicht vage Dinge wie Gefühl oder Liebe, die mit Geld nicht aufzuwiegen und damit auch nicht käuflich sind, sondern konkrete sexuelle Leistungen, die nach Dauer und Ausmaß der körperlichen Zuwendung bemessen sind. Du darfst meine Brüste berühren, das hat einen bestimmten Preis. Du darfst in mich eindringen, das kostet mehr. Das Bestechende an der Prostitution ist die Ehrlichkeit. Sie ist ein Handel ohne erotischen Betrug.

Das kann man von der großen Bandbreite partnerschaftlicher Beziehungen nicht gerade behaupten, die oft den Charakter einer uneingestandenen Prostitution haben. Zwar stehen bei ihnen Geld und Sex nicht direkt einander gegenüber. Dennoch sind sie im Wesentlichen ein Tauschhandel, den man umso gnadenloser durchführt, je weniger er eingestanden wird. Was dabei gegeneinander getauscht wird, sind sexuelle und nichtsexuelle Dinge: Qualitäten, Fähigkeiten, Anlagen, materielle Güter. Lauter Dinge, die in Bezug aufeinander sowie aufs Geld inkommensurabel sind und die dennoch letztlich immer in Geld umgesetzt und verglichen werden. Deine Karriere gegen meine Figur. Deine Bildung gegen meine Tüchtigkeit. Meine Kochkunst gegen deine Beine. Wobei Karriere, Figur, Bildung, Tüchtigkeit letztlich alle daran gemessen werden, was sie einbringen. Auf dem grauen Markt der partnerschaftlichen Beziehungen hat nichts einen festgelegten Preis. Es ist nicht einmal möglich, über einen möglichen Preis zu verhandeln, da es ja nach der herrschenden romantischen Ideologie diesen Markt gar nicht geben darf. Und doch sind alle Werte auf diesem Markt auf eine versteckte und indirekte Weise auf das Geld abgestimmt. Deshalb entstehen hier die brutalsten Missverständnisse, Betrügereien, Misshandlungen, die bis zu mentalen Entgleisungen und Mord reichen.

In der Welt der Prostitution dagegen sind alle Vereinbarungen von einer Ökonomie des Nehmens geregelt: Du verfügst über meinen Körper, ich verfüge über dein Geld. In der durchgängigen Geltung dieser Ökonomie liegt der Grund der Eindeutigkeit dieser Vereinbarungen. Im Gegensatz dazu sind die partnerschaftlichen Beziehungen wesentlich uneindeutig. Sie werden von einer irreduziblen Spannung zwischen *Rausch* und *Beziehung* auseinander gerissen. Einerseits verlangt der erotische Austausch von seiner Natur her Hingabe, Abhängigkeit, vollständigen Selbstverlust. Andererseits aber erschöpft sich der Beziehungsalltag in Sehnsüchten und Forderungen, die sich an den Partner richten. Die Erotik steht im Zeichen der Frage: Wie kann ich noch mehr *geben*, noch mehr verlieren, mich gänzlich verlieren und vergessen, bis ich in dem größten, heftigsten, wildesten Orgasmus meines Lebens ertrinken darf? Der Beziehungsalltag dagegen steht im Zeichen der Frage: Wie kann ich noch mehr *bekommen*, mehr Leistungen, mehr Geschenke, mehr Anerkennung usw.? Deshalb schwanken diese Beziehungen zwischen zwei unvereinbaren Ökonomien: einer Ökonomie der Gabe oder des Geschenks und einer Ökonomie der Vorteile und des Profits. Bei der Prostitution im modernen Sinne entsteht dieser Widerspruch gar nicht; die Sexualität wird von vornherein parzelliert und gegen Geld aufgewogen. Die Frage nach der Möglichkeit der erotischen Verausgabung taucht erst gar nicht auf. Man zahlt mit Geld, das heißt mit Arbeits- und Lebenszeit. Man erhält dafür Sexualität: häppchenweise.

Blieben die partnerschaftlichen Beziehungen in ihrer Unentschiedenheit zwischen den zwei Ökonomien, so wären sie bald nicht mehr lebbar. Zur Lösung ihres inneren Widerspruchs unternimmt es die Glücksmaschine Sexualität, die sexuellen Beziehungen insgesamt der Ordnung der Prostitution anzugleichen. Das erfordert zunächst eine allgemeine Entschränkung der Sexualität.

Die verallgemeinerte Prostitution

In vormodernen Gesellschaften wird das sexuelle Leben von den Mechanismen der »Allianz«[97] geregelt. Diese Mechanismen verketten sich zu einer gesamtgesellschaftlichen Familien- und Fortpflanzungsmaschine, dem *Allianzdispositiv*[98]. Im Rahmen dieses Dispositivs finden sich die Menschen zueinander, leben in Familien und pflanzen sich fort. Die Sexualität wird in diesen Gesellschaften dem Grundanliegen der Allianz und der Fortpflanzung untergeordnet. Sie hat ihren begrenzten Platz im Gesamtraum der familiären Bindungen und die freie Sexualität, die nicht um der Fortpflanzung, sondern der Lust willen praktiziert wird, muss (in Europa besonders seit der Reformation) als ein moralisch problematischer Bereich ausgegrenzt werden. Im neunzehnten Jahrhundert beginnt die Prostitution erneut zu wuchern, bleibt aber in gesitteten Kreisen prinzipiell geächtet. Im Wesentlichen garantiert das *Allianzdispositiv* die *Beziehung*. Auch wenn dein Lustleben verkümmert, versichert es, bleiben dir deine Ehe, deine väterliche Autorität, dein Status als Ehefrau und Mutter gesichert.

Im Gegenzug dazu garantiert die Glücksmaschine Sexualität die *Lust*. Egal, sagt sie, auch wenn aus dieser Verbindung von Mund und Nacken und Schenkeln und Schamlippen keine Beziehung wird: Es kommt nur auf eine heiße Nacht an! Carpe diem! Nutze den Augenblick und organisiere dein Lustleben. Frage dich, was du zu bieten hast und kläre, was dir zusteht. Vielleicht wird aus der Lust sogar eine Beziehung entstehen. Denn es besteht immer die Möglichkeit einer Beziehung, solange die Lust anhält. Sobald aber die Lust fort ist, stürzt die Beziehung, stürzt *jede* Beziehung ein. Die Glücksmaschine Sexualität bewirkt einerseits eine Loslösung der Sexualität aus dem Kraftfeld des *Allianzdispositivs*. Andererseits aber konstituiert sie sich selbst gerade auf Grund dieser Loslösung. Die Umdrehung der Rangordnung zwischen sexueller Lust und familiärer Bindung gehört gleichzeitig zu ihren Bedingungen und ihren Wirkungen.

Es handelt sich bei der Glücksmaschine Sexualität also um die Emanzipation der Lust von der Tyrannei der Beziehung. Die Prostitution läuft Sturm gegen die Festung der Familie. Als der Wille zum organisierten Tausch der sexuellen Lust gegen das Äquivalent des Geldes unterwandert sie alle Beziehungen des *Allianzdispositivs*, um sie zunächst der Lust und dem Lustleben unterzuordnen. Allerdings impliziert die Befreiung der Sexualität von den Allianzstrukturen keineswegs etwa eine *autonome* Sexualität, sondern lediglich die Neueingliederung und Umbettung der Sexualität in die Ordnung des Geldes. Mit der Glücksmaschine Sexualität hat die Sexualität lediglich den Boden ihrer Bedingungen ausgetauscht. Anstelle ihrer Unterordnung unter die Gesetze des Blutes tritt ihre Unterordnung unter die Gesetze des Geldes.

Gleichzeitig widerfährt der Prostitution im engeren Sinne eine in vormodernen Gesellschaften ungekannte Differenzierung. Was ehemals neben dem Geschlechtsverkehr als selbstverständliche und vielfältige Formen körperlicher Zuwendung zusammengehörte, wird jetzt ausdifferenziert und unterschiedlichen Dienstleistungen in unterschiedlichen Betrieben wie Massage-Salons, Domina-Studios usw. zugeordnet. Zugleich entsteht die Tendenz, die Prostitution insgesamt als *Arbeit* zu definieren. In diese Richtung gehen die Anstrengungen der Hurenbewegung, der es nicht nur um punktuelle Verbesserungen der Arbeitsbedingungen für den Bereich sexueller Dienstleistungen geht, sondern um die Transformation der Prostitution insgesamt in eine Sex*arbeit* unter modernen Bedingungen, das heißt, mit den entsprechenden sozialstaatlichen Leistungen. Während also der Sex innerhalb von Beziehung und Familie immer stärker in den Machtbereich einer *verschwommenen* Prostitution (Tauschhandel statt direkter Geldwirtschaft) gerät, wird die Prostitution im engeren Sinne immer stärker zu einer modernen Arbeitsform.

Die Ausglättung der Beziehung

Im Wesentlichen versöhnt die Prostitution zwei gegensätzliche Bedürfnisse: *Freiheit* und *Verlässlichkeit* der Lustbefriedigung. Einerseits befreit sie die Sexualität von der Fortpflanzungspflicht und löst sie aus dem familiären Zusammenhang. Andererseits liefert sie eine Art Lustgarantie gegen Geld. Das Ziel ist eine möglichst freie und mühelose Sexualität. Ich will einerseits keinen Beziehungsstress, keinen Leistungsstress, keinen Image- und Prestigestress, keinen Vertrauens- oder Misstrauensstress und schon gar nicht moralischen Stress. All das ist der sexuellen Begegnung hinderlich und soll aus ihr ausgeschlossen bleiben. Bereits in den vierziger Jahren hat der Kinsey-Report festgestellt, dass das Wegfallen solcher Hindernisse den Gang vieler Männer zu den Prostituierten motivierte.[99] Andererseits aber will ich die Möglichkeit einer derartigen hindernisfreien Sexualität nicht dem Zufall überlassen. Sie muss durch den Einsatz von Geld gesichert werden. Damit erst scheint eine mühelose Sexualität realisierbar zu sein, natürlich als Gegenleistung für eine bestimmte Geldsumme, das heißt: für eine bestimmte abgeleistete Arbeits- und Lebenszeit. Die Mühe wandert aus der sexuellen Beziehung aus. Als ihr einziger Schauplatz bleibt nur noch die Arbeitswelt. Der Preis für diese Ausschließung von Mühe und *Beziehung* aus der Sexualität ist oft das Wirklichkeitsgefühl. Untersuchungen haben gezeigt, dass bei vielen Männern die Begegnung mit Prostituierten ein unausweichliches Gefühl der Illusion erzeugt.[100]

Im vormodernen Europa ging es im Rahmen des *Allianzdispositivs* um einen Tausch zwischen Sexualität und Unsterblichkeit. In der weltlichen Sphäre wurde die Sexualität reduziert, indem sie innerhalb der Familie auf die Fortpflanzung eingeschränkt und außerhalb der Familie geächtet wurde. Dafür ergab sich die Unsterblichkeit in Form von Nachwuchs. In der geistlichen Sphäre verzichtete man – zumindest der Intention nach – gänzlich auf Sexualität und erhielt dafür als Erlösung die mystische Vereinigung mit Gott, was auch auf Unsterblichkeit hinauslief. Dreht man diese Tauschlogik um, so müsste man auf die Unsterblichkeit verzichten, um die Sexualität zu erhalten. Deshalb wurden im christlichen Kontext – und nicht zuletzt auch bei den Denkversuchen des Marquis de Sade – die sexuelle Lust dämonisiert und die diversen Formen des Satanismus mit sexueller Ausschweifung in Verbindung gebracht.

Worauf müsste man heute im Rahmen der verallgemeinerten Prostitution verzichten, um als Gegenleistung die Freuden des Sex zu beanspruchen? Sicher nicht auf die Unsterblichkeit, denn das Thema der Unsterblichkeit ist vom Horizont der Moderne so gut wie weggewischt. Man verzichtet einzig und allein aufs Geld. Sexualität wird gegen Geld aufgewogen. Der Anspruch lautet: Du gibst mir Geld, das heißt einen Teil deiner *diesseitigen* Arbeits- und Lebenszeit, und ich gebe dir dafür Sexualität. Der Tauschpartner ist der Kunde und der Kunde ist König. Im christlichen Kontext war der Anspruch: Du gibst mir deine Unsterblichkeit, das heißt deine gesamte *jenseitige* Lebenszeit, und ich gebe dir dafür Sexualität. Der Tauschpartner war Satan, auch eine Art König.

Auch die partnerschaftliche Sexualität steht tendenziell im Zeichen der Mühelosigkeit, die aus einer Art maschineller Ausglättung aller Hindernisse hervorgeht. Allerdings soll das ohne den direkten Einsatz von Geld geschehen. Tendenziell soll auch hier aus der Sexualität das Scheitern, das Tragische, der Tod und damit natürlich auch die Liebe ausgeschlossen werden. Die Entschränkung und Liberalisierung der Sexualität und letztlich die sexuelle Revolution führt zu einem Tauschverhältnis unter Partnern, das prinzipiell weder durch Geld noch durch die Ehe geregelt ist. Damit entsteht ein freier Markt der

Sexualität, der aber nur auf latente oder kaschierte Weise auf Geld bezogen ist. Denn gerade im Bereich der (partnerschaftlichen) Sexualität soll der letzte Schein einer Ökonomie der Gabe, eine letzte Illusion von Exzess und erotischer Verausgabung gewahrt bleiben. Deshalb übernimmt man bereitwillig die Norm eines vagen ›Antimaterialismus‹ und setzt sich gern die Maske eines romantischen Idealismus auf.

Infolge der Liberalisierung der Sexualität kann man also im Rahmen der Partnerschaften eine freie Sexualität leben, die zwar auf Geld bezogen ist, die aber nicht durch Geld gesichert ist wie bei der Prostitution. Das führt zu Beziehungen von einer bemerkenswerten Instabilität. Dadurch läuft die scheinbare Freiheit der verallgemeinerten Prostitution in den partnerschaftlichen Beziehungen auf eine Normung der Partner hinaus. Wenn ich sozusagen ›dein Typ‹ bin, dann funktioniert es reibungslos zwischen uns. Vielleicht bin ich aber nicht dein Typ, möchte es aber sein. Die Folge ist: Ich glätte alles aus, was mich von dir unterscheidet, was sich in unserer kleinen privaten Zwischenwelt als Abweichung definiert, was also dir, folglich auch mir, als nicht normal erscheint. Alles an mir, was für dich nicht normal ist, muss ich ausglätten. Sonst gehst du. Alles an dir, was für mich nicht normal ist, musst du ausglätten. Sonst gehe ich. Um unsere ungesicherte Beziehung aufrechtzuerhalten, werden wir wohl politisch korrekt sein müssen, im Rahmen unserer eigenen kleinen Beziehungspolitik, und wenn wir beide korrekt sind, kann unsere Beziehung vielleicht zu einem ständig wiederholten und überbordenden Akt der gegenseitigen Rücksichtnahme werden, bis wir in der aufkommenden Langeweile ersticken und vielleicht es doch noch über uns bringen, uns zu trennen, wobei wir doch bitte auch bei der Trennung nett bleiben mögen!

Man kann insgesamt festhalten, dass die Glücksmaschine Sexualität zugleich gleichschaltend und differenzierend vorgeht. Sie schaltet gleich, indem sie tendenziell alle sexuellen Werte dem allgemeinen Äquivalent des Geldes und alle sexuellen Beziehungen der Prostitution angleicht und indem sie die sexuellen Partner an die von der Mode und dem Starsystem produzierten Normen anpasst. Sie differenziert, indem sie die Körper mit Nacktheit und Mode auflädt, wobei uns die Mode weniger einkleidet als entkleidet, da sie unsere Nacktheit nicht aufhebt, sondern sie eher hervorhebt, konturiert, stilisiert und auffällig macht. Die Glücksmaschine Sexualität bietet uns also Differenzen, um sie sofort, anhand des allgemeinen Äquivalents, gleichzuschalten. Denn sie will uns natürlich nicht wirklich etwas *bieten*. Eher will sie uns etwas *verkaufen*. Wie die Werbung reizt sie uns deshalb an, zu kaufen und zu konsumieren, über die Sexualität zu sprechen und dabei stets die reibungslose *absolute* Sexualität zu suchen. »Absolut« aber bedeutet »nicht relativ« oder »ohne Relation«. Die absolute Sexualität bedeutet *eine Sexualität ohne Relation*. Das Ziel der Glücksmaschine Sexualität ist die Herstellung einer absoluten Sexualität durch den Ausschluss der Beziehung. Natürlich funktioniert das nicht. Es bestehen weiterhin die alten Kämpfe um die Beziehung. Es gibt weiterhin Tragödien, Eifersucht, Selbstmord, Konflikte usw. Aber das Prinzip Konsum, das Prinzip der reibungslosen Erfüllung des Begehrens herrscht souverän: Es kann den Exzess einer *erotischen* Beziehung in der Sexualität nicht dulden.

Der Preis für die reibungslose Erfüllung des Begehrens ist allerdings das Wirklichkeitsgefühl selbst. Schließt man aus der Liebe den Tod aus, so verwandelt sich die Liebe in eine Illusion.

4. Was machen die Glücksmaschinen?

Nichts suchen die Menschen so sehr
wie das Glück und nichts formt sie
so sehr wie ihre eigene Glückssuche.
PRAVU MAZUMDAR[101]

In einer Geschichte aus einer Jugend-Sciencefiction-Reihe der sechziger Jahre befindet sich das Paradies auf einem Planeten in einer Parallelgalaxie.[102] Diese kommt nur für eine kurze Zeit in eine solche Nähe zu unserer Galaxie, dass es möglich wird, anhand einer ›Dimensionswippe‹ Menschen mit Lichtgeschwindigkeit in das genannte Paradies zu transportieren. Das geschieht, indem sie ent- und rematerialisiert werden. Wir erkennen hier eine der Grundtendenzen des modernen Reisens wieder: Die Fahrt ins ferne Ferienparadies soll am besten gar keine Zeit in Anspruch nehmen, sondern den Charakter eines Sprungs haben.

Aber diese Lichtjahre entfernte und dennoch mit einem einzigen ›Dimensionssprung‹ erreichbare Welt trägt weitere paradiesische Züge: Sie ist bevölkert von menschenähnlichen Wesen, deren Natur darin besteht, den Menschen zu dienen und, vor allem, sie glücklich zu machen. Es sind die *Knooks*. Auf ihrem zugleich fernen und nahen Planeten verwöhnen die Knooks alle Menschen, die als ›Intergalatouristen‹ zu Besuch kommen. Es liegt auf der Hand, dass die Mehrzahl dieser Touristen nicht mehr auf die Erde zurückkehren will. Für alles ist gesorgt, für Komfort wie für Spannung. Der Aufenthalt kostet nichts. Die Knooks sind glücklich, die Menschen bedienen zu können. Die Touristen sind glücklich, bedient zu werden.

Und sollten die Touristen, trotz dieser vorzüglichen Einrichtung, einen schlechten Tag haben, dann wird die Lösung aller Lösungen eingesetzt: eine *Glücksmaschine*. In regelmäßigen Abständen werden die Menschen an diese Maschine angeschlossen, immer wenn sie von negativen inneren Stimmen heimgesucht werden, und sind, zumindest eine Weile lang, von ihrer düsteren Stimmung befreit.

Doch im Laufe der Zeit gerät das kostenlose Glück zur Abhängigkeit und wird somit immer problematischer. Das Fragwürdige an dieser Art Glücksversorgung ist gerade ihre Lückenlosigkeit. Der Preis für die reibungslose Erfüllung aller Wünsche ist der Verzicht auf die Freiheit der Wahl. Am Ende rebellieren die Menschen und schaffen im letzten Augenblick, bevor die Galaxien auseinander driften und die Möglichkeit einer Rückreise für immer verloren geht, den Weg zur Erde zurück, die der Welt der Glücksmaschine vorzuziehen sie inzwischen gelernt haben. Denn die Glücksmaschine legt den Konflikt zwischen zwei grundlegenden Bedürfnissen der Menschen offen: dem Bedürfnis nach Glück und dem Bedürfnis nach Freiheit.

Die reibungslose Erfüllung des Glücks wirkt wie ein Anschlag auf das Bedürfnis nach Freiheit und Unterschiedlichkeit. Sie führt zur Einrichtung einer universellen Norm und zur allgemeinen Nivellierung der Menschen. Der Doppelanspruch auf Freiheit und Glückssicherung beseelt in der Tat die eigentümliche Logik der Glücksmaschinen Werbung, Tourismus und Sexualität. Dieser Logik wenden wir uns jetzt zu.

Glück und Differenz

1.

Die allgemeine Frage lautet nicht: Was ist Glück? Sondern: Was ist Glück heute? Oder: Was für ein Glück versprechen die Glücksmaschinen? Unsere bisherige Analyse der drei Glücksmaschinen hat ergeben, dass die Produktion des Glücks untrennbar verbunden ist mit der Produktion von *Differenz*. Wir werden gleich sehen, dass es zwei unterschiedliche Typen von Differenz gibt. Die Differenz dieser Differenzen erzeugt ein Kraftfeld, in dem das Glück als ein Vorgang der Auf- und Entladung stattfindet.

Als Erstes haben wir die Differenz zwischen dem *Glück* und dem *Glücksbringer*. Häufig wird der Glücksbringer mit dem Glück selbst verwechselt: der Urlaub mit dem Urlaubsglück, das Konsumobjekt mit dem Konsumglück, der/die Geliebte mit dem Liebesglück. Aber das Glück ist weder Urlaub noch Konsumobjekt, noch Traummann oder -frau. Es ist genau genommen gar kein Objekt, sondern ein *Zustand*: der Zustand, in dem wir uns befinden wollen.

Am besten verdeutlicht man diese Differenz zwischen dem Glück und dem Glücksbringer, indem man eine konkrete Form des Glücksstrebens hinterfragt. Warum will man den Ruhm? Vielleicht weil man denkt, dadurch Freunde zu gewinnen und keine Feinde zu haben. (Man braucht da nicht einzuwenden: Aber gerade der Ruhm ruft doch Neider und Feinde auf den Plan. Es genügt, sich an den Anspruch selbst zu halten.) Aus dem Anspruch folgt: Nicht der Ruhm, sondern die Freundschaft ist unmittelbar gefragt. Warum aber macht Freundschaft glücklich? Vielleicht weil man sich dann geborgen fühlt. Dann geht es in erster Linie nicht um Freundschaft, sondern um Geborgenheit. Und warum braucht man Geborgenheit? Antwort: Weil man sich dann weniger fürchtet. Was also von der Geborgenheit verursacht wird, ist nicht das Glück selbst, sondern die Verringerung der Furcht, vielleicht der Furcht vor dem Tod. Über Freundschaft und Geborgenheit scheint also der Ruhm eine Verringerung der Furcht zu versprechen. Die Glücksbringer sind also so etwas wie Zeichen. Sie sind Glieder einer Kette oder einer Brücke, die alle auf die Transzendenz des Glücks weisen. Das Glück selbst aber bedarf keiner weiteren Legitimation. Warum will ich das Glück? Weil es mich glücklich macht. Das Glück ist nicht, was ich habe. Es ist auch nicht, was ich mir vorstelle. Quelle des Glücks, stellt Schopenhauer fest, ist hauptsächlich *alles, was ich bin*.

Zwischen dem Glück als Seinszustand und dem Glücksbringer als mögliches Objekt meines Besitzes ist also ein grundlegender Unterschied. Diese Differenz ist eine unerlässliche

Bedingung für die Mechanik der Glückssuche und Glücksfindung. Das Mittel ist der Glücksbringer, das Ziel ist das Glück selbst und die Suche nach dem Glück nichts anderes als die Suche nach dem *Kontakt* mit einem Glücksbringer. Gelingt der Kontakt, so sind wir glücklich. Das versprechen uns jedenfalls die Glücksmaschinen.

Der Glücksbringer ist ein durch ein Bild bezeichnetes *Ding*: die Ursache, die uns erst in Fahrt bringt auf dem Weg zum Glück. Das Glück selbst ist dagegen ein durch den Glücksbringer bewirkter *Seinszustand*. Das Glück der Glücksmaschinen findet sich also in einer seltsamen und elementaren Kausalität eingebettet[103], die im Alltag eine ungeheure Macht auf uns ausübt und den Glücksbringer mit dem Zustand des Glücklichseins *verbindet*. Erst in dieser Verbindung ist die Anziehungskraft des Glücksbringers begründet, die diesen als begehrenswert erscheinen lässt, genauer: als das *Bild* eines begehrenswerten Dings. Als Mittel der Glückssuche erscheint der Glücksbringer als *Weg* zum Glück. Als Ursache des Glücks erscheint er als Wesen und *Wahrheit* unseres Glücks. Im Alltag erscheint er nämlich nicht nur als Ursache des Glücks, sondern als das Glück selbst, als das *Wesen* dessen, was unser Glück sein könnte. »Was ist Glück?« heißt es auf einem Plakat der Evangelischen Kirche, »eine Gehaltserhöhung – wieder mal bei Oma Erdbeerkuchen essen – Gesundheit – ein Ticket für die Fußball-WM.« Das sind aber alles Glücksbringer. Ihre Gleichsetzung mit dem Glück ist nicht zufällig. Die Kausalität zwischen Glücksbringer und Glück ist eine so enge Beziehung und so fest verankert im Alltagsdenken, dass sie fast immer als eine Gleichung empfunden wird.

Doch: Nur indem der Glücksbringer die Kausalität des Glücks gleichsam ausstrahlt, nur indem er behauptet: *Ich bin der Weg und die Wahrheit eures Glücks*, fühlen wir uns angehalten, ihn zu wollen und zu suchen. Deshalb müssen die Glücksmaschinen als Erstes (I) die *Verbindung* der Glückskausalität in unserem Denken herstellen, bevor sie daran gehen, das Glück selbst zu produzieren. Denn die Jagd nach dem Glück setzt diese Verbindung voraus: als Erwartungshaltung und fruchtbares Vorurteil, das unsere gesamte Glückssuche organisiert und lenkt. Als Zweites (II) müssen die Glücksmaschinen ein *Bild* des Glücks erzeugen, das uns überhaupt erst auf die Suche nach dem Glück schickt. Wir vereinigen diese Beziehungen im folgenden Diagramm:

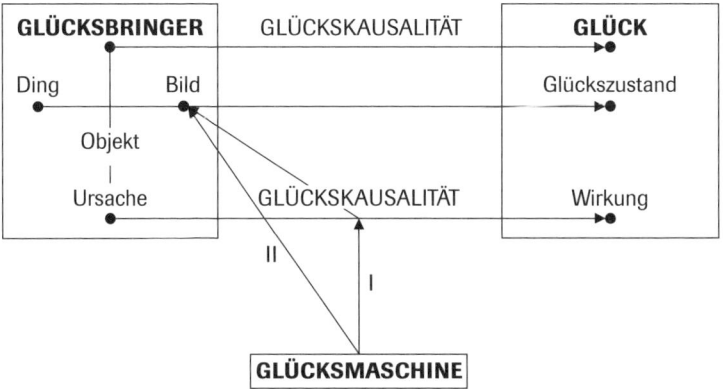

Die Kausalität des Glücks

Während aber das Glück erst in der Differenz zum Glücksbringer fühlbar wird, tritt der Glücksbringer erst in der Differenz zu anderen, älteren, überholten, übertroffenen Glücksbringern zutage. Diese zweite Differenz, die als die allgemeine Struktur der *Glücksbringer* hervortritt, ist kein neutraler Unterschied, sondern der Unterschied zwischen dem Besseren und dem Schlechteren, zwischen dem Originellen und dem Gewöhnlichen. Im Wirkungskreis der Glücksmaschinen bezeichnet das Wort ›originell‹ nicht mehr ›Ursprünglichkeit‹ – wie Etymologie und Tradition es nahe legen –, sondern die Fähigkeit, sich vom *Gewöhnlichen* zu unterscheiden. Wobei das Wort ›gewöhnlich‹ die *Reihung* bezeichnet: dass etwas bloß Massen- oder Serienprodukt ist und damit einer Norm entspricht. Der Glücksbringer tritt also im Licht eines allgemeinen *Komparativs* in

Erscheinung: durch den Kontrast zwischen einem (ranghöheren) Neuen und allem Bisherigen. Er ist Glücksbringer, erst indem er wörtlich *aus der Reihe* tanzt.

Die Quelle des Glücks ist zwar der Glücksbringer. Aber der Glücksbringer ist in erster Linie nicht ein Ding, sondern eine Differenz. Zusammenfassend lässt sich also zweierlei feststellen. Das Glück ist von dem Glücksbringer streng zu unterscheiden und der Unterschied zwischen beiden ist als ein Verhältnis der *Kausalität* organisiert. Der Glücksbringer hingegen ist von allen bisherigen Glücksbringern zu unterscheiden. Dieser Unterschied ist als ein Verhältnis des *Komparativs* organisiert. Der größte Teil des modernen Glücksstrebens entfaltet sich im Kraftfeld zwischen diesen zwei Differenzen: der Kausalität und dem Komparativ.

Unsere Suche nach dem Glück wird immer wieder angestachelt durch den Unterschied zwischen dem Glücksbringer und dem ›eigentlichen‹ Glück: unserem höchst persönlichen Glückszustand. Diesen Unterschied erleben wir als *Enttäuschung*, die uns dazu verleitet, den ehemaligen Glücksbringer vom Sockel zu reißen und uns auf die Suche nach einem neuen zu begeben: sei dies ein Ort (Tourismus), ein Produkt (Werbung) oder ein Partner (Sexualität). Unser Glücksstreben wird aufrechterhalten durch das Auftauchen immer neuerer, immer besserer Glücksbringer, die uns nicht nur das ›eigentliche‹ Glück versprechen, sondern beinahe das Glück selbst zu sein scheinen, also die Differenz zwischen dem Glücksbringer und dem Glück zu überwinden versprechen. Die Gradstufung des Komparativs projiziert sich auf den Zwischenraum zwischen dem Glücksbringer und dem Glück und treibt uns an, die Differenz der Kausalität zu überwinden. Je besser der Glücksbringer, umso näher scheint er dem Glück selbst zu sein.

Umgekehrt wiederum stachelt die unüberwundene Differenz der Kausalität die Dynamik des Komparativs an. Sie treibt uns zur Entwicklung immer neuer Glücksbringer, die die Fehler der vergangenen korrigieren sollen. Und so durchdringen die zwei Differenzen einander und erzeugen ein Kraftfeld, in dem die modernen Glückssucher bis in die Grundfeste ihrer Existenz angeheizt werden.

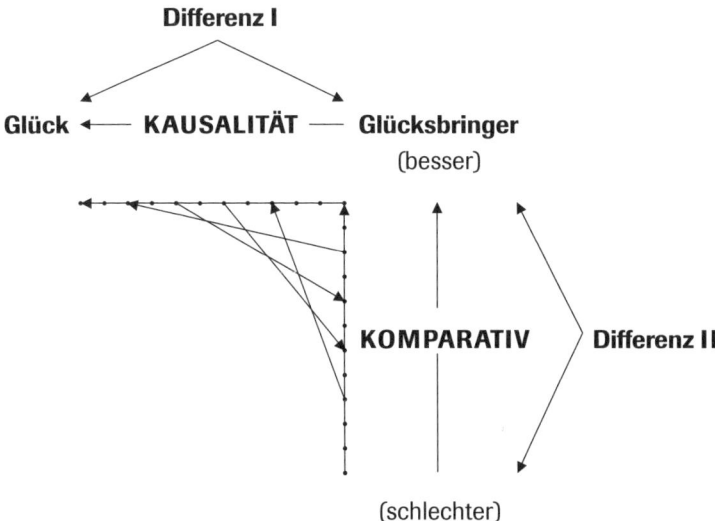

Das Kraftfeld des Glücks

2.

Je genormter wir sind, umso mehr suchen wir die Differenz, das heißt: die *Abweichung von der Norm*. Heute ist unser Appetit für Differenzen schier unbegrenzt. Die Norm gibt uns die Sicherheit und eine Art Glücksgewähr. Die Differenz aber verschafft uns den Kitzel des Unerwarteten. Sie gibt uns dasselbe Realitätsgefühl, das wir uns verschaffen, wenn wir uns kneifen, um festzustellen, ob wir träumen. Deshalb suchen wir in Familie, Beruf, Freundschaft den Wechsel. Haben wir kein Geld, so suchen wir Geld. Haben wir einmal Geld, so suchen wir die Liebe. Haben wir einmal die Liebe, so suchen wir das Abenteuer und die Nähe des Todes und so weiter. Was stattfindet, ist die ständige sich abspaltende Differenz.

Letztlich suchen wir also, in der Differenz zu leben. Wir wollen das ganz andere Auto besitzen (Glücksmaschine Werbung), die ganz andere Reise machen (Glücksmaschine Tourismus), den ganz besonderen und begehrenswerten Partner haben (Glücksmaschine Sexualität). Im allgemeinen Sog des Komparativs ist das Glück untrennbar vom Ehrgeiz. Der Ehrgeiz will Spuren hinterlassen, im Grunde *Geschichte* machen. Damit strebt er so etwas wie eine ›mediale Unsterblichkeit‹ an. Ob es um einen Jahrhundertsturm geht oder um einen Rekordbruch im Sport: Das Ereignis wird immer als eine Steigerung der Geschichte gepriesen, anhand von Etiketten wie: »Zum ersten Mal!« oder »Einmalig!« oder »Epoche machend!« usw. Der Komparativ konstituiert den Fortschritt und der Fortschritt bildet die Grammatik eines bestimmten Typs von Geschichte. Die Geschichte verstehen wir im Sinne des Fortschritts als eine Praxis, in der wir stets bestrebt sind, unsere Vorgänger auf dem Thron des Daseins zu überbieten, indem wir sie als Mitglieder einer ontologischen Dynastie zugleich beerben und in den Schatten stellen wollen.

Das Glück, sagt Aristoteles, ist das »Bessere« gegenüber anderen Werten. Von daher gesehen übertragen die Glücksmaschinen das Bessersein des Glücks auf die Glücksbringer. Für den Fortbestand dieser Maschinen ist es geradezu unerlässlich, dass die Menschen keine endgültige Erfüllung ihres Begehrens finden. »In meinem Metier«, sagt der Werbefachmann Octave in Frédéric Beigbeders Roman ›39,90‹, »will keiner Ihr Glück, denn glückliche Menschen konsumieren nicht.«[104] Immer anders und immer ›besser‹ muss das Objekt der Glückssuche werden, bis es tendenziell mit dem Glück selbst zusammenzufallen scheint.

Die unmögliche Annäherung zwischen der Immanenz des Glücksbringers und der Transzendenz des Glücks verleiht der Glückssuche einen obsessiven Charakter. Immer wieder muss der Glücksbringer erneuert werden, damit ein neuer Anlauf unternommen und ein neuartiger Kontakt mit ihm hergestellt werden kann. Das führt zur Spirale des Konsums und einer suchtartigen Wiederholung des Konsumaktes. Die grundlegende Differenz zwischen dem Glücksbringer und dem Glück führt dazu, dass wir nirgendwo in oder an dem Glücksbringer das Glück selbst entdecken, sondern von dort aus immer weiter verwiesen werden auf ein ›eigentlicheres‹ Glück. Die Differenz der Glückskausalität bedingt den Suchtcharakter des Konsums.

Dennoch hat das moderne Glück keineswegs bloß die unerreichbare Transzendenz eines paradiesischen Zustands, der sich vom Glücksbringer unterscheidet. Neben seiner Transzendenz als Zustand und Nichtobjekt besitzt das Glück eine seltsame Immanenz, die sich in den Algorithmen einer obsessiven Unendlichkeit organisiert, nach dem Diktat der absolut gewordenen Komparation. Als Entwurf der Glücksmaschinen ist das Glück selbst ein Produkt und Bestandteil des ›irdischen Paradieses‹, das die Glücksmaschinen uns letztlich verheißen. Soll die Erde ein Paradies sein, so muss das Glück selbst zu dieser Erde gehören und müssen die Glücksbringer immer besser werden.

Doch bezieht sich der allgemeine Sog des Komparativs letztlich auf uns selbst. Die Differenz des Komparativs soll eine Differenz in uns selbst erzeugen. Wollen wir originell sein oder eine originelle Erfahrung machen, so wollen wir im Grunde uns selbst überbieten. Damit sind wir zu einer letzten Einsamkeit bereit, in der wir sogar von unserem eigenen bisherigen Selbst getrennt sind. Denn unser Glück besteht darin, dass wir uns selbst als die Besseren erleben: nicht nur gegenüber den anderen, sondern gegenüber uns selbst.

Diese für unser Glück unerlässliche Differenz zwischen uns und uns selbst entzündet sich an der Differenzialität der Glücksbringer, die als das ganz Andere gegenüber den anderen Dingen erscheinen, die schwächer, mittelmäßiger, einfach *weniger* sind. Die Glücksmaschinen beliefern uns mit dem ›Besseren‹, um uns selbst zu ›Besseren‹ zu machen: damit wir ganz *anders* sein können als je zuvor und ganz *andere* als alle die anderen. Die Differenz des Glücksbringers legt die Differenz in uns selbst frei und lässt uns als Neue und Erneuerte *aus uns selbst heraustreten.* Die Ekstase unseres Glücks entzündet sich an der Ekstase der Dinge.

Wollen wir dort sein, wo unsere Nachbarn, alle unsere Nachbarn auf diesem Planeten noch nie waren? Wollen wir die ganz ausgefallene Reise machen? Dann wollen wir dort sein, wo *wir selbst* noch nie waren. Wir suchen die Differenz zwischen dem neuen, unerhörten Ort und all den Orten, die wir bis jetzt kannten und die sich mit unserem bisherigen Sein vermischt haben, nicht nur als Erinnerung, sondern auch als Physiologie. Vertrauen wir uns doch der Glücksmaschine Tourismus an!

Wollen wir das neue Produkt, am liebsten ein Unikat? Denn als gute Konsumenten, die stets den Markt ankurbeln sollen, sind wir *Jäger und Sammler* des Neuen. Dazu müssen wir aber eine Differenz schaffen zwischen allem, was wir bisher besaßen, und einem neuen Produkt, das der Markt am besten in beschränkter Zahl und für eine begrenzte Zeit anbietet. Die Suche nach dem Glück führt uns zum *Seltenen.* Das Seltene gewinnt in einer Welt, in der fast alle Gebrauchsdinge – auch Lebewesen, sofern sie zu unserem Konsum da sind – *Serienprodukte* sind, eine fast absolute Bedeutung. Die Logik des universellen Komparativs stellt immer wieder das Seltene als einen vorläufigen Superlativ auf. Das Seltene ist das Bessere, aber das Bessere ist das vorläufig Beste. Deshalb erscheint das Seltene als das relative Absolute. Relativ im Sinne von ›besser‹, absolut im Sinne von ›vorläufig das Beste‹. Relativ, weil sich seine Seltenheit erst in der Beziehung zum Bisherigen definiert. Absolut, weil es unabhängig von sonstigen Qualitätsmerkmalen nur vermöge seiner Seltenheit Gültigkeit besitzt.[105] In einer Welt, in der alle Produkte Serienprodukte sind, und alle Menschen, die diese Serienprodukte konsumieren, immer mehr einander ähneln, erscheint das Glück als der Zustand, in dem wir seltene Produkte besitzen und damit selbst selten werden. Überlassen wir uns doch der Orientierungsmacht der Glücksmaschine Werbung!

Wollen wir schließlich die absolute, einmalige Frau besitzen, auch wenn wir aufgrund eines anderen Glücksdiktats wiederum zu modern und zu sehr Feministen sind? Wollen wir umgekehrt den absoluten Mann besitzen, der uns anmacht und uns dazu dient, alle anderen Frauen auszustechen? Wollen wir den Körper, nach *außen* hin schwer behangen von den seltensten Produkten des Marktes, von den neuesten Kosmetika mariniert, von den aufregendsten Kleidern nackt gemacht; und von *innen* her mit Gesten, Blicken, Worten bewaffnet, die von unseren eigenen Träumen genormt sind: jenen Träumen, die täglich von den Traummaschinen Werbung, Kino und dem internationalen Starsystem produziert werden: Wollen wir also den Traumkörper des Traummannes oder der Traumfrau? Wollen wir vielleicht sogar selbst begehrt werden, wie all das Begehrenswerte, das wir dem Markt entnehmen und das uns wie zwei Klammern von Innen und von Außen einfassen soll? Dann fügen wir uns doch der Glücksmaschine Sexualität!

Die Suche nach dem Glück schickt uns also auf die Suche nach dem Differenten, nach dem neuesten Glied des Komparativs: nach dem vorläufigen Superlativ. Dieses Differente hat sich wiederum aus dem bisher Differenten aufgrund einer *neuen* Differenz, also einer *differenten Differenz* herausgegliedert. Das Neue ist es, das uns beglücken soll, und das Neue bildet sich auf Grund einer Logik der fortgesetzten Abspaltung der Differenz.

Aber die Suche nach Differenz ist nichts anderes als ein Bestreben nach Ekstase: danach, das noch nie Dagewesene zu kosten und zu sein, um uns von uns selbst zu unterscheiden und aus uns herauszutreten. Indem wir reisen, brechen wir aus dem Alltag und damit unserer alltäglichen Identität heraus. Die Quelle der Ekstase ist hier die Ferne. Wenn wir das neueste Produkt kaufen, dann entsteht in unserem bisherigen Besitz und unseren bisherigen Konsummöglichkeiten ein Sprung. Die Quelle der Ekstase sind hier die Produkte. Die sexuelle Begegnung ist ein Ausbruch aus der Sphäre der pragmatischen Begegnungen im Beruf und Alltag. Sie ist gekoppelt an die Ekstase der Begegnung und tendenziell an die Ekstase des Partnerwechsels.

Die Bedingung der Ekstase ist die Differenz. Die Ekstase der Reise beruht auf der Differenz zwischen Ferne und Heimat. Die Ekstase des Konsums beruht auf der Differenz zum bisher Angebotenen und die sexuelle Ekstase auf der Differenz zwischen dem sexuell erregten Körper einerseits und dem planenden und arbeitenden Körper andererseits. Die Differenz ist konstitutiv für das Ereignis: das Ereignis des Urlaubsparadieses, des neuen Produkts, der neuen sexuellen Begegnung. Die Hauptfunktion der Glücksmaschinen ist, Ziele zu produzieren, die uns auf den Weg zum Glück schicken. Die Ziele aber sind im allgemeinsten Sinne Ereignisse, Augenblicke der Differenz gegenüber dem allgemeinen Hintergrund des serialisierten modernen Alltags. Im Kontext der Glücksmaschinen sind alle Ziele Ereignisse und alle Ereignisse Ziele. Denn: wir wollen Ereignisse konsumieren und damit selbst zum Ereignis werden.

Die Glücksmaschinen funktionieren auf Grund eines engen Zusammenhangs zwischen Ekstase und Ereignis. Denn Ekstase bedeutet *ek-stasis*: außerhalb seiner selbst stehen. Sie beinhaltet Differenz. Ich unterscheide mich von meiner Welt, ich unterscheide mich von mir selbst und trete aus mir heraus. Ekstase beinhaltet, dass ich mich von mir selbst löse. Ebenfalls beinhaltet jedes Ereignis eine Differenz: die Abweichung vom Vertrauten und Gewohnten. Die Suche nach dem Glück ist die Suche nach dem Ereignis. Wir suchen das Ereignis des ›Besserseins‹, den ›qualitativen Sprung‹ auf der Rangordnung der Werte. In der Begegnung mit dem Ereignis erleben wir uns selbst als Ereignis. Darin liegt der Inhalt unseres Glücks.

In diesem Sinne kann man sagen: die Glücksmaschinen sind Vorrichtungen zur Sicherung weltweit organisierter Ekstasen. Aber es handelt sich um präparierte Ekstasen. Das, was die Glücksmaschinen bieten, sind letztlich gezüchtete Ereignisse.

Das wird signalisiert von dem inflationären Gebrauch des Ausdrucks ›event‹, etwa im Bereich des Kulturmanagements.

Michel Foucault verlangte, dass man die Sprache von allen falschen, ›literarischen‹ Zufällen *bereinigen* müsse, um den größeren Zufall, der an der Wurzel der Sprache selbst steckt, freizulegen.[106] Man könnte sagen, dass die Glücksmaschinen, ebenso wie bestimmte Richtungen in Literatur und Kunst im zwanzigsten Jahrhundert, mit der Produktion ›falscher‹ Zufälle befasst sind: *Ereignisse* als Ausgleich für das Abgesichertsein des Konsumglücks. Beide – das garantierte Glück und das Ereignis (besser: das *Gefühl* von Ereignis) – konstituieren die Glücksangebote, von denen wir überklebt sind, gleichsam als lebendige Werbung. (Denn jeder Konsument dient als Werbefläche für seine Nachfolger und ist so etwas wie eine lebendige Werbung für künftigen Konsum.) Sich von diesen ›falschen‹ Ereignissen *bereinigen*, sie nicht länger als Ereignis ernst nehmen, sich die Ohren mit Wachs zustopfen vor dem Sirenengesang der Glücksmaschinen oder sich wie Odysseus an den Mast der eigenen Glückshaltung fesseln lassen, um dem Ruf des präparierten Glücks nicht Folge leisten zu müssen: das hieße, die Glücksmaschinen außer Kraft setzen. Das wäre eine Bedingung für die Begegnung mit dem ›größeren‹ Glücks-Zufall: der Glückssache. Aber davon später mehr.

Zur Ökonomie der Ereignisse

1.

Das erste Ziel der Glücksmaschinen ist die Absicherung des Glücks und, in unmittelbarem Zusammenhang damit, die Beseitigung aller natürlichen Ereignisse, die dem angestrebten Glück im Wege stehen. Die Absicherung des Glücks impliziert ein Versicherungsangebot, das den eventuellen und ereignishaften Verlust des Glücks auszugleichen verspricht. Es ist also folgerichtig, dass die Arbeit der Glücksmaschinen auf Schritt und Tritt vom modernen Versicherungswesen beschattet und begleitet wird. Deshalb sind oft Produktangebote von Produktgarantien untrennbar: »Und wenn Sie nicht zufrieden sind, erhalten Sie selbstverständlich Ihr Geld zurück.«

In einer Anzeige der Victoria Versicherungen heißt es: »Wenn Sie sich in Zukunft nicht allein auf Ihr Glück verlassen wollen: die Förderversicherung der Victoria!« Über dem Text sind drei Würfel abgebildet, die aus einem Lederbecher herauskullern.

›Glück‹ heißt hier offensichtlich das Zufallsglück, also die Glückssache, die der Würfelwurf uns zuspielt. Man ist genötigt, sich auf dieses Glück zu ›verlassen‹. Mehr kann man offenbar bei einer Glückssache nicht tun. Wenn man also schon das Ereignis, das ja immer Risiko ist, nicht aus der Welt schaffen kann, dann kann man zumindest das Risiko der Glückssache, genauer: das Risiko, dass die Glückssache ausbleibt, teilen. Mit wem aber, wenn nicht mit einem Versicherungsunternehmen wie Victoria Versicherungen, das über den Zufall zu siegen vermag?

Das moderne Versicherungswesen funktioniert wie eine Art doppelter Negation der Glücksmaschine: Es garantiert nicht das Glück, es garantiert vielmehr das Ausbleiben des Unglücks. Deshalb reduziert es in einem ersten Schritt das Risiko des Glücksverlustes auf des Risiko des Geldverlustes. In einem zweiten Schritt wird der eventuelle Geldverlust von einem Versicherungsangebot abgefedert. Das Versicherungswesen unterscheidet sich insofern von den anderen Glücksmaschinen, als es ihm nicht darum geht, das Ereignis der Glückssache planbar zu machen, indem es zuerst ausgebügelt und dann simuliert wird, sondern darum, den ökonomischen Verlust, der mit dem Unglück einhergeht, zu minimieren. Das geschieht über ein ökonomisches Solidaritätssystem, nach dem Motto: Getragenes Leid ist geteiltes Leid. Es sind also in diesem System, entsprechend dem Bild der drei Würfel in der Viktoria-Werbung, drei ›Partner‹: der Versicherte, das Versicherungsunternehmen und der Zufall. Deshalb heißt es in dem Werbetext: Der Versicherte soll sich nicht ›allein‹ auf die Glückssache verlassen. ›Allein‹ hat hier zwei Bedeutungen. Erstens: ohne Hilfe eines anderen, das heißt ohne die Hilfe des Versicherungsunternehmens. Zweitens: ›nur‹, das heißt ohne das versicherte Glück der Glücksmaschinen. Also besagt der Text: »Wenn Sie nicht ohne die Hilfe einer Glücksmaschine mit dem reinen Zufallsglück überfordert sein möchten, besinnen Sie sich auf uns!« Im gleichen Sinne heißt es auch in einer Werbung der Hamburg-Mannheimer Versicherung: »Glück ist planbar«.

Das erste Ziel der Glücksmaschinen ist also, möglichst vielen Menschen möglichst oft und an möglichst vielen Orten möglichst viel Glück zu sichern. Allein die quantitative Radikalität dieses Zieles birgt in sich die Notwendigkeit einer Industrialisierung des Glücks. Eine solche Industrialisierung besteht im Wesentlichen darin, dass die Produktivkräfte des Glücks zu Glücksmaschinen gebunden werden und der Übergang zu einer Ökonomie der Massenproduktion des Glücks stattfindet. Doch im Zuge solcher industriellen Glücksmaximierung verwandelt sich das Glück selbst in ein Serienprodukt. Was dabei verloren geht, ist genau das, was das Glück überhaupt ausmacht: die Differenz oder das Ereignis, in einem Wort, die *Glückssache*. Deshalb müssen die Glücksmaschinen in einem zweiten Anlauf das Ereignis herstellen, nachdem in einem ersten Schritt die Glücksangebote und -garantien industriell gesichert worden sind.

Es gehört zur Logik der industriellen Produktion, dass alle Angebote, Güter wie Dienstleistungen, tendenziell zu Serienprodukten werden. Auch der kaufende und konsumierende Mensch muss sich zusehends dem seriellen Charakter dieser Angebote anpassen. In den Fastfoodbetrieben müssen sich die Kunden in den Algorithmus des Schlangestehens, Bestellens und Bezahlens fügen. Schlecht beraten ist, wer Beratung sucht. In den Supermärkten entzieht sich die Möglichkeit individueller Beratung wie eine Fata Morgana: Die Verkäufer sind einfach nicht da und der Kunde muss sich auf die Suche begeben, während sich das Videoauge unverwandt auf ihn und seine Bewegungen richtet. An der Kasse wird man dann mit der gleichen seriellen Effizienz abgefertigt wie die Hühner, deren Eier an ebendieser Kasse bezahlt werden müssen. Was ausbleibt, ist das Ereignis, subjektiv gesprochen, das *Erlebnis*.

Entsprechend groß ist der Bedarf nach Erlebnis, das die Seelenlosigkeit des garantierten Glücks auszugleichen verspricht. Die allgemeine Zunahme der ›Erlebnisangebote‹ verwandelt allmählich den Supermarkt in eine Bühne für Produktpräsentation. Raumhöhe, Beleuchtung und Farbgebung werden alle zur Inszenierung der Einkaufsumgebung eingesetzt. Die Palette der Angebote kann vielfältig sein: »Musik, Liveshows, exotische Umgebungen, Gratiserfrischungen, ein Amphitheater mit Videoausrüstung, namhafte Gaststars und eine umfassende Beteiligung des Publikums«.[107]

In diesem Zusammenhang spricht man von einer neu aufkommenden »Erlebniswirtschaft«[108], in der weder Güter noch Dienstleistungen verkauft werden, sondern Erlebnisse. Nicht bloß der Supermarkt, sondern der Markt insgesamt verwandelt sich in ein Theater der Ereignisse, in dem es, wie im herkömmlichen illusionistischen Theater, darauf ankommt, das Präparierte und Konstruierte als etwas Natürliches anzubieten. Ein gutes Beispiel dafür ist der Tourismus, der, anhand von Animation, Extremsport, Abenteuer usw. das bietet, was authentisch erscheinen soll und was im höchsten Maße künstlich ist: Ferne, Freiheit, Natur, aber alles im strengen Rahmen des Urlaubszusammenhangs. Man soll Wüste, Meer, Gebirge überwinden, um nach Beendigung des Urlaubs wieder pünktlich am Arbeitsplatz zu sein. Diese Angebote sollen dem alljährlich wiederholten und von jedem Durchschnittsbürger unternommenen Erholungsurlaub den Glanz der Differenz und der Exklusivität verleihen. Doch befindet sich der Tourismus damit in der Falle. Denn genau diese Angebote geraten im Laufe der Zeit erneut zu Serienprodukten. Die Glücksmaschinen befinden sich in einem Wettrennen gegen ihren eigenen Effekt: die Einebnung der Differenz, sobald diese als Tauschwert in Umlauf gebracht und gegen einen bestimmten Preis angeboten wird.

2.

Nach Pine und Gilmore[109] gab es seit Beginn der industriellen Revolution mehrere Mutationen im Wesen der Ware. Im achtzehnten Jahrhundert war die Ware wesentlich Rohstoff. Zu den wichtigsten dieser Rohstoffe gehörten die Agrarprodukte, die erst mit dem Beginn der industriellen Revolution zu Industrieprodukten verarbeitet wurden. Die erste Verschiebung im Wesen der Ware bestand also darin, dass die Industrieprodukte an die Stelle der landwirtschaftlichen Erzeugnisse traten, die die Grundlage der vorindustriellen Ökonomie gebildet hatten.

In den fünfziger Jahren des zwanzigsten Jahrhunderts kam es dann zur zweiten Verschiebung. An die Stelle des Industrieprodukts als Grundlage der modernen industriellen Ökonomie trat die Dienstleistung. Immer mehr Hersteller gingen dazu über, ihre Kernprodukte in Dienstleistungen zu verpacken. Was als Werbung begann und eher zum Rahmen des eigentlichen Angebots gehörte, wurde mit der Zeit zum Wesen des Angebots selbst. Autohersteller erweiterten und verlängerten ihre Garantien und boten Fahrzeugleasing an und die Konsumgüterproduzenten übernahmen die Lagerlogistik für den Handel.[110]

Doch: Auch Dienstleistungen sind Serienprodukte, ihnen mangelt die Binnendifferenzierung, durch die erst eine einzelne Leistung gegenüber anderen als begehrenswert erscheinen kann. Heute, zu Beginn des einundzwanzigsten Jahrhunderts, wird nach Ansicht der Autoren die Dienstleistung ihrerseits vom Zentrum der Warenwirtschaft verdrängt. An ihre Stelle tritt das *Erlebnis*, verstanden als ein Ereignis, das den einzelnen Kunden persönlich einbindet: »Erlebnisse stellen ein viertes wirtschaftliches Angebot dar, ein Angebot, das sich so deutlich von den Dienstleistungen unterscheidet, wie diese von den Gütern … Kauft ein Verbraucher eine Dienstleistung, so erwirbt er eine Reihe immaterieller Aktivitäten, die für ihn durchgeführt werden. Kauft er jedoch ein Erlebnis, so bezahlt er dafür, seine Zeit mit einer Reihe unvergesslicher Ereignisse ausfüllen zu dürfen, die ein Unternehmen wie in einem Theaterstück für ihn inszeniert, um ihn persönlich in das Erlebnis einzubinden.«[111] Die drei Transformationen, die das Wesen der Ware durchlaufen zu sein scheint, sind also:

Rohstoff	I →	Industrieprodukt	II →	Dienstleistung	III →	Erlebnis
1		2		3		4

Die Industrieprodukte – im Wesentlichen Serienprodukte –
und die Dienstleistungen – im Wesentlichen mechanische und
ereignislose Verrichtungen wie das Reparieren von Autos und
das Reinigen von Teppichen – werden also tendenziell in Erlebnisse eingebettet und als Elemente einer neuen Erlebniswirtschaft in Umlauf gebracht. Es geht hier um mehr als nur
Werbung. Es geht hier tatsächlich um neue Marktangebote, bei
denen Elemente der traditionellen Unterhaltungsindustrie in
die Produktions- und Dienstleistungssektoren übertragen werden.

Entscheidend für die Einrichtung der Erlebniswirtschaft ist
nach Pine und Gilmore, dass dem Seriencharakter der Produkte entgegengearbeitet wird. Dazu gehört die ›Differenzierung‹
oder ›Individualisierung‹ des Massenangebots. Solche ›Ent-
serialisierungsverfahren‹ haben die Tendenz, Güter in Dienstleistungen, Dienstleistungen in Erlebnisse und den Markt
insgesamt in ein Theater der Ereignisse zu verwandeln. In The-
menrestaurants wie *Hard Rock Café* dient zum Beispiel das Essen als Vorspeise für ein Unterhaltungserlebnis, oder besser, als
eine Bühne, »auf der ein größeres Fest von Eindrücken inszeniert werden kann, um die Gäste zu fesseln.«[112]

Um ein Produkt in ein Erlebnis, d. h. ein ›unvergessliches
Ereignis‹ zu verwandeln, müsste man es, nach Ansicht der Autoren, mehreren Verfahren unterziehen. *Erstens* muss das Produkt besondere sinnliche Qualitäten erhalten, durch Geruch,
Farbe, Taktilität usw. auffallen, um gleichsam in die Festung
der automatisierten Alltagssinnlichkeit einbrechen zu können.
Damit führt die bloße sinnliche Begegnung mit dem Produkt
zu einem ›Erwachen‹ der Sinne.[113] *Zweitens* wird das Produkt
nicht länger in unbegrenzter Zahl angeboten, sondern absicht-
lich verknappt, damit es an Seltenheitswert gewinnt und den
Charakter eines Sammlerstücks erlangt. Das geht beispielswei-

se über eine Nummerierung der Produkte, da jede Nummer Einmaligkeit signalisiert. *Drittens* werden ›Güterklubs‹ eingerichtet, sodass der Besitz des Produkts zugleich die Mitgliedschaft in einem Klub besagt, mit der die Exklusivität des Produkts zum Ausdruck gebracht wird. *Viertens* wird der Akt des Einkaufs zu einem Ereignis stilisiert, durch Ausstellungen, Themenparks, Basare usw. als Rahmengeschehen, denn »die Kunden messen der Art und Weise, wie sie ein Produkt erhalten, oft ebenso großen Wert bei wie dem Produkt an sich«.[114]

Alle diese Verfahren verwandeln die Produkte in Ereignisse und verleihen ihrer unterschiedslosen Nützlichkeit eine Aura der Differenz, die, wie wir gesehen haben, den wichtigsten Baustein für die Angebote der Glücksmaschinen abgibt. Sobald aber ein Produkt in ein Erlebnis verwandelt oder in ein Erlebnis eingebettet wird, hört es auf, ein bloßes Objekt mit bestimmten Eigenschaften zu sein: Es erlangt den Charakter eines *Glücksbringers*. Damit verändert sich das Wesen der Ware und der Ökonomie insgesamt.

Jede Reflexion über die Beziehung zwischen Ökonomie und Kultur wirft die Frage nach dem Begriff des *Werts* auf, der zugleich eine ökonomische und eine moralische Kategorie darstellt. Worin besteht die innere Einheit der beiden Wertsphären? In jüngster Zeit meldet sich verstärkt die Ansicht, dass man Ökonomie nur schwerlich von Kultur trennen kann, da die Ware, deren Produktion und Konsumtion den ökonomischen Prozess bestimmt, tendenziell mehr ist als nur Tausch- und Gebrauchswert. Sie bezeichnet zwar die Möglichkeit, sie gegen eine andere Ware einzutauschen und auch die Möglichkeit, sie direkt zu konsumieren. Darüber hinaus aber bezeichnet sie die Möglichkeit, *glücklich zu sein*: glücklich infolge des geglückten Tauschs oder des vollzogenen Konsums. *Die Ware ist begehrenswert auf Grund ihrer Glücksverheißung.* In diesem Sinne könnte man diesseits aller moralischen Unterscheidung behaupten: alles Begehrenswerte ist ein Wert und jeder Wert ist über seine Funktion als Gebrauchs- oder Tauschwert hinaus ein ›Begehrens-Wert«. Die Ware ist in erster Linie ein *Zeichen ihres Beglückungspotenzials* und nur in zweiter Linie Zeichen ihres Vermögens, gebraucht oder getauscht zu werden.

Die Glücksmaschinen verwandeln also die Angebote des Marktes in Glücksbringer. Sie produzieren die Glücksbringer gleichsam als *Zeichen* des Glücks und als *Kräfte*, die an uns ziehen und uns auf den Weg zum Glück schicken. Auf der allgemeinen Landkarte des Begehrens fungieren die Glücksbringer wie Wegweiser. Darin besteht ihr existenzieller *Sinn*. Die Glücksmaschinen produzieren nicht Dinge, sondern Dingbilder und Bilddinge.

Eine solche Produktion bezeichnet Ernest Sternberg als »ikonische Produktion«.[115] »Ursprünglich verwendete man das Wort *Bild* (*icon*) für die sakrale Malerei oder ein außerordentlich bedeutsames Werk der weltlichen Kunst. Im aktuellen Gebrauch besagt das Wort zudem noch ein Objekt oder eine Person, die einen starken Eindruck hinterlassen: ein nichtalkoholisches Getränk, das Coca Cola geworden ist, ein Paar Schuhe, die Nike geworden sind, ein Auto, das ein Cadillac geworden ist, und eine Filmdarstellerin, die Madonna geworden ist. Jedes dieser Dinge hat sich verwandelt von einem Objekt mit gewöhnlicher Bedeutung zu etwas, das tief zu schätzen und zu begehren ist... jedes käufliche Objekt kann zum Bildartigen gemacht werden, ob es ein Konsumobjekt ist, eine Arbeitsleistung oder ein käufliches Erlebnis (wie ein Essen im Restaurant oder ein touristisches Ziel) ... ein ›Bild‹, wie ich hier das Wort verwende, ist eine thematisierte Ware – ein Objekt, eine Person oder ein Erlebnis –, die zusätzlichen Wert erlangt hat, durch die kommerzielle Steigerung ihrer Bedeutung.«[116]

Man könnte drei Ebenen der Bildproduktion unterscheiden. *Erstens* werden Bilder als Reproduktionen eines ›Originals‹ produziert. Hier sind Bilder nichts anderes als Massen- oder Serienprodukte wie Schuhe oder Rasierapparate, jedoch mit einer zusätzlichen Eigenschaft als Zeichen eines ›abwesenden Originals‹. Wir können das die Produktionsebene des *Bil-*

dermarktes nennen. *Zweitens* werden Bilder als Zeichen von Produkten hergestellt. Das ist die Produktionsebene der *Werbung* im engeren Sinne. Auf dieser Ebene werden Dinge in Bilder anderer Dinge verwandelt: Papier, Leinwand, Farbe usw. in Zeichen, die andere Dinge zum Zweck des Verkaufs präsentieren. *Drittens* werden Bilder herstellt, die fortfahren, Dinge zu sein. Es sind Dinge als Bilder ihrer selbst: Dinge, die sich selbst als Glücksbringer bezeichnen. Diese Dingbilder bezeichnen nicht ein ›Original‹ oder ein Produkt. Sie bezeichnen durch sich hindurch das Glück selbst. Das ist die eigentliche Ebene der *Glücksmaschinen,* wozu auch die Werbung gehört, aber in einem umfassenderen Sinne. Hier werden Produkte als Bilder hergestellt – Bilder von Stolz, Reichtum, Glück im allgemeinen Sinne – und damit erst in Glücksbringer verwandelt. Die Glücksmaschinen haben somit die umgekehrte Tendenz wie der Bildermarkt: Sie verwandeln nicht Bilder in Produkte, sondern Produkte in Bilder. Oder, in Sternbergs Terminologie: Sie »ikonisieren« die Produkte.

Das Ereigniserhaltungsgesetz

Doch signalisieren diese aktuellen Tendenzen der Verwandlung der Waren in Erlebnisse oder Bilder keineswegs etwa eine ökonomische Revolution, wie diese Autoren vermuten. Sie offenbaren vielmehr einen Wesenszug der modernen Glückskultur, die mit der industriellen Revolution und der Aufstellung der Glücksmaschinen einsetzte: die Notwendigkeit der Differenz als Grundstruktur des Glücksbringers. Die Differenz soll dazu dienen, die Langeweile auszugleichen, die von den serienmäßigen Glücksgarantien herrührt. In der Einöde des gesicherten Konsums und der geglätteten Produkte soll die Differenz aufklaffen und erneut Unebenheiten sichtbar machen. Deshalb gehört es zu den Hauptaufgaben der Glücksmaschinen, Differenz zu produzieren: als die Aura der Einmaligkeit, die es dem

Glücksbringer ermöglicht, *die Glückssache zu simulieren.* Was sie damit produzieren, sind käufliche Ereignisse.

Das signalisiert so etwas wie ein *Erhaltungsgesetz des Ereignisses.* Während in den europäischen Gesellschaften zur Zeit der industriellen Revolution die Reiseberichte sentimental oder pittoresk wurden und den Launen des reisenden Subjekts immer breiteren Raum gewährten, entstand und vervollkommnete sich schrittweise die Glücksmaschine Tourismus. Je mehr Gewicht das Ereignis im Reisediskurs erhielt, umso mehr wurde das Ereignis aus der tatsächlichen Reise ausgeschlossen. Das Gleiche gilt für das Beispiel Sexualität. Je besser die Glücksmaschine Sexualität insgesamt funktioniert, umso mehr betont der Diskurs das Problem der Verdrängung, umso mehr beschreibt er die Sexualität als das Ereignis einer Überschreitung. Auch die Glücksmaschine Werbung scheint diesem Gesetz zu folgen. Jede einzelne Werbung streicht das Produkt als das vorläufig Beste und Einzigartige heraus, dem gegenüber alle anderen Produkte beinahe nicht existent sind. Das angepriesene Produkt bietet eine Oase des Konsums in einer Wüste des Mangels. Tatsächlich aber handelt es sich um ein industriell angefertigtes Massenprodukt inmitten einer unübersichtlichen Vielzahl anderer Massenprodukte. Je sicherer also das industrielle Produkt- und Glücksangebot wird, umso mehr wird von der Werbung die Seltenheit und Differenz des Produkts angekündigt.

Im Allgemeinen kann man dieses paradoxe Verhältnis auch zwischen dem Glücksdiskurs (als einem Element der Glücksmaschinen unter anderen) und den Glücksmaschinen insgesamt feststellen. Während im ausgehenden achtzehnten Jahrhundert von den neu aufgestellten modernen Glücksmaschinen die Glückspraktiken der Individuen organisiert und strategisch ausgerichtet wurden, verdunstete der traditionelle Glücksdiskurs. Dieser Diskurs hatte jahrhundertelang mit einer metaphysischen Hartnäckigkeit den Weg zum Glück mit Gott und der Tugend in Verbindung gebracht. Der Glückliche, behauptete er, lebe in der Tugend und letztlich in Gott, deren Wesen das Gute sei. Mit der Aufklärung fand ein Auszug Gottes aus dem Diskurs statt.

In der kantischen Philosophie erscheint das Glück als grundsätzlich undefinierbar und jeder einzelne Mensch als grundsätzlich frei, das Glück auf seine Weise zu suchen. Mit dem Verschwinden Gottes wird das Glück und die Glückssuche einerseits als frei konzipiert. Andererseits werden sie zum Gegenstand einer neuartigen moralphilosophischen Kritik. Ist die schrankenlose Glückssuche in Ordnung? Kann die gesellschaftliche und sittliche Ordnung einen solchen freien Markt des Glücks überleben?

Es liegt wohl an dieser Spannung zwischen Glückssuche und Freiheit, dass das Glück des Einzelnen seit der industriellen Revolution einerseits theoretisch immer mehr als ein nicht definierbares und realisierbares Ereignis konzipiert wird, und andererseits von den gleichzeitig aufgestellten Glücksmaschinen immer besser gesichert, genormt und den Massen zur Verfügung gestellt wird. Darin liegt eine der entscheidenden Paradoxien des neunzehnten Jahrhunderts. Je größer der theoretische Indeterminismus, sagt Ian Hacking in seiner Geschichte des statistischen Denkens, umso mehr Kontrolle.[117] Je mehr das Ereignis vom Diskurs anerkannt wird, umso mehr wird es von den Maschinen der Macht glatt gebügelt. Aber ganz ohne Ereignis scheint es auch nicht zu gehen. Deshalb müssen erneut Ereignisse produziert werden, aber solche, die gezähmt und kontrollierbar sind. In einem ersten Schritt muss also das Ereignis beseitigt werden, soll das Glück gesichert sein. In einem zweiten Schritt aber soll das Ereignis simuliert und erneut angeboten werden, wenn das Glück seine Spannkraft nicht gänzlich einbüßen soll.

Foucault hat gezeigt, dass das moderne Gesundheitswesen es nicht vermag, den Wahnsinn auszumerzen. Im Allgemeinen gilt ihm der Wahnsinn als das unkontrollierte Wuchern des Ereignisses im Herzen der Vernunft. Ebenso vermag es das Gefängnis nicht, das Verbrechen auszumerzen. Im Allgemeinen ist das Verbrechen nichts anderes als das Wuchern des Krieges im Herzen des Friedens: als ein Angriff auf die friedenszeitlichen Rangordnungen und Herd möglicher gesellschaftlicher, politischer, ökonomischer Ereignisse. Was aber das Gefängnis vermag, ist: auf kontrollierte Weise die Delinquenz zu züchten. Es handelt sich um die Verwandlung des naturwüchsigen Ereignisses in ein künstliches und damit auch vermeintlich kontrollierbares Ereignis.

In der Physik wird festgestellt, dass der gesamte Energiegehalt eines nicht beschleunigten Systems konstant bleibt. Ebenso kann man sagen, dass ein bestimmtes Quantum Wahnsinn, Verbrechen usw. im friedenszeitlichen Zustand einer Gesellschaft erhalten bleibt. Gewissermaßen besteht die Funktion des Friedens – des Friedens der Vernunft wie der Gesellschaft – geradezu in der Aufstellung solcher Maschinen, die die destabilisierenden Ereignisse des Wahnsinns und des inneren Krieges in friedensverträgliche Ereignisse überführen. Die Irreduzibilität des Ereignisses erscheint als die Irreduzibilität des Todes, das heißt, als die Irreduzibilität der *Krankheit*: trotz der Kriegsmaschine »Klinik«, die mit Hilfe neuer Verfahren, Apparate, Arzneimittel die Krankheiten bekämpft und zugleich, anhand ihrer ›Nebeneffekte‹, neue Typen von Krankheit erzeugt. Als die Irreduzibilität des *Wahnsinns*: trotz des »Asyls«, von dem der Wahnsinn normalisiert wird und zugleich von der literarischen und künstlerischen Moderne verherrlicht wird. Als die Irreduzibilität des *Verbrechens*: trotz der Kriegsmaschine Gefängnis, von der die Delinquenz gebändigt wird und gleichzeitig als neue Form des inneren Krieges produziert wird. Als die Irreduzibilität des *Unfalls*: trotz der Glücksmaschine Tourismus, die die Unsicherheiten der Reise ausglättet und gleichzeitig neue Formen der Gefahr und des Abenteuers entwirft, um die Spannkraft des Urlaubsglücks aufrechtzuerhalten. Als die Irreduzibilität des *ekstatischen Ungehorsams*: trotz der Glücksmaschine Sexualität, die anhand der sexuellen Befreiung und der Beseitigung der Verbote das Ereignis der sexuellen Übertretung glatt bügelt und zugleich, anhand der Einpflanzung der Perversionen den Schmerz und die Differenz in die sexuelle Praxis einführt, um die Sexualität als Ereignis wiederherzustellen. Als die Irreduzibilität der *Einmaligkeit*: trotz der industriellen Serienproduktion, von der die Produkte als Massengüter angeboten werden, während sie in der Werbung erneut als Differenz und Seltenheit in Erscheinung treten.

Insgesamt verweist die Irreduzibilität des Ereignisses auf die Unausweichlichkeit einer Ökonomie der Ereignisse: Je glänzender die Glücksmaschinen funktionieren, umso ›romantischer‹ werden die Diskurse, mit ihrer lobenden Vergegenwärtigung der Unsicherheit und Ereignisartigkeit des Glücks und umso erforderlicher wird es, die Ereignisse erneut auf dem Weg der Simulation einzuführen.

Die Kinder des Glücks

1.

Das moderne Leben ist weitgehend umstellt und verfasst von den Glücksmaschinen, insbesondere den drei von uns beschriebenen. Keiner bleibt von den Angeboten des Tourismus, der Werbung, der Sexualität verschont. Die Werbung verleiht dem fernen Ort eine Aura, die ihn als paradiesischen Ort möglicher Ereignisse erscheinen lässt. Auf Grund der Verflechtungen zwischen der Werbung und der Tourismusmaschine verwandelt sich das ferne Paradies in ein *Urlaubsparadies*. Zuletzt wird in dieses Urlaubsparadies der sexualisierte Körper eingepflanzt, als Quelle der versprochenen Ekstasen und Ereignisse.

Bis in unsere Träume hinein sind wir von solchen Angeboten bestimmt. In unseren täglichen Erlösungsphantasien träumen wir von der unerhörten Reise und der fernen Glücksinsel, auf der die Vorteile des modernen Lebens beibehalten und die

Nachteile beseitigt sind. Oder von dem besonderen, uns endlich angemessenen Lebensstil, in einem Garten Eden der sich überbietenden Produkte, der in der Offenbarungssprache der Werbung angekündigt wird. Oder von dem letzten Orgasmus, in dem unsere verkrustete bürgerliche Existenz endlich explodiert und überfließt. Täglich wird das Feuer unseres Begehrens von Werbung, Mode, dem Starsystem, den Boulevardblättern usw. geschürt.

Jede der drei Glücksmaschinen bedient sich der zwei anderen. Die Werbung lockt mit fernen Welten und aufreizenden Körpern. Denn das neue Produkt soll Bestandteil des fernen (aber irdischen) Paradieses sein und eine Art Schmuck, der den begehrten Körper noch begehrenswerter macht. Das Produkt soll insgesamt einen Lebensstil konstituieren, in dessen Rahmen sich die sexuelle Ekstase ereignen kann. Die Tourismusmaschine bietet uns ein Urlaubsparadies, das einerseits mit den Luxusgütern bevölkert ist, auf die uns die Werbung aufmerksam macht, und andererseits mit den Möglichkeiten der endgültigen sexuellen Begegnung. Schließlich bewirkt die Glücksmaschine Sexualität, dass die Augenblicke der sexuellen Anziehung systematisch mit dem Traum von Ferne und Luxus verschmolzen sind: dem Traum einer touristisch realisierbaren Ferne und eines von der Werbung verheißenen Luxus. Sobald also eine einzelne Glücksmaschine in unser Leben eingreift, melden sich die anderen beiden.

Doch wenn wir auf solche Angebote hören, werden wir nicht nur ihnen hörig und verspielen nicht nur andere mögliche Wege zum Glück. Wir werden von ihnen regelrecht geformt. Denn die Glücksmaschinen verheißen uns *Wege* zum Glück, die sie im Voraus genormt haben. Indem wir uns auf diese Wege begeben, werden wir gleichsam behauen, bis wir, als Konsumenten von Serienprodukten, selber zu Serienprodukten werden. In diesem Sinne sind wir Geschöpfe der Glücksmaschinen und Kinder des von ihnen verheißenen Glücks.

2.

»Wo ein Wille ist, das ist auch ein Weg.«

Zu jedem Willen gehört ein Ziel. Und der Weg verbindet den Willen mit dem Ziel. Richtet sich der Wille auf sein Ziel, so tritt dieses als Bild in Erscheinung. Der Weg erscheint als die Verbindungslinie zwischen dem Willen und seinem im Bild gegebenen Ziel. Der Satz kann also bedeuten, »erst der Wille und seine Spannkraft schaffen sich den Weg«, weshalb er häufig als Imperativ erscheint: »Stärke deinen Willen, und der Weg wird sich finden!«

Aber der Satz kann auch bedeuten: »Wenn ein Wille angetroffen wird, muss man nur weiter suchen. Man wird sicher auf einen Weg stoßen: einen Weg zum begehrten Ziel.« Für den Wollenden ist der Wille nur eine Reaktion auf einen bereits vorliegenden Weg und für einen Beobachter nur ein Zeichen, dass dem Willen ein Weg als dessen Bedingung vorausliegt. Der Weg signalisiert einfach die Verfügbarkeit des Zieles und musste erst sichtbar werden, um den Willen aus seiner Reserve zu locken.

Doch kann der Satz auch ein Drittes bedeuten: »Wille und Weg tauchen immer gleichzeitig auf.« Sie sind einander komplementär. Der Wille impliziert einen Raum und Weg zu seiner Realisierung. Der Weg impliziert den Willen, ihn zu gehen und das Ziel an seinem Endpunkt zu erlangen.

Auf alle drei Weisen erzeugen und verbinden die Glücksmaschinen Kräfte, Ziele und Wege. Die Kräfte, das sind die einzelnen oder kollektiven Willen zum Glück. Die Ziele, das sind die Ereignisse, verstanden als Glückssache. Sie werden von den Glücksmaschinen zu Glücksbringern verarbeitet. Diese besitzen den Charakter künstlicher Ereignisse und präsentieren sich dem Bewusstsein als Bilder, an denen sich der ›Wille zum Glück‹ des Einzelnen entladen und ereignen kann. Die Ziele geben den Kräften ihre strategische Fokussierung. Die Wege, das sind die Schleifen und Algorithmen, die genormten Glücksbahnen, die von den Glücksmaschinen vorgeschrieben und angeboten werden.

3.

Im Einzelnen produzieren und verbinden die Glücksmaschinen Kräfte, Bilder und Wege. Im Ganzen produzieren sie Kraftfelder des Glücks, in denen die Menschen in die Richtung eines Glückszieles bewegt und damit auch geformt werden. Die Kraftlinien dieser Felder verlaufen über die Psyche und verdichten sich dort zum Wunsch- und Traumapparat des Einzelnen. Die Bilder, die von den Glücksmaschinen in die Psyche eingepflanzt werden, sind mehr als bloße Bilder. Sie sind Verheißungen und sind als solche direkt vernetzt mit den großen Kraftfeldern des Glücks. Sie verweisen auf die Glücksbahnen, die von den Glücksmaschinen bereitgestellt werden, und besitzen die Kraft, den Einzelnen entlang dieser Bahnen auf die Suche nach dem Glück zu schicken. Die Glücksbilder sind so etwas wie Glückskompasse, die in die einzelnen Gehirne eingesetzt sind und den Menschen bei ihrer täglichen Navigation in den Gewässern des modernen Begehrens helfen sollen, bis der vorläufige Hafen eines Glücksbringers erreicht ist. Sobald allerdings dieses Ziel erreicht ist, wird das Bild abgelöst von einem anderen Bild eines anderen, besseren Glücksbringers. Die Kette der Wirkungen ist also: Bild – Verheißung – Motivation – Entscheidung – Bewegung – Weg – Ziel – neues Bild eines neuen Ziels – usw.

Die Glücksmaschinen liefern uns also ein Bild im Kopf und eine Infrastruktur draußen. Beispiel Tourismus: Einerseits gibt es das Bild des Urlaubsparadieses und andererseits den realen Urlaubsort und die Wege, die zu ihm führen. Beispiel Werbung: Einerseits gibt es das Bild des Produkts, andererseits das reale Konsumgut, zu dem wir längst nicht mehr pilgern müssen, das uns inzwischen eher mit der Tür ins Haus fällt. Beispiel Sexualität: Einerseits gibt es das Bild des Traummannes bzw. der Traumfrau, das von der Mode, der Starindustrie, der Werbung, der Beziehungsindustrie (Beratung, Therapie usw.), der Pornographie usw. aufgestellt wird; andererseits die Infrastruktur des sexuellen Glücks: die Sexindustrie (Sexshops, der Sexmarkt mit seinen vielfältigen Angeboten), die verschiedenen Räume der sexuellen Begegnung (Diskothek, Party, Fasching, Ball der einsamen Herzen, Kontaktanzeigen, Swingers Clubs, das sexualisierte berufliche Umfeld usw.), die Potenz- und Verhütungsindustrie usw.

Wenn das innere Bild und die äußere Infrastruktur zusammenkommen, dann macht es ›Klick!‹ und es kommt zu einer Art *Konsumorgasmus*. Die Glücksmaschinen funktionieren wie Kants Schematismus: Sie vermitteln zwischen zwei unvereinbaren Sphären. Sie vermitteln zwischen den bereitliegenden inneren Formen und Bildern, die von Diskursen eingesetzt werden, und den Infrastrukturen, die von einer Vielzahl der Einzelindustrien erschaffen werden und auf die inneren Bilder antworten sollen.

Mit der Infrastruktur machen die Glücksmaschinen das Bild im Kopf realisierbar. Mit dem Bild im Kopf normieren sie und erschaffen sie uns.

4.

Insgesamt also bringen die Glücksmaschinen zwei Produkttypen hervor: die *Glücksbringer* und *glückliche Individuen*. Der Glücksmarkt verkauft zugleich Ereignisse und Glücksgarantien: gesicherte Ereignisse, die überraschen ohne zu gefährden. Die Glücksmaschinen wollen einerseits den Tod verhindern und andererseits das Spannungsniveau aufrechterhalten. Damit entsprechen sie Bedürfnissen, die von den Glücksbildern ausgehen und die Einzelnen gleichsam überschwemmen. Indem sie das aber tun, formen sie gerade diese Subjekte, die von ihnen auf die Suche nach dem Glück geschickt werden, entlang den von ihnen festgelegten Bahnen. Die Subjekte sind nicht nur Produkte von Erziehung und Einfluss. Sie sind auch Produkte alles dessen, was sie tun, darunter der Art und Weise, wie sie das Glück suchen und finden, der Art, wie sie reisen, einkaufen und sich der geschlechtlichen Begegnung hingeben.

Die Glücksmaschinen schaffen also zugleich (Glück bringende) Objekte und (glückliche) Subjekte. Zu ihren ›objektivierenden‹ Leistungen gehört die Schaffung besonderer Räume: der Urlaubsparadiese beim Tourismus; der imaginären Lebensentwürfe und idealen Konsumräume bei der Werbung; der Räume erotischer Begegnung bei der Sexualität – lauter Infrastrukturen zur Realisierung zuvor eingepflanzter Glücksbilder. Zu ihren ›subjektivierenden‹ Leistungen gehören alle die Techniken zur Steigerung der Glücksfähigkeit der Einzelnen, wie die Therapien im Allgemeinen und die Glücksseminare, -workshops usw. im Besonderen, die alle letztlich mit verstärkter Effektivität die Einzelnen auf den Weg in ihr Glück und damit unweigerlich in die Fangarme der Glücksmaschinen schicken. Sie sind Maßnahmen im allgemeinen Kampf gegen Abschlaffung und Abstumpfung, gegen die *Langeweile* insgesamt, und Mittel gegen die Angst, die aufkommt, sobald man aus dem Bannkreis der Langeweile herausgetreten ist.

Die Praktiken zur Schaffung glücklicher Individuen beinhalten Techniken der schöpferischen Normung zur Konzipierung einer seriellen und digitalen Individualität und zur Anfertigung eines teilbar-unteilbaren Individuums, das aus einer geringen Zahl diskreter Bausteine hervorgeht, die vom Glücksmarkt verkauft und für alle verfügbar gemacht werden. Zu diesen Bausteinen gehören: *Haltungen, Strategien, Wünsche, Verfahren.* Die *Haltungen* beruhen auf zwei eingefleischten Reaktionen auf das Unglück: der Bejahung und der Verneinung. Zu den *Strategien* gehören Masken der Identität und der Selbstwerbung (einsetzbar beispielsweise bei Bewerbungen auf dem Arbeitsmarkt.) Die *Wünsche* entspringen der Zusammenarbeit zwischen dem persönlichen Willen zur Macht und dem Werbeangebot. Zu den *Verfahren* gehören erstens: Interpretationen, zweitens: Rationalität des Weges zum Glück, drittens: eine Ökonomie der Investition seelischen, körperlichen und monetären Kapitals, insgesamt: verfügbarer Energien. Insgesamt also werden die Individuen von den Glücksmaschinen zu einzelnen persönlichen

Glücksmaschinen bearbeitet, die aus diesen vier Elementen bestehen: *Haltungen, Strategien, Wünschen* und *Verfahren.* Angetrieben von ihren Wünschen, gepanzert von ihren Identitäten und unter dem Einsatz ihrer Energien gleiten die Individuen bejahend und verneinend auf den von den Glücksmaschinen bereitgestellten Glücksbahnen.

Durch die Einwirkung der Glücksmaschinen werden also die Menschen nicht nur zu Wunschmaschinen bearbeitet, im Sinne von Deleuze und Guattari[118]; auch nicht nur zu Elementen einer Strategie im Sinne Foucaults[119]; auch nicht zu Maschinisten des Glücks, indem sie bloß die Glücksmaschinen betätigen und ihre Angebote konsumieren; und auch nicht zu Haltungsfiltern, die die Ereignisse absieben, sodass sie eine begrenzte und ungefährliche Wirkung entfalten können. Durch die Einwirkung der Glücksmaschinen werden sie zu einer komplexen Verflechtung dieser vier Elemente, die alle auf dasselbe Ziel hinwirken: auf das Ziel des ungefährdeten und glücksfähigen Individuums, das aber faktisch immer unfähiger wird, mit realen Ereignissen wie Tod, Krankheit, Hunger und Krieg fertig zu werden.

5.

Nietzsche liefert eine beinahe aphoristische Kennzeichnung der Moderne. Modernisierung besteht nicht nur darin, dass man einen König enthauptet und Maschinen einführt. Modernisierung besteht in erster Linie darin, dass man Gott tötet und damit, dem modernen Selbstverständnis nach, Religion und Metaphysik verabschiedet. Demnach ist eine moderne Gesellschaft einfach eine Gesellschaft, in der Gott tot ist, in der Transzendenz in öffentlichen Belangen keine Rolle spielt. Unsere bisherigen Überlegungen lassen vermuten, dass in den modernen Gesellschaften seit der Französischen Revolution die schöpferische Rolle Gottes von den Glücksmaschinen übernommen worden ist. Sie sind schöpferische Vorrichtungen in der Abwesenheit Gottes und ihr Zweck ist die Erzeugung glücklicher Klone. Die von ihnen geleistete Produktion glücklicher Individuen ist außerdem eine anhaltende. Das Schöpfertum der Glücksmaschinen ist nicht anders als dasjenige des Gottes von Descartes. Es ist eine *creatio continua*.

In traditionellen Kulturen funktioniert Gott wie ein Loch in den Kontinuitäten des Alltags: als die Quelle der Gezeiten und unerwarteten Wendungen des Daseins. Gottes Wege sind unerforschlich. In diese Lücke, die die Gegenwart der Transzendenz im Leben signalisierte, rücken gewissermaßen die Glücksmaschinen ein. Dazu müssen sie manche Aufgaben der herkömmlichen Mythen übernehmen. Am besten sieht man das bei der Glücksmaschine Tourismus. Es geht darum, die Menschen in Fahrt zu bringen und ihrem Leben Sinn zu geben. Dazu bedürfen sie der Motivation. Ohne Mythos gibt es aber keine Motivation. Die Glücksmaschine Tourismus polarisiert den nivellierten Raum der Reise anhand des Mythos Urlaub[120], den sie in Zusammenarbeit mit der Glücksmaschine Werbung in Umlauf setzt.

Doch gibt es einen entscheidenden Unterschied zur traditionell mythischen Praxis. In den vormodernen religiösen Traditionen wurde immer *derselbe* Mythos – innerhalb der Bandbreite regionaler Variationen – regelmäßig wiederholt und den Menschen eingeprägt, um ihnen neue Kraft und Motivation zu ihren alltäglichen Verrichtungen zu geben. Die Glücksmaschinen hingegen, als Apparaturen eines weltweiten kapitalistischen Systems, wiederholen nicht. Sie liquidieren bestehende Mythen mit Hilfe neuer, noch erstaunlicherer, noch effektiverer Mythen. Das Verfahren der Glücksmaschinen ist nicht die *Erneuerung*, etwa im Sinne der archaischen Neujahrsriten, die nichts anderes sind als *Imitation* und *Wiederholung* eines mythischen Weltschöpfungsaktes. Ihr Verfahren ist eher die *Ablösung* der bestehenden Mythen unter dem Diktat des universellen *Komparativs*.

Teil II

Das nahende Glück: Einstimmung in die Glückssache

Der Rückzug des Todes
verwandelt das Leben in Plastik.
PRAVU MAZUMDAR[121]

Das Ereignis flieht nicht. Es besteht nur, indem es naht. Und sollte es etwas anderes tun, als zu nahen, hätten wir kein Wort dafür. Es wäre nicht einmal am Horizont aufgetaucht.

Es gibt neutrale Ereignisse, die wir interessant finden, etwa die Explosion eines fernen Sterns. Aber wir beziehen diese nicht auf unser persönliches Leben. Es sind Ereignisse, die unsere Neugier berühren, aber unser Leben und Sterben unberührt lassen. In ihrem Kontext unterscheiden wir zwischen Neugier und Leben.

Dann gibt es Ereignisse wie einen Wirbelsturm oder einen Lottogewinn, die wir als Ereignisse im engeren Sinne empfinden. Es sind solche, die unserem Leben eine Wendung geben oder als Drohkraft erscheinen, die ihm ein Ende setzen will. Es sind Ereignisse, die uns als die Bausteine unseres Schicksals erscheinen.

Empfinden wir solche Ereignisse als positiv, dann reden wir von *Glückssache*. Empfinden wir sie als negativ, dann reden wir vom *Unglück*. Die Glückssache kommt, wann sie will. Aber wir wollen sie immer, wir wollen sie bedingungslos. Das Unglück kommt, wann es will. Aber wir scheuen es immer, wir scheuen es bedingungslos.

Empfinden wir das Glück als fliehend, dann jagen wir hinter ihm her und bedienen uns der Glücksmaschinen und werden dabei von ihnen geformt, während sich das fliehende Glück in ein Glück verwandelt, das man kaufen und verdienen kann. Wenn wir aber das Glück als nahend empfinden, dann ist es uns eine Glückssache: Wir begeben uns in die Haltung des Wartens, während sich das nahende Glück in ein Glück verwandelt, das uns und *nur uns* gehört.

Die Glückssache ist nicht definierbar. Wir können über sie keine Theorien aufstellen. Wir können uns ihr *auf keinen Fall* nähern. Doch merken wir unzweideutig ihre Nähe. Genau darin liegt die Möglichkeit, uns auf sie einzustimmen. Die Glückssache ist nicht, worauf wir zugehen. Sie ist eher, was auf uns zukommt. Sie ist ein Teil unserer Zukunft, die aus

Glück und Unglück besteht und unmissverständlich auf den Tod hinausläuft. Auch wenn es jetzt aufwärts geht, sagt Montaigne, geht es am Ende doch noch abwärts.

Gegenüber der Zukunft haben wir eine zweideutige Einstellung. Die Glückssache zieht uns an. Das Unglück, der Tod erschreckt uns und treibt uns in die Flucht. Doch: können wir standhalten? Vermag das Auge zur Ruhe zu kommen, ohne den verängstigten Seitenblick vom gehetzten Wild?

Das setzt voraus, dass wir keine Angst haben, nicht abgeholt zu werden und unversorgt am Straßenrand zu verenden. Das setzt voraus, dass wir keine Angst haben zu sterben, bevor wir sterben. Die Angst verlieren wir, wenn wir uns langsam und vorsätzlich der Zukunft öffnen. Und wir öffnen uns der Zukunft, wenn wir die Angst verloren haben. (Darin liegt so etwas wie eine Spirale der Offenheit.) Jedenfalls vermögen wir es, uns der Glückssache zu öffnen, gerade wenn wir ihr nicht *nach*laufen, sondern ihr *voraus* sind. Das Auge ruht, wir sehen der Glückssache entgegen. Wir hören sie kommen und laufen ihr einen Schritt entgegen.

Darin ist die Glückssache Geburt und Tod verwandt, den zwei Fixsternen am Himmel unserer persönlichen Ereignisse. Sie entzieht sich unserer Kontrolle. Dennoch können wir fühlen, wie sie naht. Die Glücksmaschinen wollen das Ereignis bändigen und letztlich ausschalten. Sie wollen uns *Schutz* bieten vor dem Ereignis. Doch können sie uns vor den plötzlichen Gewittern des Daseins nicht schützen. Geburt und Tod bleiben ihnen irreduzibel.

Wenn die Stunde schlägt, schlägt sie. Vielleicht schlägt sie aber zwölf und wir versuchen, die einzelnen Schläge nachzuzählen, *hinterdrein*, wie Nietzsche schreibt: »alle die zitternden zwölf Glockenschläge unseres Erlebnisses, unseres Lebens, unseres *Seins* – ach! und verzählen uns dabei ...«[122] Manchmal aber ragt das Kommende in die Gegenwart hinein, sodass wir nicht nachzuzählen brauchen. Wir hören es nahen und können uns darauf vorbereiten. In vielen vormodernen Kulturen *fühlen* die Menschen den nahenden Tod und nehmen sich Zeit, ihre Nächsten ans Sterbelager zu bestellen und sich ordnungsgemäß zu verabschieden.[123]

Doch nicht nur auf den Tod, auch auf das nahende Glück soll vorbereitet werden, das uns ebenso wegschwemmen kann wie das Unglück. Unerlässlich ist das Ohr, das auf kommende Liebe, kommende Krisen, das Kommende überhaupt eingestimmt sein muss, sodass wir es bereits in der Gegenwart hören. Wie eine gestimmte Saite werden wir durch das Kommende in Schwingung versetzt.

Die Einstimmung in die Glückssache nimmt zunächst die Form einer freien und vagabundierenden Kunst der Beobachtungen an. Beobachtungen über Wachen, Träumen, Lust und Leid, die Ruhe des Blicks, das Warten. Der erste Schritt ist das Aufwachen aus dem Traum, in den uns die Glücksmaschinen täglich einsperren: dem Traum vom reibungslosen Glück, der rasch in einen Wahntraum umkippt, in dem uns zusehends das Gefühl für Wirklichkeit entgleitet. Bleiben wir in der Domäne der Glücksmaschinen, so finden wir aus diesem Traum nicht mehr hinaus.

Der Alptraum des Konsums öffnet sich, wenn wir die Objekte der Glücksjagd aufbrechen und entdecken, was in ihnen enthalten ist: *eingefrorene Haltungen*, die wir gegenüber dem Glück einnehmen. Der Einstimmung in die Glückssache geht es nicht um *Objekte*, die uns das Glück transportieren sollen, sondern um *Haltungen* gegenüber dem Glück. Das alte Problem der Glücksdauer, das das europäische Denken seit der Antike in Atem hält, verlagert sich von der Ebene des Glücksbringers auf die Ebene der Glückshaltung. Es dreht sich zwar weiterhin um Dauer, aber nicht die Dauer des Glücks, sondern die Dauer der Einstimmung auf die Glückssache. Es geht um eine anhaltende und mutige Neugier gegenüber dem Kommenden und noch Unbekannten.

Diese Mischung aus Mut und Neugier setzt eine bedingte Rückkehr zum vorkopernikanischen Denken voraus. Man muss wieder Erde werden, umkreist von den Sternenbahnen der Ereignisse. Das ruhende Auge fasst wieder Mut zum Augenschein. Nur sehen, was sichtbar ist, nichts hineinlegen, schrittweise den Kraftlinien des Glücks nachspüren, an denen entlang unser Leben sich bewegt. In der Perspektive der Glückssache geht es nicht mehr um die Aufmerksamkeit des Jägers. Es geht um die lauschende Aufmerksamkeit des Raubtiers. Es geht um eine *ptolemäische* Aufmerksamkeit auf die inneren und äußeren Vorgänge des Lebens. Wir halten inne und bleiben einfach *da*, wo wir eben erst waren.

Wie soll uns sonst das Glück finden, wenn es uns holen kommt? Wie sollen wir uns vom Glück abholen lassen, wenn nicht als Ptolemäer des Glücks?

1. Vom Wachwerden

Wir haben eben erst geträumt. Bereits schwanken die Bilder und beginnen sich aufzulösen. An ihre Stelle rückt das neue Bild eines ruhenden Leibes, der in langsame, steigende Unruhe versetzt ist. Verglichen mit den Traumbildern ist dieses wie ein Fundament, ein ruhender Rest, ein blinder Fleck, den der Träumer nicht vermutete und den seine fernsten Erinnerungen nicht zu erreichen vermochten.

Jetzt, auf einmal, zerfallen die Traumbilder. (Wodurch? Was verursacht das Aufwachen, ist nicht jedes Aufwachen ein Stück Schicksal, ein tragisches Nicht-anders-Können?) Sie gehen wie Vorhänge auseinander und zeigen durch ihre Öffnung diesen frühmorgendlich sich dehnenden und gähnenden Leib. Den Leib, der einfach da ist und herausragt wie ein Tor zu einer neuen, anderen Bewegtheit, zu neuen *Erinnerungen*, die auf einer ganz anderen Schiene rollen als die Erinnerungen des Traumes.

Die Sonne des Aufwachens vertrieb also die Sonne des Traumes. Wohin aber entschwand die Sonne des Traumes? Ließen wir, indem wir aufwachten, einen Traumleib zurück, musste ein anderer Leib einschlafen, indem dieser aufwachte, ein Leib, den wir jetzt nicht einmal wittern, nicht einmal während wir diese Worte niederschreiben (sie sind schließlich bloß rationale Mutmaßungen, kein *Wittern*)? Unterscheiden sich diese Leiber durch die Grammatik ihrer Erinnerungen, durch die unterschiedlichen *Formen* ihrer Erinnerungen, durch unterschiedliche Weisen also, Erinnertes zu *formen*?

Kann es aber auch geschehen, dass der Träumer in einen anderen Leib hinein aufwacht als in diesen … durch einen plötzlichen kleinen Fehler in der Schaukelbewegung von Träumen und Wachen, einen Ruck ins Reich einer dritten Sonne, oder einer vierten …? Oder, ganz anders: Gibt es eine Potenzierung der Träume, kann der Träumer aus dem Zustand des Träumens heraus noch einmal träumen?

Einerseits also die Horizontalität der Leiber, andererseits die Vertikalität der potenzierten Träume? Und dann die Frage: Wer träumt, wer wacht? Gibt es *es* überhaupt, das träumende, wachende Etwas: Ist *es* nicht eher ein wechselnder, atmender Zustand von Wachen und Träumen, Ebbe und Flut? Wahrscheinlich müsste man da vom Schlafenden sprechen. Denn im Wachen wie im Träumen schlafen wir, schläft etwas in uns. Der Schlaf, der eigentliche Schlaf, dieses *Interregnum* zwischen Wachen und Träumen, diese radikalste aller Ohnmachten, ist genauso unerschöpflich wie die Atemwende.

Im Wachsein haben wir eine Erinnerung an den Traum. Am seidenen Faden der Erinnerung hängen beide Welten aneinander. Allerdings unterscheidet sich diese Art Erinnerung von den alltäglichen, die eng geknüpft sind an den Anspruch der Wirklichkeit. Das Erinnerte muss geschliffen werden, bis es glänzt, bis die Unebenheiten und Widerstände beseitigt sind und in diesem Glanz die *Wirklichkeit* des Erinnerten aufscheint. Wenn wir aber aus dem Wachsein heraus an den Traum denken, dann zeigen unsere Erinnerungen etwas, was nicht ›wirklich‹ ist, sondern ›bloß‹ Traum. Sie zeigen etwas, das ist und dennoch nicht wirklich ist: Sein ohne die Schale der Wirklichkeit. Deshalb wirken die Erinnerungen an den Traum wie Löcher im alltäglichen Sinnzusammenhang. Deshalb versetzen sie uns in eine Art ontologischer Unruhe. Denn sie relativieren den Gesamtbereich der Wirklichkeit, schenken ihm ein Außen und eröffnen Alternativen zur Wirklichkeit. Sie ermöglichen Wirklichkei*ten*.

Wir erinnern uns an den Traum. Aber können wir uns als Träumende an das Wachsein erinnern? Eine derartige Erinnerung würde allerdings die Lage um eine Schraubenwindung mehr komplizieren. Denn wir wüssten von dieser Erinnerung nur im Zustand des Wachseins, also wiederum im Medium einer Erinnerung an den Traum. Es wäre eine Art potenzierter Erinnerung: Der im Traum Erinnernde wäre seinerseits ein im Wachsein Erinnerter. Aber auch eine zirkuläre Erinnerung: Wir erinnerten uns an die Traumerinnerung, die sich auf den Wachzustand im Ganzen bezieht, aus dem heraus die Bewegung der Erinnerung in diesem Augenblick erst ihren Ausgang nimmt. Insgesamt könnte man von einer Erinnerungs*spirale* sprechen.

Die einzige nichtzirkuläre, nichtpotenzierte Erinnerung an das Wachsein wäre die im Wachsein nicht erinnerbare Erinnerung des Träumenden. Doch darüber zu sprechen wäre die Aufgabe des schriftstellernden Träumers. Darüber gäben die Bände Auskunft, die der Traumleib in einer Traumschrift auf Traumpapier verfasst hätte … oder auch nicht. Wache Erinnerungen an vergangenes Wachsein, ebenso wie wache Erinnerungen an vergangenen Traum stellen die Wirklichkeit des wachen Jetzt nicht in Frage. Wir sind gewissermaßen in unserem Wachsein eingesperrt.

Doch reicht ein einziger leiser Verdacht hin, die Festung unserer Wachheit zu erschüttern. *Vielleicht ist alles doch nur ein Traum?* Plötzlich versuchen wir aufzuwachen, plötzlich suchen wir verzweifelt nach dem Ausgang. Doch hat jemand den Schlüssel weggeworfen. Wir sind im Traum eingesperrt.

»Mach die Augen auf, David!«

2. Vanilla Traum

1.

Der Kamerablick führt durch das Fenster ins Schlafzimmer einer teuren New Yorker Wohnung. Die Stimme wiederholt: »Mach die Augen auf, mach die Augen auf, David!« David Ames wacht auf, verlässt seine Wohnung, steigt ins Auto und begibt sich auf den Weg zur Arbeit. Die Stadt ist menschenleer, er hält an, steigt aus und beginnt zu rennen. Die Musik beschleunigt sich, bis sie nur noch ein unbestimmtes Kreischen ist, die Kamera zoomt, macht eine Parallelfahrt von rechts nach links, die Bilder schießen quer über die Leinwand, eine Störung ist aufgetreten. Plötzlich erscheint alles als bloß ein Film und der Film selbst als bloßer Traum. David wacht noch mal auf, schweißgebadet, während eine andere weibliche Stimme wiederholt: »Wach auf, David, wach auf!« Es ist die Stimme seiner Freundin, Julie Giani.

Der Film beginnt also zweimal. Und David wacht zweimal auf. Das erste Mal nicht in die Wirklichkeit, sondern erneut in den Traum, einen anderen Traum. (Wacht er auf oder träumt er nur vom Wachwerden?) Beim zweiten Aufwachen dagegen befindet er sich in seinem ›wirklichen‹, wachen Alltag. Zwischen beiden Schwellen des Wachwerdens gibt es Abweichungen. Zwei verschiedene Frauen wollen ihn wecken, und es sind zwei verschiedene Autos, in die er einsteigt. Reicht das hin, um zwischen Träumen und Wachen zu unterscheiden? Die einzige Wirklichkeit, die fühlbar bleibt, ist der Augenblick, in dem der Traum kippt.

2.

Der Film ›Vanilla Sky‹ erzählt von einem jungen Mann, der nicht aufwachen kann. Er ist in einen Traum eingesperrt, der aus den goldenen Augenblicken eines längst vergangenen Lebens komponiert ist: einen Vanilla-Traum ungehinderten Konsumglücks, der sich allmählich in einen Alptraum verwandelt. Um aufzuwachen, müsste er seine Höhenangst überwinden und in die Tiefe springen. Am Ende des Films fährt er mit einem Aufzug aufs Dach eines Wolkenkratzers. Zwischen den Stockwerken verdunkelt sich die Leinwand. Nachdem er oben angekommen ist, wagt er den Sprung aus der Höhe.

Er fällt aus einem vanillafarbenen Kunsthimmel, der ein ununterbrochen glückendes Leben überwölben sollte, und hofft, endlich aus dem Traum aufzuwachen. Denn Glück bedeutet für ihn inzwischen nur noch aufwachen: »Ich möchte das reale Leben leben, ich möchte nicht mehr träumen!« Während er fällt, steigen Bilder auf, die immer größer werden und immer fernere Vergangenheiten anzeigen. In den letzten Bildern ist er als Baby mit der Mutter zu sehen. Dann der Aufprall und die weiße Leinwand. Dann eine weibliche Stimme: »Ganz ruhig, David, mach die Augen auf, atme!« Ein Auge füllt die Breite der Leinwand und öffnet sich. Die Pupillen vergrößern sich.

3.

Der Film beginnt mit dem freien Fall des Kamerablicks, der zuerst über einer Landschaft aus Wolkenkratzern schwebt und dann seinen stetigen Abstieg beginnt. Man sieht eine Abfolge statischer Luftaufnahmen von New York. Zwischen den Bildern ist die Leinwand dunkel, als ob man in einem gläsernen Aufzug hinunterfahren und es zwischen den Stockwerken dunkel werden würde. Das ist eine Anspielung auf das Ende des Films. Der Sprung am Ende des Films führt also keineswegs aus dem Traum heraus, er führt zurück zu seinem Anfang. David Ames wacht auf, aber in denselben Traum hinein, denselben zweistündigen Film. Er ist eingesperrt in der ewigen Wiederkehr eines wahnhaften Traumes.

4.

David Ames, Erbe und Vorstandschef eines millionenschweren New Yorker Verlagsunternehmens, führt ein privilegiertes Leben. Ihm gehört als Geburtsrecht, was andere ein Leben lang anstreben: Schönheit, Geld, Jugend, eine Menge Bewunderer. Er hat eine Gelegenheitsfreundin, Julie, mit der er »ab und zu schläft« und einen Freund, der versucht einen Roman zu schreiben und somit von ihm und seinem Verlag abhängig ist. Davids Leben gleitet dahin in einem Dauerzustand ungestörten Gelingens.

Doch gerade die Höhe von Davids Stellung im Leben erzeugt seine Doppelneurose aus Höhen- und Verfolgungsangst. Auf der Höhe eines traumartig gelingenden Lebens meldet sich das *Misstrauen*: Ist alles vielleicht nicht doch ein Betrug, ein bloßer Traum? Die Paranoia gehört wesentlich zum Traumempfinden. Auf dem Scheitel der Macht muss David fürchten, dass seine Mitmenschen es nicht gut mit ihm meinen und sich heimlich gegen ihn verschworen haben, um ihn vom Gipfel zu stoßen. Doch wie soll ausgerechnet *er* fallen? Er leidet seit der Kindheit an Höhenangst, oder, wie er es präzisiert: an Angst vor dem Aufprall.

Auf seiner eigenen Geburtstagsparty lernt David Sophia kennen, die schöne junge Begleiterin seines Freundes Brian. Im Laufe des Abends kommt es zu einer Begegnung. Sie verbringen die ganze Nacht im Gespräch, zuletzt in ihrer Wohnung. Am frühen Morgen verlässt David Sophias Wohnung. Unten wird er von Julie abgefangen, die ihn bittet, in ihr Auto zu steigen. Während der Fahrt gerät sie in Wut und Verzweiflung über Davids Gleichgültigkeit, plötzlich beginnt sie durch die Stadt zu rasen, das Auto gerät aus der Fahrbahn und schießt über ein Brückengeländer. Julie stirbt, David verliert Gesicht und Arm.

Schnitt. David trifft sich mit Sophia in einem Park. Es ist herbstlich, die Blätter liegen auf dem Boden, der Himmel ist vanillafarben. David sagt: »Ich hatte einen furchtbaren Traum« und beschreibt den Unfall und schließt seinen Bericht mit zitterndem Mund: »Das Problem ist, ich kann nicht aufwachen.« Tatsächlich liegt er in einer Klinik und träumt diese Szene aus dem Innern eines tiefen Komas, in das er seit dem Unfall geraten ist. Aus der Mitte des Traums heraus erinnert er sich an den Unfall wie an einen Traum. Der ›wirkliche‹ Unfall erscheint jetzt als Traum. Von der Perspektive des Traums aus erscheint das Wachsein selbst als Traum.

David verlässt die Klinik, sein Gesicht ist böse zugerichtet, genauer, er hat kein Gesicht mehr. Er fasst Mut und besucht Sophia. Sie ist entsetzt und gibt sich nur aus Höflichkeit mit ihm ab. Zwischen ihr und Davids Freund Brian scheint sich etwas anzubahnen. In einer verregneten Nacht gibt sich David seiner Verzweiflung hin. Er legt sich auf den Bürgersteig vor Sophias Wohnblock und sinkt in einen ohnmachtähnlichen Schlaf. Am nächsten Morgen scheint die Sonne. Der Himmel ist vanillafarben. Plötzlich legt sich eine sanfte Hand auf seinen Kopf und versucht, ihn zu wecken. Es ist Sophia. Im Hintergrund hört man ein Störgeräusch, als würde jemand einen Stecker in die Dose stecken. David steht auf und geht mit Sophia. Das ist der Beginn einer wunderbaren Partnerschaft. Sophia unterstützt David und bringt ihn durchs Leben. Irgendwann wird sein Gesicht mit Hilfe eines neuen Verfahrens der plastischen Chirurgie wiederhergestellt.

5.

Relativ bald nach dem Beginn des Films wird klar, dass die Geschichte, die man auf der Leinwand verfolgen kann, bloß der Inhalt eines Berichts ist und deshalb in der Perspektive des Rückblicks dargestellt wird. Immer wieder hören wir aus dem Off Bruchstücke einer Diskussion, in der erzählt, ergänzt, kommentiert wird, was auf der Leinwand zu sehen ist. Es ist ein Gespräch in einem Gefängnis zwischen David und einem Psychologen, dem er sein vergangenes Leben erzählt. David wird wegen Mordes angeklagt. Am Leitfaden der Erzählung gelangen wir zum Augenblick, in dem David, in einem halluzinatorischen Zustand, seine große Liebe Sophia umbringt. Das Ende des Berichts führt zur Gegenwart der Diskussion im Gefängnis und zur Verlängerung der Gegenwart in den künftigen Verlauf der Geschichte.

Ab da kommt es zu einer dramatischen Beschleunigung der Ereignisse. Plötzlich kommt der Psychologe zu der Einsicht, dass David nicht krank ist, sondern dass es tatsächlich eine Verschwörung gegen ihn gibt. In Begleitung eines Wächters verlässt er mit David das Gefängnis. Sie fahren in einen anderen Stadtteil New Yorks, gehen durch die Eingangshalle eines hohen Bürogebäudes und läuten bei der Firma L. E., Life Extension Corporation. Dort kommt es zu unglaublichen Enthüllungen. David ist schon seit 150 Jahren tot. Sein Körper liegt eingefroren in einem Gefrierschrank unter −90°C. Er hat einen Vertrag unterschrieben und einen Traum namens *Lucid Dream* gekauft, der sich seinen Erinnerungen bis zu seinem Tod und sogar darüber hinaus überlagert.

Die gesamte bisher erzählte Geschichte des Films, ab dem Morgen, als Sophia David von der Straße holt, bis zum Mord und Gefängnis, ist von *Lucid Dream* als Erinnerung vorgegaukelt worden. Tatsächlich hat David seit dem Unfall Sophia nie wieder gesehen und ein einsames und schmerzerfülltes Leben geführt. Irgendwann ist dann der Tod eingetreten, aber selbst die Erinnerung daran ist ausgelöscht und von neuartigen Erinnerungen überlagert worden: Erinnerungen an Dinge, die niemals geschehen sind. Selbst die Gegenwart im Gefängnis, die den Wirklichkeitsrahmen für den Bericht abgegeben hatte, erscheint mit einem Mal als bloße Traumeinwirkung.

Die Rangordnung zwischen Erinnerung und Traum ist völlig zerstört. Die Erinnerung an die Vergangenheit ist die Erinnerung innerhalb eines Traumes. Aber selbst die Enthüllung, dass ab einem bestimmten Augenblick alles Erinnerte bloß der *Lucid Dream* ist, ist Traum. Auch alles, was vor dem *Lucid Dream* war, erscheint als ›gelebter Traum‹. Es handelt sich um Erinnerungen, die aus dem Boden einer fiktionalen Gegenwart herauswachsen und folglich auch, wie diese Gegenwart selbst, Illusion sind. Am Ende löst sich sogar der Psychologe als reine Fiktion auf, bevor David vom Dach des Wolkenkratzers springt, um endlich aufzuwachen.

6.

Doch selbst der Sprung hilft nicht. Er ist nur ein Sprung im Traum, und ein Versuch aufzuwachen. Die letzten Worte des Films werden von Sophias Stimme gesprochen: »Ganz ruhig, David, öffne deine Augen, atme!« und man hört ein tiefes Einatmen. Das schließt an die Anfangsworte des Films an, in Sophias Stimme: »*Abre los ojos*[124], mach die Augen auf!« Das Ganze beginnt noch mal von vorne. David wacht auf, aber nicht in die Wirklichkeit des Wachseins, sondern in den gleichen Alptraum hinein, sodass sich die Geschichte im Kreise dreht und es schließlich zu einer Gesamtauflösung der Wirklichkeit kommt. David ist ein Gefangener in einem ewig wiederkehrenden Traum. Die Zeit scheint vernichtet und die Abfolge der Begebenheiten hat sich in eine seltsame Gleichzeitigkeit aufgelöst. Man träumt etwas und träumt gleichzeitig vom Aufwachen in diesen Traum. Einzig im Augenblick des Übergangs, im Augenaufschlag des Aufwachens, blitzt die Wirklichkeit auf, als die *Reibung zwischen Träumen*, zwischen dem Traum und sich selbst.

Es geht in diesem Film darum, dass der Konsum einen Preis hat und dass dieser Preis die Wirklichkeit selbst, genauer, das Gefühl von Wirklichkeit ist. Die ewige Wiederkehr des Traums und der Hunger nach Aufwachen verweisen auf einen *Wirklichkeitsverlust*, der das Glück des widerstandslos gelebten Konsums begleitet. Der schattenlose Konsum wird am Ende vom Gefühl des Illusorischen überschattet. Denn der Eindruck von

Wirklichkeit entspringt gerade den *Schatten*, den Abgründen und Widerborstigkeiten, die dem Leben Konturen verleihen: Krankheit, Tod, Unglück im Allgemeinen.[125] Wird aber der Tod aus dem Leben beseitigt – und das gehört zu den Grundtendenzen der Glücksmaschinen –, verwandelt sich das Leben in einen Traum. Einen Traum, der den Abgrund maskiert. Die einzigen Augenblicke der Wirklichkeit im Konsumtraum sind diejenigen der Risse und Störungen, die auf die Künstlichkeit des gerade dargestellten Erlebnisses aufmerksam machen. Doch in dem Augenblick, in dem die Maske des Vanilla-Himmels reißt, öffnet sich der Abgrund dem freien Fall.

Die Grundbehauptung des ursprünglichen Films von Alejandro Amenabar (›Abre los ojos, Öffne die Augen‹) ist: Das Leben ist ein Traum. (Darin ist Amenabar eben ein Nachfahre Calderons.) Es ist klar, dass sich diese Behauptung in den skeptischen Zirkel verwickelt: Insofern sie zum Leben gehört, ist sie selbst Teil des Traums. Wie ist es aber möglich, innerhalb des Traums darüber zu sprechen, was sich außerhalb des Traums befindet? Wie kann man sich innerhalb der Illusion auf so etwas wie Wirklichkeit beziehen? Der Zirkel löst sich auf, sobald man die Wirklichkeit nicht als Gegensatz zum Traum, sondern als die *Grenze* des Aufwachens betrachtet.

Das Remake von Tom Cruise und Cameron Crowe behauptet: Ich bin ein Film! Das geschieht anhand der Störungen, die die Künstlichkeit der gelebten Eindrücke unterstreichen. Genau genommen behauptet das Remake ein Dreifaches: (1) Das Leben ist ein Traum, (2) der Traum ist ein Film, (3) die Wirklichkeit ist eine Störung im Film. Das Glück: das ist das Gefühl von Wirklichkeit, das den Träumenden endlich erlösen soll: als der Bruch oder Sprung an der Glätte des Traumes, als der Wechsel der Ebenen und Reibung zwischen den Medien, zwischen Wachen und Träumen, Buch und Film, Film und Remake, Süß und Sauer, Leben und Tod.

Der Film von Amenabar ist metaphysisch und europäisch. Das Remake von Cameron Crowe ist kulturkritisch und medienbewusst und damit zutiefst amerikanisch, denn es ist auf die amerikanische Konsumwelt abgestimmt, die weltweit zusehends zum Vorbild wird. Der entscheidende Unterschied zwischen dem Film und dem Remake ist bereits in den Titeln angelegt. Der spanische Film trägt den Titel ›Abre los ojos‹ (›Öffne die Augen‹) und behandelt die Themen Traum, Krankheit, universelle Illusion, Aufwachen. Das amerikanische Remake trägt den Titel ›Vanilla Sky‹, der die beunruhigende Höhe eines künstlichen und Lust spendenden Himmels evoziert, sowie den bevorstehenden Sturz von diesem Himmel. Bereits der Titel evoziert den illusorischen Charakter des Konsums und den tragischen Sturz, nicht aus der Höhe der *hybris*, sondern der Plastikhöhe einer käuflichen Unsterblichkeit.

›Vanilla Sky‹ ist ein Versuch, die Grauzone zwischen Traum und Wirklichkeit und die Schwelle zum Aufwachen an die Leinwand zu werfen und den Zuschauer zu zwingen, sich zwei Stunden lang an dieser Grenze aufzuhalten, die im Herzen des Konsumtraums als die letzte Quelle der Wirklichkeit aufblitzt.

3. Kritik der reinen Lust

In der Perspektive des haltlosen Konsums erscheint nur noch der Augenblick des Aufwachens als Quelle des Glücks, und wenn das Aufwachen auch den Tod bedeutet. Die Sehnsucht nach dem Glück reduziert sich auf eine minimale Sehnsucht nach Wirklichkeit, das heißt nach Dasein. Das Gefühl, dass man *ist*, ergibt sich aus der *Differenz innerhalb Desselben*: als Reibung zwischen Traum und Traum. Es ergibt sich aber auch aus der *Differenz zum Anderen*: als die Reibung zwischen Träumen und Wachen, Leben und Tod, Lust und Leid.

Die Reibung zwischen Lust und Leid inszeniert sich als *Über-gang*. Insgesamt befindet sich die Welt des modernen Konsums ungewollt innerhalb eines stets wiederholten Übergangs von Lust in Leid. Anhaltende Lust stürzt ab. Was dennoch als Dauerlust erscheint, ist in Wahrheit eine Lust, die stets anhand des Komparativs von ihren Ruinen wiederhergestellt wird. Die Illusion anhaltender Lust gehört zu den mächtigsten Effekten der Glücksmaschinen. Sie verschleiert die realen Schwankungen zwischen Lust und Leid und versieht das Leben mit einem Dauerlächeln. Dennoch ist der Übergang von Lust in Leid, den die Glücksmaschinen systematisch verschleiern, für das Konsumglück geradezu konstitutiv. Damit verweist das moderne Glücksstreben in die umgekehrte Richtung wie das antike. In der Welt der griechischen Tragödie evoziert das tragische Drama den Übergang vom Leid in die ›tragische‹ Lust.

Mathias Grünewald: Die Versuchung des heiligen Antonius

Chinesische Folter

1.

Reine Lust und *reines* Leid sind Spaltprodukte, die aus der radikalen Trennung zwischen Lust und Leid hervorgehen. Ihr gemeinsamer Effekt ist ein tranceartiges Gefühl von Unwirklichkeit.

Unvermischtes Leid führt zu einem Zustand der Entrückung, in dem der Leidende von Bildern und Visionen heimgesucht wird. Darstellungen in Malerei und Photographie zeigen den Leidenden oft mit einem verklärten und beinahe lustvollen Gesichtsausdruck. Ein Beispiel bietet ›Die Versuchung des heiligen Antonius‹ von Mathias Grünewald. Augenfällig ist der ekstatische Gesichtsausdruck des Heiligen inmitten seiner Peinigung durch die Dämonen. Ein anderes Beispiel ist das von George Bataille vorgestellte Foto der chinesischen Folter.[126] Augenfällig ist der entrückte Blick des Verurteilten, während ihm das Fleisch aus dem Leibe herausgeschnitten wird. Um sein Leiden zu verlängern, hat man ihm Opium gereicht. Die Haare stehen ihm zu Berge, aber ein Lächeln schwebt über seine Gesichtszüge. Die visionäre Bilderwelt, die sich wie eine bunt bemalte spanische Wand zwischen den Leidenden und sein Leid schiebt, ist ein notwendiger Schutz. Ohne diesen Schutz würde die Energie des Leides den Leidenden zerreißen.

Auch im Zustand der reinen Lust verschwindet das Gefühl von Wirklichkeit. Die reine Lust entspringt ihrer Abspaltung von der Welt des Leids. Im Falle des Tourismus entspringt sie der Abspaltung von der Welt der Arbeit, im Falle der Werbung von der Welt der (konsumunfähigen) Armut, im Falle der Sexualität von der Misere des Beziehungsalltags. Die konstitutive Distanzierung vom Leid verleiht der Lust ihren fun-artigen Lack. Sie schenkt der reinen Lust die Aura eines leise gleitenden und widerstandslos gelingenden Konsums. Doch bildet sich sogleich im Herzen der reinen Lust, absichtslos und spontan, eine zweite Distanz, eine Art Selbstdistanzierung der Lust, deren unmittelbarer Effekt der Eindruck des Unwirklichen ist. Die Welt rückt in die Ferne und erlangt eine seltsame Flachheit. Sie wirkt nicht mehr als *Kraft*, sie erscheint nur noch als *Bild*. Sie ist, um mit Schopenhauer zu sprechen, nicht mehr *Wille*, sondern nur noch *Vorstellung*. Heute wird die Welt von den Medien als Bild konstruiert. Von der Werbung wird sie als ein Bild des Glücks konstruiert, das die touristischen und sexuellen Praktiken im Innersten lenkt.

Sowohl das reine Leid als auch die reine Lust scheinen also, gemäß einer ihnen eingebauten Mechanik, eine apollinische Trennwand hervorzurufen. In ihrer dionysischen Reinheit sind Lust und Leid Reizquellen, die letztlich mit Auflösung drohen, wenn sie nicht durch eine Bildwand reduziert werden. Nach Nietzsches Theorie der Tragödie taucht die apollinische Bilderwelt immer dann auf, wenn das unmittelbare dionysische Gefühlsfeuer, sei es das der Lust, sei es das des Leids, entbrennt. Erst diese Trennwand, diese Distanz und diese Reibung im Herzen der Lust und des Leids, ruft den Eindruck von *Wirklichkeit* hervor.

2.

In ihrer Institution des tragischen Dramas schenkten sich die Griechen die Möglichkeit, vom Leid zur Lust zu gelangen. Die Institutionalisierung der Tragödie und ihre verlässliche festtägliche Wiederkehr gab ihr geradezu den Charakter eines Wirklichkeitstrainings. In ihren Tragödien lernten die Griechen sogar dem herbsten Leid so etwas wie eine ›tragische Lust‹ abzupressen.

Vermutlich geht die Form der Tragödie auf eine spezifisch griechische Erfahrung des Leidens zurück, die erst in der Distanzierung von der Unmittelbarkeit sowohl des reinen Leids als auch der reinen Lust lebbar werden konnte. Die dionysische Unmittelbarkeit des Leidens entspricht dem Gefühl des absoluten, zerreißenden Seins. Erst die apollinische Distanzierung bietet eine Erlösung von dieser Unmittelbarkeit. Die griechische Erfahrung des Leidens beruht auf dem entscheidenden Gegensatz zwischen Unmittelbarkeit und Distanz.

Die erste Distanzierung vom dionysischen Leiden, das sowohl reine Lust als auch reines Leid sein kann, setzt ein als ein tranceartiges Gefühl der Schwebe und der Entrückung. Zur Veranschaulichung dieses Zustands gebraucht Nietzsche das Bild des Satyrs, der erschöpft in Schlaf sinkt und *sich selbst im Rausch träumt*.[127] Die erste Distanzierung von der Unmittelbarkeit des Leidens produziert also den *Raum* des Traumes bzw. der Bühne. Inmitten der Konvulsionen des Leidens hat man das Gefühl, man würde träumen, man wäre Akteur auf einer Bühne.

Auf der Bühne des Leidens agiert der Leidende in der ununterbrochenen Empfindung eines Blickes, der jede seiner Bewegungen, jede seiner Regungen begleitet und seinen energetischen Entladungen Gestalt gibt. Der schauspielernd Leidende empfindet einen göttlichen Blick auf sein Dasein gerichtet und spürt an der Wurzel dieses Blickes einen souveränen Genuss, der sich gerade an seinem Leiden entzündet. Vermutlich beruht die griechische Erfahrung des Leidens überhaupt auf dem Vorurteil, dass das Leiden nie isoliert auftritt, sondern sich immer mit dem Genuss eines Zuschauers paart. Es ist dieser göttlich-zuschauende Genuss, von dem aus eine lenkende Kraft auf die Bühne des Leidens wirkt, um dort dem tragischen Drama Gestalt zu geben.

Das Theater des Leidens präsentiert also keineswegs ein Leiden *an sich*, sondern ein Leiden *für einen olympischen Zuschauer*. Aber das Theater wäre kein Theater ohne Imitation und ohne die imitatorische Spaltung. (Daher das große Gewicht des Begriffs der Mimesis in der aristotelischen *Ästhetik*.) Das griechische Leiden ist aufgespannt im Element einer fundamentalen Relation zum göttlichen Dasein: Es bereitet einem *göttlichen* Zuschauer Genuss, indem es an ein *göttliches* Leiden erinnert. Das Theater des Leidens beruht auf einer *Imitation* des göttlichen Leidens. Wer aber Götter nachahmt, wird am Ende selber zu einem Gott. Aus der Imitation des göttlichen Leidens geht eine allmähliche Gottwerdung des Leidenden hervor. Das menschliche Leiden wird göttlich, indem es das göttliche Leiden imitiert. Der Leidende wird dadurch Gott, dass er über die Imitation des Göttlichen auf göttliche Weise leidet. Das heißt: Die Empfindung eines göttlich-genießerischen Blicks auf unser Leiden vergöttlicht unser Leiden.

Doch selbst die Empfindung des göttlichen Blicks auf unser Leiden gerinnt zu einer neuen Unmittelbarkeit, wie vorhin die Empfindung des Leidens selbst. Diese Unmittelbarkeit bedarf einer nochmaligen apollinischen Distanzierung. Das geschieht über den erneuten Einsatz der Mechanik der Imitation.

Die erste Imitation: Inmitten unseres Leidens imitieren wir das göttliche Leiden und werden zu Schauspielern vor dem Blick der Götter. In einer zweiten Distanzierung jedoch üben wir uns in der Imitation des empfundenen Blicks. Wir entwerfen das Bild des göttlichen Zuschauers, den wir als Blick empfunden haben, und versuchen dieses Bild zu spielen. Indem wir also den göttlichen Zuschauer imitieren, werden wir erst selbst zu Zuschauern. Das heißt: Das gesamte griechische Theater und dessen Gesamtraum aus Bühne und Zuschauerraum (der Schwindel erregende Strudel des Amphitheaters) wird zum Rahmen einer zweifachen dramatischen Imitation. Indem wir das göttliche Leiden imitieren, sind wir Schauspieler. Indem wir aber den göttlichen Genuss und den göttlichen Blick auf das Leiden imitieren, sind wir Zuschauer.

Das tragische Theater geht also aus zwei Imitations-Hälften hervor: dem imitierten Leid und der imitierten Lust der Götter. Zwischen Bühne und Zuschauerraum findet der Übergang vom Leid zur Lust statt: vom göttlichen Leid auf der Bühne zur göttlichen Lust im Zuschauerraum. Das tragische Drama keltert die Lust des Zuschauers aus dem Leid auf der Bühne, es ist zutiefst Erlösungstheater und will in strengen Schritten vom dionysischen Leid zur olympischen Lust führen und im Allgemeinen überhaupt *vom Leid zur Lust*. Denn im Herzen des Leids entdeckt es die verborgene Essenz der Lust.

3.

Die Glücksmaschinen hingegen führen, ungewollt und unter der Hand gleichsam, *von der Lust zum Leid*. Sie offenbaren die Grenzen jeder Lust und die Möglichkeit ihrer unbegrenzten Überbietung. Im Herzen der Lust entdecken sie die Grenze zum Leid. Das rührt daher, dass sie die Kontinuität der Lust sichern wollen. Ununterbrochene Lust aber führt zum Abebben der Lust. In der Konsumkultur endet jede Lust in Langeweile und Angst, und damit letztlich einem nicht gelebten Leid. Soll aber der Pegel der Lustintensität erhalten bleiben, so muss an der Stelle der sterbenden Lust eine neue und unverbrauchte auftauchen. So führt die unermüdliche Dynamik des Komparativs jede Lust ihrem Ende entgegen. Was als Lust beginnt, endet als Schnee von gestern.

Am Ende von ›Vanilla Sky‹ springt David Ames vom Vanilla-Himmel des reinen Konsumglücks auf den tödlichen weißen Boden der Wirklichkeit. Die tragische Vertikalität führt vom

Himmel der Vanilla-*Lust* pfeilgerade auf die Erde des weißen *Leides*. Die Sehnsucht nach dem Tod ist die Sehnsucht nach Aufwachen. Doch führt das Aufwachen erneut in den Traum hinein.

4.

Kritik der reinen Lust: das ist nicht eine Kritik der Lust überhaupt, sondern einer Lust, die sich noch diesseits ihrer Reibung mit dem Leid befindet, die von aller Herausforderung, Anstrengung, Überwindung bereinigt ist und deshalb *reine* Lust heißt. Es ist eine Kritik der Einbildung, es gäbe eine solche Lust. Die Praxis der Lust, wie des Glücks überhaupt, besteht grundsätzlich in einer immer wiederholten Überschreitung der Grenze zwischen Lust und Leid, Leid und Lust. Unser Streben nach Glück gleicht unserem Streben nach Überschreitung. Unser Streben nach Überschreitung gleicht unserem Streben nach dem Ereignis.

4. Norm oder Form?

1.

Das Glück der Glücksmaschinen hat einen Objekt-Pol und einen Subjekt-Pol. Der Objekt-Pol: Das ist der Glücksbringer, als Differenz und von den Glücksmaschinen serienmäßig erzeugtes Ereignis. Der Subjekt-Pol: Das ist das ebenfalls von den Glücksmaschinen serienmäßig erzeugte glücksfähige Individuum. Der Prozess des Glücks beginnt mit dem Spüren einer Anziehungskraft. Wo es eine Glücksmaschine gibt, führen die Linien dieser Anziehungskraft zu einem Glücksbringer. Täglich spüren wir eine Vielzahl von Anziehungskräften, die von den Glücksmaschinen in Feldern organisiert sind. Diese Anziehungskräfte ziehen an uns und schicken uns auf die vielfältigen Wege unseres Alltags und lassen uns werden, was wir sind.

Welchen Widerstand könnte man den Glücksmaschinen entgegensetzen? Man könnte aus Michel Foucaults weit gefächerten Untersuchungen das Theorem ableiten: *Entweder formt ihr euch selbst oder ihr werdet geformt.* Daraus ergäbe sich die Implikation, dass der einzige Widerstand gegen die Dispositive der Macht in den Praktiken der Selbstformung und Stilisierung der eigenen Existenz besteht. Erst solche Praktiken vermöchten es, aus uns so etwas wie »Sand im Getriebe« der Maschinen der Macht zu machen.

2.

Sind wir Schmiede unseres eigenen Glücks? Das Leben in der industriellen Kultur legt das nahe. Täglich sind wir in unseren persönlichen Angelegenheiten angehalten, autonome und willensstarke Subjekte unserer Glücksstrategien zu sein, zu denen notwendigerweise der Gebrauch der Glücksmaschinen gehört. Allerdings ist das Glück, das uns diese Maschinen bieten, keineswegs ein *Geschenk*, sondern nur gegen Geld zu haben. Der Preis für jedes Glück ist die Mühe und das ›Leid‹ der täglichen Arbeit. Und erst wenn wir diesen Preis ableisten, fühlen wir uns frei, uns für dieses oder jenes Glück zu entscheiden.

Tatsächlich ist unser Ermessensspielraum in Sachen Glück recht begrenzt. Die Idee, der Mensch sei Schmied seines eigenen Glücks, scheint nahe zu legen, dass das Glück allein auf Entwurf und Willen eines Glückssubjekts zurückgeht. Damit befindet sich das Glück im Kraftfeld des Subjekts. Man könnte aber mit gleichem Recht davon ausgehen, dass das Glück selbst ein Kraftfeld ist, von dem erst das Subjekt in Fahrt gebracht wird. Das entspräche einer anderen *Perspektive*: der Perspektive einer Physik des Glücks, in der das Glück als formende Kraft erscheint und das Subjekt als das Erzeugnis einer solchen Kraft. In dieser Perspektive erscheinen wir als die Kinder unseres Glücks.

Die kantische Philosophie zeigt das Subjekt als *Bedingung der Möglichkeit* von Erkenntnis und moralischem Handeln auf. Die

Physik des Glücks behandelt das Glück als eine potenzierte Bedingung: als die (energetische) *Bedingung solcher Bedingung der Möglichkeit.* Man müsste die Feststellung Freuds erweitern: Unser Erkennen und unser Handeln sind nicht bloß von unserer Sexualität durchströmt, sondern von unserem Glücksstreben im Allgemeinen.[128] Natürlich gibt es Situationen, in denen wir uns für unser eigenes Glück verantwortlich fühlen. Natürlich können unsere eigenen Fähigkeiten dazu führen, dass uns das Leben gelingt und unsere Wünsche in Erfüllung gehen. Doch gilt im gleichen Maße das Umgekehrte. Wir sind Produkte unserer eigenen Glückssuche. Gerade durch die Erfüllung oder Nichterfüllung unserer Wünsche werden wir zu dem, was wir sind.

3.

Kann man ein so verstandenes Glück *besitzen?* »Ich habe Glück gehabt« bedeutet: »Es war Glückssache, dass ich etwas erhalten habe und besitze, unter dessen Voraussetzung ich glücklich *bin.*« »Ich bin glücklich in dieser Ehe« heißt nicht: Diese Ehe ist ein Objekt wie z. B. eine Erbschaft, das mich glücklich macht, sondern, dass diese Ehe eine Lebensform ist, in der ich glücklich *bin.* Unser innerster Wille ist weder auf den Glücksbringer noch auf die Glückssache in erster Linie gerichtet, sondern auf das Ziel, glücklich zu *sein.* Die Realisierung dieses Ziels beruht auf zwei möglichen Bedingungen: dem Glücksbringer und den Lebensformen.

Wenn wir die Glücksbringer als Voraussetzungen des Glücklichseins betrachten, werden wir auf eine bestimmte Weise nach dem Glück streben. Wenn wir die Lebensformen als Voraussetzungen des Glücklichseins betrachten, werden wir auf eine andere Weise nach dem Glück streben.

Das Funktionieren der Glücksmaschinen beruht darauf, dass wir an Objekte glauben. Sie verarbeiten die Glückssache zu Glücksbringern und bieten diese an. Die Glückssache ist der Rohstoff, den der Glücksbringer ebenso verdeckt wie die Holztäfelung den Baum und das Kinobild das Licht. Wenn man aber die Glücksmaschinen analysiert und die ihnen zugrunde liegende Glückssache ans Licht holt, wenn man zu den archaischen Wurzeln der Glücksmaschinen zurücksteigt und die Glückssache erneut sehen lernt, können alternative Wege der Verarbeitung der Glückssache zutage treten. Auf diesen Wegen wäre die Glückssache nicht durch eine *Norm* verdeckt, die sie in ein Objekt und einen Tauschwert verwandelt, sondern durch die *Schönheit,* verstanden als eine ›schwache‹ Form, durch die hindurch die Energie des Ereignisses noch sichtbar wird, sodass man von ihr sagen kann, was Rilke den Engeln zuschreibt: Das Schöne ist *des Schrecklichen Anfang.*[129]

Die verschönerte Glückssache ergibt sich aus einem *ästhetischen* oder wahrnehmenden Umgang mit der Glückssache. Wir lassen uns von der Glückssache affizieren. Wir nehmen sie auf und formen sie, gerade indem wir sie aufnehmen. Damit unternehmen wir etwas anderes als die Glücksmaschinen. Wir normieren nicht die Glückssache, das heißt: wir gleichen sie nicht einem allgemeinen Äquivalent an und verleihen ihr nicht einen Preis, zu dem wir sie erwerben können. Wir streifen von ihr nicht das Schreckliche, Ungehobelte, Unverlässliche ab und wickeln sie nicht in die Glätte und Verlässlichkeit eines Glücksbringers ein. Vielmehr verleihen wir der Glückssache eine ›schwache‹ und für die Gefahr des Zufalls durchlässige Form, die über das herkömmliche Bündnis zwischen dem *Schönen* und dem *Guten* hinaus ein Bündnis zwischen dem *Schönen* und der *Energie* stiftet. Die gesteigerte Aufmerksamkeit auf die Energie der Glückssache, die Bereitschaft, sie aufzunehmen und ihr Form zu geben gerade während sie kommt, läuft darauf hinaus, dass wir unserem eigenen Leben, uns selbst, Form geben. Die Glückssache ist gleichsam das Material unserer Existenz, deshalb kommt ihre Aufnahme und Formung der Formung unserer eigenen Existenz gleich. Und erst im Akt der Formung sind wir der Glückssache nicht mehr rückhaltlos ausgeliefert. Wir sind dabei vielmehr erst mündig, indem wir sie überformen und aus ihr unser höchst persönliches Glück machen, das für uns, anders als die Serienprodukte der Glücksmaschinen, den Charakter eines *Schicksals* erlangt. In diesem spezifischen Sinne können wir durchaus den Anspruch erheben, Schmiede unseres eigenen Schicksals zu sein.

4.

Damit geht ein eigener Stil der Existenz einher, zu dem auch eine eigene Ästhetik gehört: eine *Ästhetik unserer Existenz*, die mit der Aufnahme und Formung der Glückssache einsetzt und in der Schaffung des Selbst kulminiert. Das so erschaffene Selbst wird zum Hindernis und ›Sand im Getriebe‹ der Glücksmaschinen. Denn es handelt sich um eine Lebensform, die fortwährend die Glückssache integriert, gestaltet und *inkarniert*. Es handelt sich nicht in erster Linie um Kauf und Konsum von Produkten, sondern um den Umgang mit etwas, was von keinem Markt integriert werden kann: das ganz *Persönliche*, das aus all den Dingen besteht, die *mir* und *nur mir* widerfahren können: das noch nicht Identifizierte, noch Namenlose, Maske ohne Gesicht, Ereignis, das uns an*spricht*. Und wenn dann die Glücksmaschinen doch noch einsetzen und uns zu unserem Glück transportieren wollen bzw. unser Glück zu uns, dann sind wir bereits unterwegs auf eigenen Wegen, von denen wir auf eine ganz persönliche Weise geformt werden.

Der Widerstand gegen die *Norm* ist also die *Form*. Die Alternative, in der sich das gegenwärtige Leben befindet, lautet: *Entweder formt ihr euch selbst oder ihr lasst euch formen (normen).* Vor dem Hintergrund dieser gebieterischen Alternative organisiert sich auf der höchst persönlichen Ebene einer ästhetischen Verarbeitung der Glückssache der Widerstand gegen die Glücksmaschinen. Zwischen beiden, der Begegnung mit der Glückssache und dem Widerstand gegen die Glücksmaschinen, besteht ein zirkuläres Verhältnis. Einerseits bereitet der Widerstand gegen die Glücksmaschinen den Boden für die Begegnung mit der Glückssache. Andererseits bildet die Begegnung mit unserer höchst persönlichen Glückssache die Voraussetzung für einen Widerstand gegen die Glücksmaschinen.

Die Ästhetik der Existenz führt zusammen, was zunächst unvereinbar erscheint: *Ereignis* und *Form,* das *Ereignis* der Glückssache und die *Form* des lebbaren Glücks. Das Feuer des Ereignisses und das Licht der Form kommen erneut im Denken überein und das Leben wird wieder auf das einfache und archaische Prinzip gegründet: *ohne Feuer kein Licht.*[130] Die Schönheit, das heißt die Form der geglückten Existenz, ruht auf dem Sockel des Ereignisses. Wie das *Schöne* bei Rilke beruht sie auf der Energie des *Schrecklichen,* »gleichsam auf dem Rücken eines Tigers in Träumen hängend«, ähnlich dem menschlichen Bewusstsein in der Kennzeichnung des jungen Nietzsche.[131]

5.

In der Regel empfinden es die Individuen als ihr Recht und ihr Privileg, von den Glücksmaschinen versorgt zu werden. Ihre Normung geschieht viel zu leise, als dass dies ihren Widerstand erwecken könnte. Sie nehmen in Anspruch, was sie für ihre *Freiheit zum Glück* halten. Und sie nehmen es in Kauf, dass sie dadurch genormt werden und somit gerade die Freiheit verlieren, zu werden, was sie sind. Das signalisiert einen der Grundgegensätze moderner Gesellschaften: den Gegensatz zwischen *Freiheit* und *Norm.* Die ›gleiche‹ Freiheit *aller* besagt die *Gleichheit* aller und die Gleichheit aller endet in der Gleichschaltung aller.

Es gibt aber Individuen, die dieses ›demokratische‹, ›freiheitliche‹, ›moderne‹ Recht auf das Glück der Glücksmaschinen nicht realisieren können, wie beispielsweise in der sog. Dritten Welt, die gerade um solches Recht kämpfen. In der Vergangenheit haben die Anführer antikolonialer Bewegungen nicht selten gerade um jene modernistischen Ziele gekämpft, die sich im vorrevolutionären Europa des achtzehnten Jahrhunderts herausgebildet haben. Sie haben um alles Mögliche gekämpft, aber gerade nicht um einen eigenen Weg und eine eigene Politik des Glücks.[132] Dazu bedürfte es anderer, radikalerer Denkabenteuer, die unerlässlich wären für den Entwurf neuer Wege aus dem Labyrinth der Moderne, das wesentlich darin besteht, dass sich der Mensch in den Menschen verstrickt hat, dass der ›Mensch‹ (verstanden als eine christlich-abendländische Norm, mit der die übrige Menschheit seit über 200 Jahren terrorisiert wird) mit dem so genannten Fortschritt sich selbst eine Falle gebaut hat, in die er immer tiefer sinkt, je verbitterter er versucht, sich davon zu befreien.

6.

Die Glücksmaschinen berauben die Menschen der Furcht. »Es gibt nichts mehr zu befürchten«, sagen sie, »Ihr Glück ist *so gut wie* sicher!« Oder, in der Sprache der Lottogesellschaften: »Herzlichen Glückwunsch! Sie sind *fast* in der letzten Klasse. Ihre Gewinnchancen sind *so gut wie* sicher!« Doch kommt es gerade auf dieses *so gut wie* und dieses *fast* an. Auf Pannen reagieren die Glücksmaschinen unverzagt. »Diese Panne«, sagen sie, »geht zurück auf menschliches Versagen. Wir werden nicht nur die Panne beheben, reparieren, was zu reparieren ist, alle retten, die noch zu retten sind. Nein: wir werden die Panne untersuchen und uns schrittweise verbessern, unsere Technik ausbessern, uns besser organisieren gegen den Zufall, unsere Strategien gegen alles Undurchschaubare und Unkontrollierbare optimieren, unsere Preise senken und zuletzt alle Konkurrenten aus dem Feld schlagen. Der Zufall ist schließlich ein bloßer Zufall, ein *zufälliger* Zufall. Deshalb können wir auch dagegen Vorsorge treffen!« Usw.

Und dennoch bleiben die Streiks, Stromausfälle, Entgleisungen, Flugzeugabstürze nicht aus. Nichts funktioniert perfekt. Nicht einmal die Glücksmaschinen. Das liegt daran, dass ihr Ziel, das Glück zu sichern und das Leid auszumerzen, ein unmögliches ist. Das Leid meldet sich, in welcher Form auch immer. Die Werbung verspricht die Aura des Produkts, unterschlägt aber den Preis der Aura auf dem aktuellen Aura-Markt. Sie unterschlägt die Tatsache, dass die Aura nicht umsonst zu haben ist, sondern dass man zuerst Geld verdienen muss – schwitzen, bangen, eventuelle Gegner aus dem Feld schlagen usw. –, um den Preis zahlen zu können. Der Tourismus verspricht den Traumurlaub. Er unterschlägt aber, dass überall, wo er sich einbringt, sich die Fremdheit verflüchtigt. Dass mit der Herstellung des Urlaubsparadieses die Fremde als ein Ruheraum der Arbeitswelt annektiert wird. Und dass es damit unmöglich wird, die Welt der Arbeit zu verlassen. Indem der Tourismus uns den periodischen Ausbruch aus der Arbeitswelt organisiert, sperrt er uns erst recht in die Gummizelle der Arbeit ein. Die Sexualitätsmaschine verspricht die endgültige Ekstase, unterschlägt aber die Tatsache, dass jede Lust abstirbt und nach neuer Lust verlangt. Sie unterschlägt den grundsätzlich obsessiven Charakter der Lust – denn alle Lust will Ewigkeit – und sie unterschlägt vor allem das Problem der *Beziehung*, das heißt: der Verknüpfung der Lust mit Dauer. Die Glücksmaschinen versprechen die Ausmerzung des Leids. Aber das Leid meldet sich überall, wo Lust vorkommt. Sie versichern die Ausglättung der Ereignisse, aber das Ereignis ist in der lebendigen Ordnung, in jeder lebendigen Ordnung der Menschen, unausrottbar.

7.

Dieses Buch versteht sich keineswegs als Element einer anderen, alternativen Glücksmaschine, etwa einer ›Widerstandsglücksmaschine‹. Es liefert auch keine Allgemeinrezepte. Der Ort des Einzelnen im Wirkungskreis der Glücksmaschinen ist kein allgemeiner, sondern ein lokaler. Zu lokalen Problemen gibt es nur lokale Lösungen, die jeder für sich selbst herausfinden muss. Es kann sein, dass man verwundert fragt: »Aber Entschuldigung: gibt es da ein Problem? Es geht mir doch gut!

Meine Suche deckt sich doch wunderbar mit den Angeboten der Glücksmaschinen, die sich regelmäßig erneuern und meinen Wünschen immer besser entsprechen!« Es kann aber auch sein, dass man sich von vornherein als konsumierende Zielscheibe der Glücksmaschinen empfindet und durch das Rattern des Komparativs und den Krieg der Angebote zermürbt ist. Dann zweifelt man an der Möglichkeit des Glücks überhaupt und lebt im Zustand der Dauerresignation. Wahrscheinlich wird die Politik der Glücksmaschinen nur dann erst zum Problem, wenn die Panne, der Stau, die Einsamkeit, der Überdruss, die Entlassung, die Krankheit, der Tod nahen. Dann meldet sich ihre grundsätzliche Begrenztheit.

Doch kann die Hervorhebung der Glücksmaschinen und der Art ihres Funktionierens zumindest die Aufmerksamkeit für die Glückssache schärfen. Der Widerstand gegen das Konsumglück, das uns arm und süchtig macht und letztlich zugrunde richtet, kann kein *globaler* sein. Er kann nur ein *lokaler* Widerstand sein: zum Teil kollektiv, zum Teil persönlich. Immer wieder hört man von kollektiven Aktionen des Konsumprotests, von Konsumstreiks wie den diversen Anti-Teuro-Aktionen am 1. Juli 2002 in Deutschland oder den regelmäßigen Aktionen der New Yorker Anti-Konsum-Vereinigung *Whirlmart*, bei denen Anti-Konsum-Aktivisten in Gruppen und mit leeren Einkaufswagen durch die Regalgänge von Kaufhäusern ziehen.[133]

Solche Formen des Widerstands sind tief in der Mikropolitik des Alltags verankert. Die Wirkungen des Konsums reichen wahrscheinlich tiefer hinein in das Privatleben und das dunkle Unterholz der Gewohnheiten als diejenigen der Arbeit. In unserem *Konsumverhalten* fühlen wir uns – sofern Geld da ist – frei und unbeobachtet. Unser *Arbeitsverhalten* dagegen ist häufig eine erzwungene Antwort auf eine öffentliche Situation und ihre typischen Anforderungen. Deshalb ist unser persönliches Konsumleben eher frei von unserer persönlichen ethischen Kritik. Da wir beim Konsumieren eher dazu neigen, unkritisch zu sein, unkritisch uns der Orientierungsmacht von Werbung und Mode zu überlassen, werden wir da auch unmerklicher und umso effektiver genormt. Im Unterschied dazu stoßen die Normungsmächte in unserem Arbeitsleben eher auf unseren Widerstand. Denn im beruflichen Umfeld fühlen wir uns rasch ausgebeutet und betrogen und sind deshalb auch schneller mit Kritik zur Stelle.

Eine Politik des Konsumwiderstands beruht auf einer bestimmten Lebensform und einem offenen, sich selbst gestaltenden Stil der Existenz. Deshalb kann sich der Widerstand gegen die Glücksmaschinen nur vor dem Hintergrund einer Ästhetik der Existenz entfalten, zu der unterschiedliche Verfahren der Selbstgestaltung und Selbsterschaffung gehören: insgesamt eine Vielfalt an Übungen der Selbstbegrenzung, die das Leben nicht normen, sondern formen. An der Wurzel dieser Verfahren, die Foucault *Techniken des Selbst* genannt hat, findet die ästhetische Auseinandersetzung mit der Glückssache statt.

Dabei handelt es sich nicht darum, die Glücksmaschinen lahm zu legen und auch nicht darum, ihre Angebote nicht in Anspruch zu nehmen und mit begrenzten persönlichen oder kollektiven Robinsonaden zu spielen, wie es im Zuge der 68-er-Experimente und der späteren ökologischen Bewegung geschehen ist. Es geht nicht um neue Formen der Autarkie und der kollektiven Wohn-, Lebens-, Produktionsgemeinschaften. Das heißt: Es geht nicht *nur* darum. Es geht über diese erprobten Formen politischer Aktion hinaus um winzige persönliche Eingriffe in die Mikrophysik unseres Alltagsglücks, die zur erneuten Aufdeckung des Raums der persönlichen Glückssache führen können: jenes Raums, der durch die Politik der Glücksmaschinen unablässig zugedeckt wird. Insgesamt ist also über die vorhandenen Glückstechniken hinaus von einer persönlichen Glückskunst die Rede. Es handelt sich nicht darum, Schmied des eigenen Schicksals zu werden, sondern endlich Schicksal zu *sein*. Es geht darum, mein *eigenes* Schicksal zu leben, verstanden als die Form und Verflechtung der Leitlinien meines bisherigen Lebenslaufs und die Grammatik meiner persönlichen Dispositionen. Es handelt sich um eine Sensibilisierung für die Glückssache, die *mir und nur mir* widerfährt.

Dazu muss man sich der Dynamik und Konjunktion der auf das Leben eintreffenden Mikrokräfte öffnen und in Kontakt treten mit dem Ort, an dem sich Schicksal bildet. Zur Herstellung dieses Kontakts bedarf es einer ›ptolemäischen Wende‹ in der Ethik.

5. Das ruhende Auge

1.

Alles bisher Gesagte läuft darauf hinaus, dass Glück und Glückssache keine Tatsachen sind, von denen die eine wahr und die andere falsch ist. Man kann keineswegs behaupten, das Glück der Glücksmaschinen sei ein *falsches* Glück, während die rettende Wahrheit von der Glückssache herkomme. Es handelt sich eher um zwei verschiedene Perspektiven, denen unterschiedliche Glückshaltungen und -praktiken entsprechen. Auch unter diesen Perspektiven kann man keine Rangordnung einrichten und behaupten, die Perspektive der Glückssache wäre wahrer oder effektiver zur Erlangung des Glücks als diejenige des fliehenden, produzierbaren und käuflichen Glücks der modernen Industriegesellschaften. Man kann lediglich behaupten, dass die zwei Perspektiven unvereinbar sind, dass sie dennoch beide notwendig sind. Beide Erscheinungsweisen des Glücks melden sich mit einer irreduziblen Hartnäckigkeit auf den Wegen des modernen Alltags. Wir kommen ohne die Glücksmaschinen nicht aus. Und wir kommen ohne unsere persönliche Glückssache nicht aus, denn keine Norm kann die Einzigartigkeit unserer persönlichen Existenz ausglätten. Wir werden also nicht aufhören, uns der Glücksmaschinen zu bedienen. Und die Glückssache wird nicht aufhören, uns zu überraschen und einzuholen.

Worauf es dabei ankommt, ist die ethische Arbeit an uns selbst, die erforderlich ist, um den Kontakt mit unserer persönlichen Glückssache herzustellen. Das bloße Faktum dieses Kontakts läuft auf einen nahezu absichtslosen Widerstand gegen die Glücksmaschinen hinaus.

Die Kontaktaufnahme mit der Glückssache ist aber begründet in einer besonderen existenziellen Haltung, die seit Beginn der Neuzeit als Fatalismus, Naivität und vormoderner Aberglaube degradiert wurde und seitdem folglich auch verkümmert ist. Es handelt sich um eine Haltung gegenüber dem Glück, die im mittelalterlichen Europa nicht unbekannt war und deren tiefste Wurzeln bis in die archaischen Anfänge der Antike reichen. Wir nennen das die *geozentrische Haltung* in der Ethik.

Eine Haltung signalisiert ein bestimmtes Verhältnis zum Kraftfeld des Glücks, denn sie stellt so etwas wie eine Resultante der Glückskräfte dar, denen wir täglich ausgesetzt sind. Sie ergibt sich aus der Konjunktion der Mikrokräfte der Glückssache, die gleichsam auf die Wirbelsäule eintreffen und diese in Schwankung versetzen, wie einen Schiffsmast auf offenem Meer. Mit der Zeit prägen diese Glückskräfte die Wirbelsäule und verleihen ihr eine Form, die wir ›Haltung‹ nennen. Dabei gehören zu den Mikrokräften des Glücks nicht nur die äußeren Kräfte, sondern im gleichen Maße auch die so genannten inneren Kräfte, die gewöhnlich den Sphären von Psychologie und Subjektivität zugeschlagen werden. Nicht minder als die äußeren Kräfte sind auch diese inneren Kräfte Ausdruck des Glücksfeldes der Existenz, von dem sowohl die ›innere‹ als auch die ›äußere‹ Existenz der Einzelnen durchtränkt ist. An einer Haltung ist daher erstens die Gesamtheit der Glückskräfte ablesbar, die zur Konstitution des ethischen Subjekts beitragen, zweitens der Akt der Selbstverortung des Einzelnen im Kraftfeld des Glücks und drittens die Art der Kontaktaufnahme mit diesem Kraftfeld.

In dieser Verbindung zwischen Haltung und Kraft liegt der Grund für eine elementare Abhängigkeit zwischen *Ethik* und

Kosmologie. Als Reflexion über mögliche Haltungen ist die Ethik abhängig von der Kosmologie, verstanden als Reflexion über das Kraftfeld, in dem die Haltungen ausgearbeitet werden.

Die Kosmologie liefert ein Bild des kosmischen Ganzen, das auf entscheidende Weise zur Erzeugung unserer Haltung im Leben beiträgt. Es macht einen Unterschied, ob dieses Ganze endlich oder unendlich, zentriert oder dezentriert, von einer transzendenten Kraft gelenkt oder selbstläufig ist. Inmitten unserer Alltagsgeschäfte tragen wir im verborgensten Winkel unseres Seins ein Gefühl dafür, *wo* wir uns befinden, innerhalb welcher kosmischen Sphären, inmitten welcher intergalaktischen Wüsten unser Arbeitsplatz, Ferienhäuschen, Einkaufszentrum ihren Ort haben. Man könnte da von einem *kosmologischen Unbewussten* sprechen, das wie ein Schatten unsere alltäglichsten Handlungen begleitet. Das dunkle Gefühl für unseren Ort im Kosmos entscheidet darüber, *wie* wir uns in der Welt bewegen, *wie* wir darin liegen, sitzen, stehen, laufen. Dieser implizite und täglich wiederholte Akt der kosmischen Selbstverortung bildet den lebensweltlichen Hintergrund einer *ethischen* Motivierung der Astronomie. Das erklärt, warum in den unterschiedlichsten vormodernen Kulturen Astronomie und Astrologie untrennbar waren und in der Astrologie so etwas wie eine Daseinsberechtigung der Astronomie lag.

Die moderne Haltung gegenüber dem Glück, die humanistische Idee, der Mensch sei Schmied seines eigenen Schicksals, geht zurück auf die tiefgreifende kosmologische Revolution zu Beginn der Neuzeit, die als die *kopernikanische Wende* bekannt geworden ist.

Unter dieser Bezeichnung ist nicht nur die wissenschaftliche Leistung eines einzelnen Astronomen namens Kopernikus zu verstehen, sondern eine intellektuelle Krise und Bewegung, die gegen Mitte des fünfzehnten Jahrhunderts einsetzte und über zwei Jahrhunderte dauerte, an der so unterschiedliche philosophische Temperamente wie Bruno und Kepler beteiligt waren, und die schließlich erst in der Newtonschen Mechanik und Gravitationslehre zur vorläufigen Ruhe kam.[134] Mit der kopernikanischen Wende wurden kosmologische Selbstverständlichkeiten, die jahrhundertelang galten, aus Gründen einer *neuen* Denknotwendigkeit über Bord geworfen, unter ihnen die Vorstellung, die Erde sei das ruhende Zentrum des Kosmos.

2.

Dem vorkopernikanischen Blick zeigte sich die Erde als eine kleine dunkle Kugel[135] im Mittelpunkt des Weltganzen, umgeben von einer Reihe von Sphären oder Schalen, die sich nicht nur in ihrer jeweiligen Entfernung von der Erde unterschieden, sondern auch in ihrem ontologischen Wert. Die äußerste Schale war ein feuriger Kreis, ab da begann das Reich Gottes. Ganz oben in der Rangordnung der Himmelskörper ruhten die Fixsterne, ganz unten die Erde. Der Mond, die Sonne, die Planeten, die Sterne besaßen keine eigene Bewegung. Sie waren wie Knöpfe an die Himmelsschalen angenäht und wurden von der Eigenbewegung der Schalen, die sich gleichförmig um die Erde drehten, mitbewegt.

Die erste unter diesen Sphären war die Mondsphäre. Unterhalb ihrer erstreckte sich das *sublunare* Reich der endlichen Wesen, deren Bewegung und Veränderung von den Wechselbeziehungen der vier Elemente – Erde, Wasser, Feuer, Luft – verursacht wurde. Die Mondsphäre war die erste der *himmlischen* Sphären, mit denen sich die Planeten und Sterne drehten. Diese Himmelskörper waren unveränderlichen Wesens und bestanden aus einem immateriellen fünften Element. Deshalb nannte man ihre Sphären *himmlisch*.

Der Kosmos war endlich. Er war die endliche Schöpfung eines unendlichen Gottes. In der Spätantike wurde er zuerst als eine *homozentrische* Struktur konzipiert, das heißt: als eine Reihung konzentrischer und kreisförmig bewegter Schalen mit einer einzigen gemeinsamen Mitte, die von der Erdkugel besetzt war. Allerdings war diese Konzeption nicht imstande, sämt-

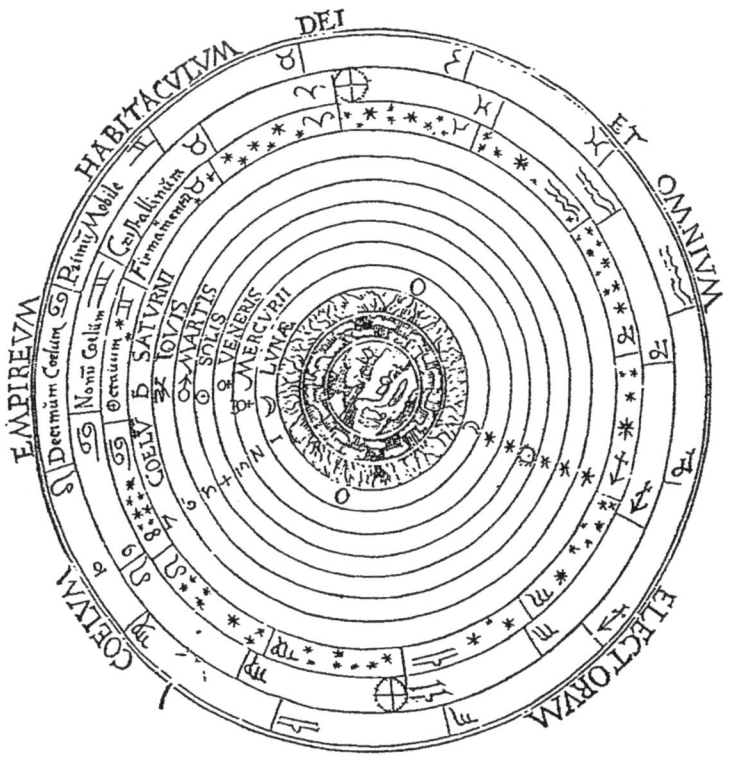

Das geozentrische Modell aus Peter Apians ›Cosmographia‹ (1524)

liche beobachtbaren Himmelsbewegungen zu erklären. Deshalb führte die ptolemäische Astronomie so genannte *Epizyklen* ein: Nebenkreise als Bewegungsbahnen neben den Hauptbewegungen der Himmelsschalen. Von solchen Verfeinerungen aber blieben die Grundannahmen dieser Kosmologie unberührt: (1) der Kosmos war endlich; (2) er besaß eine ruhende Mitte; (3) diese Mitte war die Erde.

Dieses Bild des Ganzen beruhte auf dem Augenschein. Alle seine Einzelheiten gingen entweder auf unmittelbare Beobachtungen zurück oder waren Ableitungen daraus. Wandte man den Blick nach oben, sah man, dass alles außer den Fixsternen in Bewegung war. Wandte man den Blick nach unten, so vernahm man unter den Füßen den ruhenden Boden. Die Erde erschien also als eine ungeheure Ausnahme im Kosmos. Sie ruhte. Und dass sie ruhte, war keine Täuschung. Wie sollte sie auch in Bewegung sein? – Würde sie dann nicht die Vögel, die Wolken, die in die Luft geschleuderten Projektile im sublunaren Raum zurücklassen?

3.

Die Himmelskörper bewegten sich im Kreis, im Wesentlichen um eine einzige, gemeinsame Mitte. Die Sonne ging im Osten auf und im Westen unter. Der Mond ging im Westen auf und im Osten unter. Nur die Erde ruhte. Deshalb musste ihr Ort die Mitte des Kosmos sein. Das blieb nicht ohne Konsequenzen für das irdische Leben. Denn mit der Erde ruhte auch der Mensch. Und indem die Sphären um die Erde kreisten, nahmen die Himmelskörper verschiedene Entfernungen vom selben Punkt an der Erdoberfläche an und übten einen wechselnden Einfluss auf das irdische Leben aus. Deshalb kam der Beobachtung des Himmels nicht nur eine wissenschaftliche, sondern auch eine ethische Bedeutung zu. Die Menschen sahen sich in ihrem täglichen Dasein den himmlischen Ereignissen ausgeliefert. Da sie über diese Ereignisse keine Macht hatten, ging es ihnen nicht darum, das Kommende abzuwenden oder irgendwie zu modifizieren, sondern lediglich darum, sich auf sie einzustimmen. Ihre Aufgabe bestand darin, sich der Gangart der Ereignisse anzupassen, bevor die Natur der Dinge durch Gewalt ihre Anpassung einforderte. Die Menschen bewohnten zwar den ruhenden Mittelpunkt der Welt. Dennoch waren sie auf den Kosmos wesentlich angewiesen.

In einem solchen Gefühl der kosmischen Abhängigkeit war das ptolemäische Denken eingetaucht. Die Wissenschaft der Astronomie war im Boden eines zutiefst astrologischen Denkens verwurzelt.

4.

An der Schwelle zur Neuzeit wurde dieses Weltbild umgestürzt. Etappenweise entstand das Bild eines unendlichen und homogenen Universums. Für Nikolaus von Kues war der Kosmos ohne Mitte und Rand. Damit widerspiegelte er seinen allgegenwärtigen Schöpfer und schien nur noch aus Zentren zu bestehen: »Der Bau der Welt ist deshalb so, als hätte sie überall ihren Mittelpunkt und nirgends ihre Peripherie, da ihre Peripherie und ihr Mittelpunkt Gott ist, der überall und nirgends ist.«[136] Doch war damit der Kosmos noch nicht wirklich unendlich wie Gott, sondern nur »ohne Ende« oder »endlos«: Es *fehlte* ihm lediglich das Ende, womit ihm dennoch die positive Eigenschaft der Unendlichkeit nicht zuzuschreiben war. Damit schien das neuzeitliche Denken anfangs noch vor den Konsequenzen der Dezentrierung und Verunendlichung des Kosmos zurückzuschrecken.[137]

Der kosmologische Umsturz ging auf eine tiefe – eher ethische als erkenntnistheoretische – Paradoxie im Herzen des ptolemäischen Weltbildes zurück. Wie konnte die Erde zugleich das Zentrum der Welt und der niedrige und sündige Ort des irdischen Lebens sein, von dem aus die Menschen nach der Höhe des Himmels trachteten? Wie konnte etwas so Unvollkommenes wie die Erde, in deren Innerem das Fegefeuer brannte, die das unterhalb der Mondsphäre befindliche sublunare Reich der niederen und veränderlichen Wesen stützte, den Mittelpunkt der Welt bilden? Wie konnte etwas so Kleines und Unscheinbares wie die Erde ruhen und etwas so Gewaltiges wie die Sonnensphäre in Bewegung sein? Solche Überlegungen bildeten den Hintergrund der heliozentrischen Konzeption des Kopernikus. »Gerade wegen ihrer höchsten Vollkommenheit und ihres höchsten Wertes – als Quelle des Lichts und des Lebens – wird der Sonne jener Ort zugewiesen, den sie in der Welt einnimmt: die zentrale Stellung.«[138]

Unter Verwendung der ptolemäischen Mathematik – in der Methode war Kopernikus ein Ptolemäer, wie Alexander Koyré bemerkt[139] – gelangte Kopernikus zu Ergebnissen, die in der Folge den geschlossenen Kosmos des Ptolemäus öffneten, in Bewegung brachten und schließlich auflösten. Bereits bei Giordano Bruno war der Kosmos unendlich und ohne Mitte. Deshalb konnte die Erde nicht länger die nicht mehr vorhandene Mitte des Universums sein, sie war mit einem Schlag keine Ausnahme, folglich auch nicht mehr ruhend. Sie reihte sich unter die sechs Planeten ein, die sich um die Sonne drehten. Für die Menschen bedeutete das den Auszug aus dem Mittelpunkt der Welt.

Die Idee der bewegten Erde versetzte den Erdbewohner in eine unmerkliche, aber »grundstürzende« geistige Bewegung. Die Dezentrierung der Welt, deren Notwendigkeit Kopernikus gerade aus der ptolemäischen Mathematik ableitete, bedeutete einen Anschlag auf den Augenschein. Denn mit einem Mal wandelte sich der Eindruck, dass Sonne und Mond auf- und untergehen und der Boden unter den Füßen ruht, in eine *Täuschung* um. Der betrügerische Geist von Descartes ist denkbar geworden.

5.

Wenn der Mensch die Augen nach oben wandte, vertraute er nicht mehr seinem Blick. Er wusste, dass die himmlischen Bewegungen *bloßer* Augenschein waren und von seiner eigenen Bewegtheit konstituiert wurden. Damit kam der Kosmologie eine neue Aufgabe zu. Sie sollte den Augenschein *erklären*, indem sie dessen Ursachen aufzeigte. Sie beschrieb die *vorstellbaren* aber *unsichtbaren* Bewegungen, die den Augenschein konstituierten, und erhielt somit die Rolle einer *Analytik des Scheins*. Der wichtigste Grundsatz dieser neuen Kosmologie war derjenige einer allgemeinen Mobilität aller Himmelskörper, sodass jede Bewegung als relativ erschien und die Ruhe nur als erläuterungsbedürftiger Augenschein. Damit kam die Idee der Relativität zu ihrer brisanten neuzeitlichen Geltung, bis sie in der newtonschen Mechanik ihre mathematische Kodifizierung fand.

Doch nicht nur in Theorie und Technik bildete die Idee des bewegten Bodens den Ausgangspunkt einer Revolution, sondern in der gesamten Lebenseinstellung der Menschen. Sie führte zur spezifisch neuzeitlichen Haltung gegenüber dem Glück. Anhand einer rhetorischen Übertragung führte die Idee der Eigenbewegung der Erde zur Idee der Eigenverantwortlichkeit des Menschen. Ebenso wie im Kosmos die unmerkliche Bewegung der Erde den Schein der Himmelsbewegungen miterzeugt, so konstituiert im Leben die tiefe ›subjektive‹ Bewegung des Menschen die ihn umgebenden ›objektiven‹ Phänomene.[140] Zu diesen objektiven Phänomenen gehört eben auch das Glück. Der Mensch empfindet sich als Schmied seines eigenen Schicksals.

Auch die kopernikanische Einstellung ist, ähnlich der ptolemäischen, von einer tiefen Paradoxie durchzogen. Einerseits erscheint die Position des Menschen im Kosmos als vollkommen entwertet. Er befindet sich auf einem relativ nebensächlichen Himmelskörper im Flug durch den Weltraum um eine Sonne, die sich in Ruhe befindet, allerdings auch nur im Gesichtsfeld einer bestimmten Perspektive. Im Allgemeinen wüssten wir nicht, behauptet Galilei, wo das Zentrum des Universums »zu finden ist oder ob es überhaupt existiert.«[141] Das Universum und der Raum insgesamt ist nicht zentriert.

Andererseits aber ist der Mensch durch seine Eigenbewegung verantwortlich für den Eindruck, den der Kosmos auf ihn macht: für das Erscheinen der Erscheinungen. Dabei ist allerdings nicht außer Acht zu lassen, dass ein so konzipierter Kosmos dennoch weiterhin von Gott zusammengehalten wird. Erst gegen Ende des achtzehnten Jahrhunderts wird auch dieser Rest und dieses Fundament des vorkopernikanischen Denkens ins Wanken geraten. »Der göttliche Baumeister fand … immer weniger Beschäftigung in der Welt. Er brauchte die Welt nicht einmal zu erhalten, da sie immer mehr die Fähigkeit gewann, auf diesen Dienst zu verzichten. […] Laplace, der ein Jahrhundert nach Newton die neue Kosmologie zur endgültigen Vollendung führte, antwortete Napoleon auf die Frage, welche Rolle Gott in seinem Weltsystem spiele: ›Sire, je n'ai pas eu besoin de cette hypothèse.‹ Aber es war nicht das Laplacesche System, sondern die darin beschriebene Welt, die nicht mehr der Hypothese Gott bedurfte.«[142] Der Mensch befindet sich nicht mehr im Zentrum der Welt. Aber er ist auch nicht mehr dem Einfluss der Sphären ausgeliefert, wie es die ptolemäische Kosmologie annahm. Hinauskatapultiert aus dem geschlossenen vorkopernikanischen Kosmos, ist er selbst verantwortlich für sein Glück. Trotz seiner begrenzten Lebenssphäre im unendlichen Universum entdeckt er die Möglichkeit eines autonomen Weges zum Glück.

6.

Die kopernikanische Wende besteht prinzipiell darin, dass die Menschen irgendwann bereit sind, gegen den Augenschein zu denken, zu interpretieren und zu handeln, davon auszugehen, dass nicht die Sonne und die Sterne sich bewegen, sondern die die Menschen tragende Erde selbst, die nicht mehr die ptolemäische Mitte, sondern nur *ein* Standpunkt unter anderen ist. Nicht die Sterne kommen und gehen und bescheren den Menschen ihr Glück und Unglück, sondern die Menschen selbst nähern sich den Sternen oder entfernen sich von ihnen. Sie nähern sich den Sternen *physisch* auf Grund der Erdbewegung. Und sie nähern sich ihrem Glück *ethisch* auf Grund ihrer jeweiligen Lebensläufe. Die kopernikanische Wende ist unmittelbar verknüpft mit der wesentlichen Zweideutigkeit relativer Bewegungen, die später zum Gegenstand der newtonschen Mechanik wird.

Die Dezentrierung des Kosmos setzte ein mit einer Denkhaltung, die man *Perspektivismus* nennen könnte. Alles Sichtbare ist auf eine Perspektive zurückzuführen. »Wo auch immer einer sich befindet«, sagt Nikolaus von Kues, »er glaubt sich im Mittelpunkt.«[143] Und Giardano Bruno gesteht dem Mondbewohner das Recht zu, sich selbst im Mittelpunkt des Alls zu wähnen: »Aber ebenso gut würden auch etwaige Mondbewohner glauben, dass unsre Erde als ihr Mond und viele andre Sterne, welche den Endpunkt der Radien ihres Gesichtskreises bilden, ihr Zentrum umkreisen. So ist die Erde im Verhältnis zum All nicht mehr und nicht weniger Mittelpunkt, als jeder beliebige andre Weltkörper ...«[144] Mit diesem ihr zugrunde liegenden Perspektivismus hatte die kopernikanische Wende den Charakter einer Befreiung des Denkens. Doch mit der Zeit tendierte dieser perspektivistische Relativismus zu verschwinden und sich zu einer *heliozentrischen Metaphysik* zu verfestigen, besonders in ihren Übertragungen auf Gebiete wie Philosophie und Ethik. Was als eine mögliche *Ansicht* von Welt eingeführt wurde, gerann zu einem *Ansich*, einer vom Beobachter unabhängigen ›metaphysischen‹ Wahrheit.

Im achtzehnten Jahrhundert vollzieht sich zunächst in den philosophischen Versuchen der französischen Aufklärer die Zurückweisung Gottes als »bloßer Hypothese«. Diese Tendenz gipfelt gewissermaßen in der Transzendentalphilosophie Kants, in der sie als die Zurückweisung des ontologischen Gottesbeweises sichtbar wird. Die in der kopernikanischen Revolution implizite Konsequenz einer aktiven und stiftenden Rolle des Menschen in seinem Leben und Glücksstreben gerinnt bei Kant zur transzendentalphilosophischen Idee der Freiheit und Autonomie des Menschen. Diesen Prozess nennt Kant bekanntlich eine »kopernikanischen Wendung« in der Philosophie.

Es ist bekannt, dass in der Physik des zwanzigsten Jahrhunderts diverse Perspektivismen wieder auftauchten: in der Relativitätstheorie, in dem Welle-Korpuskel-Dualismus, in dem Komplementaritätsprinzip usw. In der Philosophie wurde seit Nietzsche wieder die Idee des Perspektivischen als erkenntnisleitendes »Prinzip« eingeführt. Damit erscheinen mit einem Mal das Kopernikanische und das Ptolemäische als zwei gleichermaßen mögliche Hinsichten auf die Welt. Nietzsches Perspektivismus birgt in sich durchaus das Motiv einer erneuten Ptolemäisierung des ›kosmoethischen‹ Blicks. Die Bewegtheit der Erde besagt nicht mehr und nicht weniger als eine bestimmte Perspektive. Die transzendentale Beweglichkeit des Subjekts besagt nicht mehr und nicht weniger als eine bestimmte Perspektive. Damit aber steht uns mit einem Mal neben der kopernikanischen auch die vorkopernikanische Perspektive zur Verfügung, von der aus gesehen die Erde ruht. In unserer alltäglichen Ethik können wir also in unserem persönlichen Verhalten sowohl das Bewegtsein der Erde als auch ihre Ruhe leben. Wir können ihr Bewegtsein *als* Ruhe leben: als *unsere eigene Ruhe.* Wir erleben unser Leben als einen in sich ruhenden Zustand, der seinerseits der Gewalt plötzlicher Wechsel ausgesetzt und deshalb einer Wirklichkeit untergeordnet ist, über die wir keine Macht haben.

7.

Was wären die Folgen einer ptolemäischen Wende in Sachen Glück? Zunächst würde ein solcher Perspektivenwechsel die Eigendynamik des Glücks offenbaren. Er würde zeigen, dass nicht nur wir uns in die Richtung des Glücks bewegen können, auch das Glück kann sich auf uns zubewegen. Die wichtigste Konsequenz eines ptolemäischen Blicks auf das Glück wäre ein neuer Anspruch: dass wir gute Astrologen unserer selbst werden. Dass wir mit derselben mathematischen Akribie, mit der die Astrologie jahrhundertelang die Sterne und ihre Wirkung auf menschliche Belange beobachtet hat, andere, subtilere, höchst persönliche Kräfte in unserem sublunaren Alltag beobachten lernen. Dass wir für das Nahen und das Fliehen des Glücks ebenso sensibel werden wie ein Seemann, der auf die Flut wartet, um endlich in See stechen zu können.

Im Verlauf des zwanzigsten Jahrhunderts wurde eine gesteigerte Aufmerksamkeit auf Phänomene wie Zufall, Schicksal, Wahrscheinlichkeit sichtbar. Ob in den künstlerischen Verfahren des *objet trouvé* oder der seriellen Musik; in den Zufallsspielen der avantgardistischen Poesie; in den mathematischen Verfahren der Wahrscheinlichkeits- und Chaostheorie; in der generellen und gesteigerten Tendenz zur *statistischen* Präsentation naturwissenschaftlicher und gesellschaftlicher Tatsachen; in den diversen Bejahungskulten des New-Age, in denen die Affirmation der Glückssache zugleich propagiert und missverstanden wird; in der ökologischen Sensibilisierung für die Umwelt, das heißt, für alles, was wir als Lebensgrundlage benötigen, was wir zwar beobachten, aber nicht beherrschen können, was wir zerstören, wenn wir es industriell annektieren und »vermenschlichen«: Überall meldete sich die Auseinandersetzung mit dem Unkontrollierbaren. Diese Tendenz erscheint uns als eine Wiederkehr der ptolemäischen Perspektive im Herzen einer kopernikanischen Moderne.

Die kopernikanische Einsicht, dass nicht die Sterne, unsere astrologischen Glücks- und Unglücksquellen, in Bewegung sind, sondern wir selbst, beinhaltet die humanistische Idee, ein jeder sei Schmied seines eigenen Glücks. Diese wesentlich kopernikanische Glücksvorstellung dominiert noch in vielen Bereichen des heutigen Glücksdiskurses. Für die Redaktion der Frauenzeitschrift ›Amica‹ ist der Weg zum Glück einseitig abhängig vom Willen und Organisationswissen des Einzelnen: »Eigentlich ist alles ganz einfach. Es gibt ein Erfolgsgeheimnis. Erstens: wissen, was man will. Zweitens: wissen, was man machen muss, um es zu erreichen. Drittens: machen ... Für alle, die Liebe wollen: Unter www.amica.de warten 50 000 Singles, und das nur, um sich zu verlieben... Für alle, die Karriere machen wollen: Ein Blick ins Special mag genügen.«[145]

Allen, die einen Sinn im Leben suchen, empfiehlt ›Amica‹ einen Roman von John Irving und allen, die wissen wollen, was die nächste Saison modisch bringt, einen Blick auf die Fotos dieser Ausgabe. In dem Artikel »Wie geht Glück?« derselben Ausgabe lautet die Hauptthese: Das Glück ist erlernbar.[146] Es ist von Glücksseminaren die Rede, in denen man den »Lustquotienten« steigern lernt. Die Devise dieser Glücksschulen lautet im Wesentlichen: »Think positive« oder »Don't worry, be happy«, letztlich: »Seid glücklich, dann seid ihr glücklich!« Es gehört zu den Wundern unserer Zeit, dass ein solcher Ratschlag ernst genommen wird, obwohl er ganz und gar inhaltsleer ist. Dass man auch noch bereit ist, dafür viel Geld zu zahlen, gehört zu den Auswüchsen eines Amok laufenden Kopernikanismus in Sachen Glück.

Doch ist damit der Glückssache nicht beizukommen. Denn sie ist nicht das, was wir ergreifen, beschleunigen, vorwegnehmen könnten. Sie ist eher das, was unsere Erwartungen durchkreuzt und plötzlich da ist. Sie ist der unkontrollierbare Teil unseres Glücks, und damit genau das, was den Wesensgehalt unseres Glücks ausmacht und ihm erst die Aura der Ferne und Fremdartigkeit verleiht, die uns durchaus vertraut ist und die wir mit einer gewissen Verwunderung genießen, wenn sie uns holen kommt. Die einzige denkbare Beziehung zwischen dem Glückssubjekt und der Glückssache entsteht im Akt des Wartens. Diese Beziehung wird einzig dem ruhenden Auge sichtbar, das auf die Glückssache Ausschau hält.

8.

Aus der newtonschen Relativität der Bewegung ergeben sich zwei Sichtweisen: Entweder bewegen wir uns oder die Welt um uns bewegt sich.

Entweder bewegen wir uns auf das Glück zu und bedienen uns der Glücksmaschinen gleichsam als ethischer Prothesen. Dann empfinden wir unsere eigene Bewegung als die einzige *aktive* und die Bewegung des Glücks als eine lediglich *reaktive*. Das Glück *reagiert* auf unseren Zugriff und flieht. Und wenn es flieht, wird es als Fliehendes wahrgenommen und damit als etwas, worauf man Jagd machen muss. In dieser Perspektive fällt das Glück mit einem Glücksbringer zusammen.

Oder das Glück hat eine eigene, aktive Bewegung. Dann erscheint es uns als Ereignis und Glückssache: als das nahende Glück. Erst in dieser Perspektive können die Glücksmaschinen selbst in Erscheinung treten. Erst in dieser Perspektive lernen wir sehen, (1) wozu die Leitsterne des Glücks uns treiben und wie sich die Glückskräfte, die auf uns einwirken, zu Glücksmaschinen verbinden und uns ein Leben lang formen und (2) welche *anderen* Kräfte vorhanden sind: Kräfte der Selbstformung ›in‹ uns selbst, die anhand von Selbsttechniken zum Einsatz kommen.

In erkenntnistheoretischer Hinsicht leben wir heute in einer Zeit des aufgehenden Perspektivismus, in der es möglich ist, mit der Erfahrung des Perspektivenwechsels zu experimentieren und Dinge wie das Glück erneut unter ptolemäischer Perspektive anzugehen. Die zwei unterschiedlichen Perspektiven sind so etwas wie optische Instrumente, die uns unterschiedliche Aspekte und Tatsachen vorstellen und zusammen erst ein gesamtes, multiperspektivisches Bild der Wirklichkeit des Glücks ergeben. Das hat natürlich, wie alles, einen Preis: Wir müssen auf ein einheitliches und absolutes Bild des Glücks ›an sich‹ verzichten.

9.

Eine derart erneuerte ptolemäische Aufmerksamkeit auf die Glückssache könnte uns vieles lehren, was in der vorkopernikanischen Welt nicht denkbar gewesen wäre. Sie könnte uns zeigen, dass die Einbettung in einem geschlossenen Kosmos nicht die allgemeinste Verfassung der menschlichen Existenz ist und dass unser Leben nicht nur unter dem Einfluss der Sterne steht, sondern vielmehr im Wirkungsfeld der uns umgebenden Kraftzentren. Eine solche »ptolemäische Wende« des Blicks würde uns zeigen, in welchem Maße unsere Existenz auf das ›sublunare‹ Kraftfeld des Glücks angewiesen ist. Und dass es darauf ankommt, dieses Kraftfeld und seine Kraftzentren wahrzunehmen, sie in uns aufzunehmen und zu einer Haltung, unserer *eigenen* Haltung, zu organisieren. Diese Perspektive würde uns lehren, uns selbst als ruhende Wesen zu betrachten und zu fühlen.

Wir würden lernen, uns in die Stellung des Ruhenden einzuüben und die Kräfte wahrzunehmen, die auf uns einwirken und Bewegungen in uns hervorrufen, auch wenn wir selbst uns in vollkommener Ruhe befinden und diese Bewegungen nicht willentlich hervorgerufen haben. *Denn selbst wenn wir nichts tun, geht das Leben weiter*, geht *unser* Leben weiter, und zwar ganz anders, als wenn wir planen, entwerfen und Pläne realisieren. Die zwei unterschiedlichen Handlungstypen des Entwerfens/Zugehens und des Wartens offenbaren das Leben von zwei unterschiedlichen Blickwinkeln aus und ergänzen einander. Sobald wir sie als *Perspektiven* und nicht als *Gesetz* oder *Norm* unseres persönlichen Lebens behandeln, sobald wir also uns der Doppelübung des Agierens und Wartens (jedenfalls nicht des Reagierens) anvertrauen, beginnen wir das Glück doppelt zu sehen: als ein fliehendes und als ein kommendes.

Gemäß der kopernikanischen Perspektive sind wir aktive Subjekte: Wir begeben uns in Fahrt und holen uns, was wir vom Leben brauchen. Gemäß der ptolemäischen Perspektive sehen wir, dass wir nicht aktiv sind, dass wir nicht einmal wirklich da sind, um dem Glück nachstellen zu können. Wir sehen, dass das Subjekt nicht ›aktiv‹ ist, dass es nicht auf die Welt einwirkt und nicht die Dinge in Bewegung versetzt, dass es aber auch nicht ›passiv‹ ist, sondern dass es überhaupt kein *fertiges* Subjekt ist, das Gutes oder Schlechtes oder Böses erleidet. In der ptolemäischen Perspektive *beginnen wir zu fühlen*, dass wir bearbeitet werden, dass wir unter den Meißelschlägen der Glückskräfte wie Nietzsches »kostbarster Marmor«[147] behauen werden, woraus erst unsere Subjektivität hervorgeht. Die Reptolemäisierung des Denkens führt zu einer neuartigen ›Astrologie‹. Wir beobachten und beschreiben nicht mehr nur den Sternenhimmel über uns, wir betrachten vielmehr uns selbst und unser Leben als einen Himmel aus Kraftzentren, die sich *von sich aus* verbinden und trennen und nicht erst durch die Vermittlung und ›Spontaneität‹ eines transzendentalen oder psychologischen Subjekts.

10.

Damit geraten wir in die Nähe der antiken Rangordnung von Erkenntnis und Handlung. In der ptolemäischen Perspektive hat die Theorie Vorrang, denn der entscheidende Teil unserer Glückspraxis besteht in der Gelassenheit des Schauens. Wir gehen nicht mehr auf die Suche nach dem Glück. Wir warten vielmehr, stimmen uns ein und lassen das Kommende auf uns zukommen. Wir sind als Glückssuchende in erster Linie Erkennende, bereit zu wirklicher, mutiger Erkenntnis auch unbequemer und erschreckender Tatsachen. Der geringere Teil unserer Glückspraxis ist praktisch. Sie besteht darin, dass wir agieren, gerade wenn die Zeit reif ist. Nicht vorher, nicht nachher. Wie eine Raubkatze liegen wir auf der Lauer, aber nicht nach etwas Bestimmtem. Wir liegen einfach da, ganz wach, in einem Zustand der guten Spannung, nehmen aufmerksam alles auf, was uns umgibt, und machen im rechten Augenblick den rechten Sprung. Die Praxis folgt auf die Erkenntnis, als ein plötzlicher Satz nach vorne, fast ohne Vorsatz, fast unbewusst, aber grundrichtig. Man trifft einfach die richtigen Entscheidungen, man tut einfach das Angemessene, wenn die Erkenntnis zu Haltungen und neuen Gewohnheiten gereift ist.

Dieser Vorrang der Erkenntnis impliziert, dass die Erkenntnis selbst zur unverzichtbaren Praxis geworden ist. Im Sinne dieser reptolemäisierten Erkenntnis bedarf es einer neuartigen ›Wissenschaft‹ der Glückssache: einer höchst persönlichen – nicht institutionalisierten, nicht öffentlichen – Wissenschaft der Beobachtung der Glückskräfte, von denen wir umgeben und persönlich betroffen sind. Denn die wichtigste und am meisten vernachlässigte Wissenschaft ist die *Wissenschaft von uns selbst*.

Diese Wissenschaft beruht auf einer Haltung, die wir in Anlehnung an Nietzsche *das ruhende Auge* nennen möchten. Sie beinhaltet eine Kultur des Sehens, die wieder erst gelernt sein will: »*Sehen* lernen – dem Auge die Ruhe, die Geduld, das An-sich-herankommen-Lassen angewöhnen; das Urtheil hinausschieben, den Einzelfall von allen Seiten umgehn und umfassen lernen. Das ist die *erste* Vorschulung zur Geistigkeit: auf einen Reiz *nicht* sofort reagieren, sondern die hemmenden, die abschließenden Instinkte in die Hand bekommen. *Sehen* lernen, so wie ich es verstehe, ist beinahe das, was die unphilosophische Sprechweise den starken Willen nennt: das Wesentliche daran ist gerade, *nicht* ›wollen‹, die Entscheidung aussetzen *können* … – Eine Nutzanwendung vom Sehen-gelernt-Haben: man wird als *Lernender* überhaupt langsam, misstrauisch, widerstrebend geworden sein. Man wird Fremdes, *Neues* jeder Art zunächst mit feindseliger Ruhe herankommen lassen.«[148]

Das ruhende Auge widerstrebt den Glücksmaschinen und misstraut ihren Angeboten. Zugleich offenbart es uns das Kommende, das auf uns *Zukommende*, unsere persönliche *Zukunft*, die nicht nur Ende und Abgrund in sich birgt, sondern eben auch die Glückssache.

11.

Der Kopf ist ein Kopernikaner. Aber die Augen sind Ptolemäer.

Morgens, wenn wir aufstehen und gegen Osten schauen, lässt sich das Auge von seinem eigenen inhärenten Ptolemäismus bannen. Die Sonne steigt auf. Der Erdboden ruht unter uns. Die Sonne dreht sich um die ruhende Erde. Abends sind wir wieder Ptolemäer. Die Sonne sinkt. Der Boden ruht weiterhin unter uns. Die Sonne dreht sich um die ruhende Erde. Wir beginnen den Tag als Ptolemäer, wir enden den Tag als Ptolemäer. Beginn und Ende stehen im Zeichen der verlässlichen Illusion. Dazwischen können wir uns zu kopernikanischen Aufklärern und Bilderstürmern mausern.

Und so bewegt sich unser Leben zwischen dem ptolemäischen *Schwindel* (Schein, Täuschung) und dem kopernikanischen *Schwindel* (Drehung, nicht nur der Erde, sondern auch des Kopfes).[149] So bewegt sich unser Leben zwischen dem Glück als Glückssache und dem Glück der Glücksmaschinen.

Das ruhende Auge begegnet zuerst der Oberfläche. Die Liebe zum Augenschein, die die Glückssache zur spürbaren Kraft werden lässt, ist nichts anderes als die Liebe zur Oberfläche, die gesteigerte Aufmerksamkeit für die sinnlichen Oberflächen des Alltags, an denen wir sonst achtlos vorbeigehen. Diese Aufmerksamkeit besteht in der Bereitschaft, »tapfer bei der Oberfläche, der Falte, der Haut stehn zu bleiben, den Schein anzubeten, an Formen, an Töne, an Worte, an den ganzen *Olymp des Scheins* zu glauben! Diese Griechen waren oberflächlich – *aus Tiefe* ...«[150] Die Liebe zur Oberfläche der Glückssache lässt uns die *Tiefe der Oberfläche* erahnen. Wir ahnen erstens, wie wenig wir von der Oberfläche eigentlich sehen, zweitens, warum wir so wenig von der Oberfläche sehen – nämlich weil wir auf die Tiefe eingestimmt und von der Tiefe abgelenkt sind –, drittens, dass wir immer mehr von der Oberfläche sehen, mit ihr austauschen und mit ihr umgehen lernen, je mehr unsere aufgewirbelte kopernikanische Subjektivität zur Ruhe kommt, viertens, dass wir erst in dieser Ruhe eine ganz neue Bedeutung von *Tat* gewinnen und *Aktivität* in einem ganz anderen Sinne verstehen und damit erst in einem ganz neuen Sinne aktiv sein können.

Die Liebe zum Augenschein festigt sich zu einer Haltung, die mit Nietzsche *amor fati* genannt werden kann, die dazu verhilft, zu lieben, was ganz *meins* ist: *meinen* Augenschein und *meine* Oberfläche; zu lieben, was mich, mein Leben ausmacht, darunter auch mein Unglück, um damit schließlich das Unglück in Glück verwandeln zu lernen und das Leid in Lust: wie es auch die Griechen in ihrem tragischen Theater zu tun vermochten.

Es ist diese Liebe zum Augenschein und zum eigenen Leben, die erst die Augen für die Glückssache zu öffnen vermag. Die Glückssache ist das Offenbare. Sie ist ganz Oberfläche, ganz Augenschein.

6. Warten auf das Glück:
Bruchstücke einer Glückskunst

> *Im Pessimismus spricht die Natur,*
> *im Optimismus der Wille.*
> ALAIN[151]

1.

Erst die ptolemäische Perspektive offenbart das Glück *als Ereignis*, nicht als etwas Hergestelltes, Dauerhaftes, Käufliches, sondern als etwas, das mit dem Augenblick verschmolzen ist. Deshalb erscheint in dieser Perspektive das Recht auf das Glück als ein *Recht auf das Ereignis*, das heißt: als ein Recht auf Differenz und Selbstunterscheidung. Glücklich sein heißt: *Ereignis sein, sich ereignen*. Dass das ›moderne‹ Glück sich dennoch vom Augenblick des Ereignisses trennen kann, sich des Augenblicks entheben und damit *verlässlich* erscheinen kann, gehört zu den entscheidenden Leistungen der Glücksmaschinen, die eine *andere* Zeit und eine *andere* Dauer entwerfen: als die Bedingungen des von ihnen produzierten Glücks.

Erst in der ptolemäischen Perspektive tritt die Möglichkeit einer Physik des Glücks in Erscheinung, in der es auch einen Erhaltungssatz gibt, wie in der ›normalen‹ Physik: das Ereigniserhaltungsgesetz. Wenn in einem bestimmten Gebiet das Ereignis gebändigt, simuliert, produziert wird, taucht es in einem anderen Gebiet mit der Unabweisbarkeit einer Naturgewalt auf. Wir haben u. a. gesehen, wie an der Schwelle der Moderne das Ereignis von der realen Reise in den Reisediskurs abwandert. Das deutet darauf hin, dass die Grenze zum Unkontrollierbaren durchaus verschiebbar, aber eine Reduktion des Unkontrollierbaren nicht möglich ist. In jedem Augenblick des Daseins besteht ein konstantes ›Quantum‹ des Ereignisses.

Wenn wir die Moderne als den Prozess einer fortschreitenden Beseitigung des Ereignisses definieren, dann läuft diese Feststellung darauf hinaus, dass es in dieser ›Moderne‹ – verstanden nicht als die Vorherrschaft einer bestimmten Technologie oder eines bestimmten politischen Systems, sondern als Verflechtung aus bestimmten Diskursen und Dispositiven – gar keinen Fortschritt in diesem Sinne gibt und dass sie folglich so modern gar nicht ist. Das Ereignis lässt sich nicht beseitigen, es lässt sich höchstens ab- oder aufschieben.

2.

»Seit Pascal«, behauptet Frédéric Beigbeder, »hat sich nichts geändert: Immer noch flüchtet der Mensch vor seiner Angst in die Zerstreuung. Nur ist die Zerstreuung so allgegenwärtig, dass sie an die Stelle Gottes getreten ist. Und wie entgeht man der Zerstreuung? Indem man sich seiner Angst stellt.«[152]

Doch ist die Zerstreuung nicht auf chaotische Weise allgegenwärtig – sonst hätte sie nicht die Macht, uns anzuziehen und uns auf Gottes Art zu formen. Die einzelnen Zerstreuungen, die auf dem Glücksmarkt feilgeboten werden, *verketten sich* gemäß der strategischen Logik der Glücksmaschinen, sodass die Gesamtheit der Zerstreuungsangebote den Charakter eines industriellen Systems, einer für moderne Gesellschaften typischen Zerstreuungsindustrie, annimmt. Um den Angeboten dieser Industrie kritisch entgegentreten zu können, muss man sich tatsächlich der eigenen Angst stellen, was allerdings nicht als vereinzelter Akt geschehen kann, sondern als Teil einer *anderen* Strategie, die sich der Strategie der Glücksmaschinen entgegenstellt. Es handelt sich um die Strategie einer Glückskunst.

Die Glücksmaschinen sind kopernikanische Vorrichtungen. Sie gehen davon aus, dass das Glück *noch nicht* da ist und dass man Mangel erleidet. Sie rechnen damit, dass sich die Glückssubjekte mit ihrer Hilfe in Fahrt und damit auf die Suche nach ihrem Glück begeben wollen. Und sie setzen voraus, dass erst die kopernikanische Beweglichkeit der Subjekte die Nähe des Glücks herbeizuführen vermag. Die Glückssache hingegen hinterlässt die Erfahrung eines Glücks, das *schon da* war, und einen Zustand, in dem man nicht Mangel erleidet, sondern einen Stau: einen Glücksstau. Das Glück steigt einem förmlich zu Kopf und bewirkt Zerstörung, wenn man nicht einen Ausdruck, die richtige Bewegung, das angemessene Verhalten ihm gegenüber findet. Erst ein Luftsprung schafft Linderung und Abbau des Staus. Zur Kunst des Glücks gehört zweifellos der *Ausdruck* des Glücklichseins.

3.

Es ist ein großer Unsinn, zu behaupten, dass man sich das Glück antrainieren kann, wie es die Glücksseminare tun. Die Tipps dieser Einrichtungen laufen alle auf den gleichen Vorschlag hinaus: »Lächelt, und dann seid ihr glücklich!« – oder: »Lächelt, und dann lächelt ihr.« Aber mir ist nicht zum Lächeln. Ich habe keinen Job, keine Wohnung, mein Partner ist weg. Es war gerade Krieg und ich habe Familie, Hof, Vieh verloren. (Es gibt Dinge wie Krieg, auch wenn mitteleuropäische Glückstechniker davon nichts wissen wollen.)

Dennoch erhalten wir den Rat: »Seid glücklich, dann seid ihr glücklich.« Die Glückstechniker verfolgen ein kopernikanisches Projekt mit dem Ziel, ihre Kunden zu kleinen einzelnen Glücksmaschinen zu stilisieren und ihre Glücksfähigkeit zu optimieren, damit sie sich umso effizienter das Glück zu holen wissen. Was dabei herauskommt, ist ein schicksalloses und im Voraus berechenbares Glück, das die Menschen umso atemloser jagen, je verlässlicher es zur Erfüllung ihrer Wünsche dient. Doch ist gerade die Idee eines ›verlässlichen Glücks‹ problematisch. Zu den überzeugendsten Effekten der Glücksmaschinen gehört gerade die Verlässlichkeit des von ihnen produzierten und angebotenen Glücks. Und so sind die Glückstechniker letztlich nichts anderes als Techniker der Glücksmaschinen. Sie wollen uns lediglich den Weg zum ›verlässlichen‹ Glück der Glücksmaschinen ebnen. Sie wollen uns nicht anregen, *anders* über das Glück zu denken.

Andererseits aber gibt es die Glückssache. Man könnte es auch das Schicksalsglück nennen, wenn man unter Schicksal einfach all das versteht, was uns in höchstem Maße angeht und sich dennoch unserer Kontrolle entzieht, wie Geburt und Tod: unsere *eigene* Geburt, unser *eigener* Tod. Die Ratschläge der Glückstechniker sind zwar fragwürdig, doch ist die Frage, die sie stellen, nicht ohne Bedeutung: Was *kann* man, was *muss* man angesichts des unkontrollierbaren Glücks tun? Sie fragen nach einer angemessenen Glückshandlung. Bleibt uns angesichts des Unkontrollierbaren nichts anderes übrig als Fatalismus?

Anstelle einer Antwort auf diese Frage sei an die Losung Nietzsches erinnert: *amor fati*. Das Unkontrollierbare ist das Notwendige und alles Notwendige das Nützliche an sich: »Ich habe mich oft gefragt, ob ich den schwersten Jahren meines Lebens nicht tiefer verpflichtet bin als irgendwelchen anderen. So wie meine innerste Natur es mich lehrt, ist alles Notwendige, aus der Höhe gesehn und im Sinne einer *großen* Ökonomie, auch das Nützliche an sich – man soll es nicht nur tragen, man soll es *lieben ... Amor fati.*«[153] Ich darf mein Schicksal nicht bloß ertragen, ich muss es sogar lieben! Die Liebe zum Schicksal ist die Liebe zum persönlich relevanten Ereignis und die Liebe zum Ereignis die Bejahung des Unkontrollierbaren. »Amor fati« kennzeichnet eine Haltung der Gastlichkeit gegenüber dem Ereignis. Die Glückssache ist das, was mir und nur mir bevorsteht. Sie ist das, worin ich mich selbst ereigne. Der hohe Gast: der bin ich selbst.

4.

Außerhalb der Reichweite der Glücksmaschinen haben wir zunächst tatsächlich mit der Angst zu tun. Mit einem Schlag sind wir auf uns gestellt. Mit einem Schlag sind wir ungeschützt den schwärmenden Glückskräften ausgesetzt. Unser einziger Schutz ist die Form: unsere eigene Form, die aus unserem bisherigen Umgang mit dem Ereignis hervorgegangen ist. Wie ein »Glückspfeil« kommt die Glückssache durch die Luft geschwirrt, als ein *Anflug* von Ekstase, die uns plötzlich trifft und

in uns kurz zum Glückszustand aufblüht. Sie ist eine For-
mungsenergie, die in uns ihre Bahnen sucht, sich in uns ausbreitet und uns zum Ausdruck treibt.

Wenn sich die Energie des Glücks in uns ausbreitet, erleben
wir so etwas wie eine *Grenze*. Denn das Glück ist nicht ein Gefühl unter anderen, sondern eine allen Gefühlen zukommende,
allen Gefühlen gemeinsame Grenze. Jedes Gefühl spannt sich
auf zwischen einem positiven und einem negativen Pol, zwischen Trauer und Freude, Langeweile und Erstaunen, Zorn
und Gelassenheit usw. Das Glück aber ist kein eigenständiges
Gefühl, es ist auch nicht bloß der positive Pol eines einzelnen
konkreten Gefühls. Es ist vielmehr in jedem positiven Gefühl
als dessen Wesen und Ziel enthalten. Bei den positiven Ge-
fühlspolen der Freude, des Erstaunens, der Gelassenheit ist das
Glück eine Dimension und ein möglicher *Zustand*. Während
also das Gefühl einen bestimmten Zustand eines Menschen
ausmacht, erscheint das Glück als ein Zustand dieses Gefühls
selbst.

Jedes Gefühl – Zorn, Erstaunen, Gelächter, die erotische Er-
regung usw. – ist steigerbar bis zu einer Grenze, an der es
gleichsam explodiert und damit unkenntlich wird. Es ist unge-
fähr wie bei Licht und Ton. Wenn wir die Lichtintensität eines
visuellen Eindrucks steigern, verbrennt er irgendwann unsere
Netzhaut. Anstelle dieser oder jener Farbe, dieser oder jener
Schattierung, sehen wir nur noch ein feuerartiges Flimmern:
Wir sehen uns geblendet. Und wenn wir die Lautstärke eines
Tons steigern, dann hören wir am Ende nur noch die brausen-
de Stille, nachdem unser Trommelfell infolge der Steigerung
geplatzt ist. Mit den Gefühlen verhält es sich nicht anders. Am
Ende münden alle Gefühle in so etwas wie ein Gefühlsfeuer,
das uns und unsere Subjektivität verbrennt.

Damit kann jedes Gefühl potenziell den Fühlenden töten. Es
ist nur eine Frage des Maßes und des Steigerungsgrades. Aus
dem Gefühlsfeuer ist das Glück geschöpft: als der Stoff gleichsam, aus dem *positive* Gefühle wie Freude, Erstaunen, Ruhe

hervorgehen, und als der Boden, der sie von unten stützt. Die Energie des Glücks hat ihren Ursprung in dem Grenzzustand, der allen Gefühlen gemeinsam ist und von dem aus sie den Fühlenden töten können. Darin liegt eine besondere Verbindung zwischen dem Glück und dem Tod.

Deshalb ist das Glück nicht bloß *ein* Gefühl unter anderen. Es gehört zum Ursprung und Ende aller Gefühle. Das Glück entspricht dem *Sein* der Gefühle und das Unglück dem *Nichts* der Gefühle. Und an der Grenze jedes Gefühls werden beide, das Sein und das Nichts des Gefühls, in einer unlösbaren Verklammerung deutlich. Unterhalb solcher Grenze jedoch entfaltet sich das normale Gefühlsleben, zwischen einem positiven und einem negativen Pol: zwischen Trauer und Freude, Langeweile und Erstaunen, Zorn und Gelassenheit usw. Aber stets mit der Grenze des Glücks als Ziel.

Damit will sich jedes Gefühl im Glück überwinden, während die Energie des Unglücks jedem Gefühl auf den Fersen folgt und dieses auf den Weg ins Glück treibt. Der Umgang mit der Glückssache ist eine Kunst des Umgangs mit Grenzen.

5.

Nietzsche kennzeichnet Ästhetik als »angewandte Physiologie«.[154] Sie ist ihm eine Praxis, die sich nicht allein mit der Form beschäftigt, auch nicht mit dem bloßen Inhalt – beide bilden eine recht fragwürdige Alternative –, sondern mit dem *Ausdruck*. In diesem Verständnis ist Ästhetik keine *Wissenschaft*, sondern eher ein *Handwerk* des Ausdrucks: ein reflektiertes Handwerk, was so viel wie »Kunst« im Sinne des alten lateinischen Wortes »ars« bedeutet. *Ausdruck* aber besagt eine Beziehung zwischen einem Gefühl und einer körperlichen Bewegung. Ästhetik in diesem Nietzscheschen Sinne ist also eine Kunst oder ein Handwerk der Herstellung einer Beziehung zwischen einem Gefühl und einer Bewegung, zwischen dem Unsichtbaren eines Gefühls und dem Sichtbaren einer körperlichen Bewegung.

Das Gefühl der Freude ist an sich unsichtbar. Die Bewegung des Lächelns ist an sich sichtbar und in der Physiologie sowie Motorik des menschlichen Körpers verwurzelt. Das Gefühl und die Bewegung des Ausdrucks befinden sich auf unterschiedlichen Seiten der Schwelle der Sichtbarkeit. Dennoch gehört das Gefühl nicht einer gänzlich anderen Ebene als die Bewegung, etwa in der Weise einer metaphysischen Wesenheit, die vom Ausdruck bloß angezeigt wird. Das Gefühl ist eher eine komplexe Fortsetzung der Bewegung des Ausdrucks auf einer feineren Ebene. Jede Bewegung ist *fortsetzbar* in ein Gefühl, jede Bewegung hat eine expressive Wirkung. Die Bewegung des Lächelns beim anderen erzeugt in mir vielleicht eine Empfindung der Freude. Umgekehrt wiederum setzt sich jedes Gefühl als Bewegung fort. Das vom Lächeln des anderen erzeugte Freudegefühl in mir setzt sich seinerseits als ein Lächeln bei mir fort. Insgesamt also erzeugt das Lächeln des anderen mein eigenes Lächeln. Die Mittelung der Freude ging über beide Körper und blühte auf als ein gegenseitiges Lächeln.

In diesem Sinne ist Ästhetik angewandte Physiologie: Es gibt keinen Ausdruck, der nicht durch den Körper geht.

6.

»Glücklich sein muss man wollen und das Seine dazu tun«, sagt Alain.[155] Warten auf die Glückssache ist aktives Sein: Es setzt *Wollen* voraus. »Unglücklich oder unzufrieden zu sein, ist leicht; es genügt, den Prinzen zu spielen, sich hinzusetzen und darauf zu warten, dass einem jemand die Zeit vertreibt ... glücklich zu sein, ist immer schwer ... Vor allem scheint mir klar, dass man unmöglich glücklich sein kann, wenn man es nicht sein will; man muss sein Glück wollen und es machen.«[156]

Aber mit Wollen allein ist es nicht getan. Man muss es auch *können*, was nicht auf Anhieb geschieht. Die Kunst des Glücks will gelernt sein. »Auf allen Schulen müsste es Unterricht geben in der Kunst, glücklich zu sein. Nicht in der Kunst, glücklich zu sein, wenn einen das Unglück beim Wickel hat: das überlasse ich den Stoikern; vielmehr in der Kunst, glücklich zu sein, wenn die Umstände erträglich sind und die Bitternis des Lebens sich auf Kleinigkeiten beschränkt.«[157]

Ohne diese Kunst, die das Vermögen zum Glück und die Empfänglichkeit für die Glückssache bildet und stilisiert, bliebe nur noch ein Bodensatz von Passivität und Schwermut übrig. Derjenige, der sich einfach gehen lässt, kann nicht glücklich werden. Anstelle des ersehnten Gasts empfängt er nur Trauer und schlechte Laune. »Verbleibt man in der Rolle des unbeteiligten Zuschauers, der dem Glück nur die Tür öffnet, kommt die Traurigkeit zu Gast. Der Pessimismus hat Recht insofern, als die natürliche Gemütsverfassung, welche man nicht *regiert*, zu Traurigkeit oder Gereiztheit führt; man kann das an einem unbeschäftigten Kind beobachten. Der Reiz, den das Spiel auf Kinder ausübt, ist nicht der Reiz einer Appetit erweckenden Frucht, ich sehe darin vielmehr den Willen, durch das Spielen ebenso glücklich zu sein wie die anderen, die man spielen sieht. Und der Wille erreicht hier sein Ziel, weil es sich nur darum handelt, sich zu bewegen, den Kreisel zu peitschen, zu laufen und zu schreien: alles Dinge, die man wollen kann. Derselbe Entschluss tritt an gesellschaftlichen Vergnügungen in Erscheinung, die sozusagen Vergnügungen auf Befehl sind, die allerdings verlangen, dass man durch entsprechende Kleidung und entsprechendes Benehmen dem Befehl entgegenkommt. Was einem Städter vor allem am Land gefällt, ist die Tatsache, dass er hinfährt; das Tun bildet die Grundlage des Begehrens. Was wir nicht tun können, können wir auch nicht richtig begehren; Hoffnung, der kein Handeln entspricht, ist immer traurig.«[158]

Gute Laune, nicht *fun*! Das sicherste Zeichen eines glücklichen Naturells und eines geglückten Lebens ist die Fröhlichkeit, die mit einer selbstverständlichen Notwendigkeit zur Haltung der mutigen Offenheit gehört. Die gute Laune »hat etwas Großzügiges; sie betätigt sich mehr schenkend als empfangend. Durchaus richtig zwar, dass wir auch an das Glück anderer denken müssen; man vergisst nur hinzuzufügen, dass das Beste, was wir für sie tun können, eben darin besteht, selber glücklich zu sein. Dazu verhilft uns die Höflichkeit, welche ein Scheinglück ist, das sich aber auf Grund der Rückwirkung des Außen auf das Innen sogleich in wirkliches Glück verwandelt. So wird die Höflichkeit auf der Stelle belohnt. Was aber den Tyrannen betrifft, kann man ihm auch dadurch den Hof machen, dass man mit gutem Appetit isst und sich keine Langeweile anmerken lässt ... Deshalb heißt die Höflichkeit auch Lebensart.«[159]

Für diejenigen, die den Entschluss gefasst haben, glücklich zu sein, und es dann auch werden, schlägt Alain die Verleihung einer Art Bürgerkrone vor. Denn sie sind eine öffentliche Wohltat ... »Man sagt zwar, dass nur der Glückliche geliebt wird; aber man vergisst, dass diese Belohnung durchaus verdient ist; denn das Unglück, die Langeweile, die Verzweiflung liegen in der Luft; deshalb sind wir Dank und Kranz schuldig denen, die durch ihr Beispiel die Luft von Miasmen reinigen.«[160]

Erscheint der Glückliche als öffentliche Wohltat, dann ist es geradezu eine *Pflicht*, glücklich zu sein und die Kunst des Glücks auszuüben. Das Glück ist ansteckend wie das Lachen. Deshalb ist jeder einzelne Glücksfall potenziell eine Glücksepidemie. Das Glück des anderen macht mich glücklich. Und umgekehrt: Wenn ich glücklich bin, dann bin ich mehr als bereit, andere glücklich zu machen. Ich kann nicht umhin, es zu tun.

Darin liegt aber erst nur eine von zwei entgegengesetzten Kräften, die über Glück und Unglück der Menschen entscheiden. Die zweite Kraft ist die Kraft des *Neids*, der sich dem Glücksgefühl widersetzt, das beim Anblick des Glücks eines anderen aufsteigt. Unser Glücksstreben entfaltet sich also zwischen der ansteckenden Kraft des Glücks und der hemmenden Kraft des Neids.

Erst die Überwindung des Neids legt den Raum frei, in dem sich das Glück wie ein Lauffeuer ausbreiten kann. Der Neid ist aber von selbst erledigt, wenn wir uns um uns selbst kümmern: wenn wir aufhören zu vergleichen, uns in die ptolemäische Haltung begeben und uns dem Kommenden öffnen, das *nur uns* etwas angeht, uns zu dem erst macht, was wir sind.

7.

Das aktive Glück, von allem Neid bereinigt, schenkt sich dem Wartenden. Man könnte zwei Arten des Wartens unterscheiden. Es gibt erstens das transitive Warten, das heißt: Warten *auf etwas*. Und es gibt zweitens das intransitive Warten, das heißt: Warten *auf nichts*, Warten ohne Erwartung, nur Warten. Gegenwärtig geschieht das transitive Warten durch und durch im Herrschaftsbereich der Glücksmaschinen: »Ich caste die Models«, sagt Octave, der Werbefachmann in Frédéric Beigbeders Roman, »von denen Sie in sechs Monaten einen Ständer kriegen … Ich entscheide heute, was Sie morgen wollen.«[161] Die Objekte des Begehrens sind von den Glücksmaschinen vorgegeben, als die Glücksbringer, die das Glück zu den Menschen transportieren sollen. Und die Menschen warten auf sie. Sie warten auf Urlaub, auf Weihnachten, auf die Traumfrau und werden täglich in eine Haltung des transitiven Wartens eingebunden.

Aber es gibt ein viel älteres Warten. Das ist das Warten auf die Liebe, den Tod, den kommenden Gott[162]. Lauter Dinge, die man weder bestimmen noch beeinflussen kann und die auf ein einziges Ziel hinauslaufen: ein Glück, das sich in keinem Glücksbringer erschöpft, das Glück als Glückssache. Man gibt diesem Ziel zwar einen Namen, aber es bleibt dennoch uneindeutig, als Gegenstand unaufhörlicher theologischer, mythologischer, politischer Kontroversen. Es ist, als hätte es keinen Namen, als wäre es eine namenlose Kraft, der die Menschen entgegenharren und für die sie Namen erfinden, um sie sich erst als Ziel zu geben und damit ihr eigenes Warten zu organisieren. Durch den Akt der Benennung verwandeln sie das intransitive Warten in ein transitives.

Im Gegenzug dazu hat eine lange Tradition der negativen Theologie versucht, von diesem vielnamigen, nicht bestimmbaren und doch begehrenswerten »Objekt« des Wartens den Namen abzustreifen. Gott ist nicht dies, nicht jenes, sondern das, was sich ereignet, wenn man das Reich der vielen Namen verlässt und zum Unbenennbaren übergeht.[163] Gott ist eben das, was sich außerhalb der Sphäre der Sagbarkeit befindet, was dennoch mit tausend unsichtbaren Schnüren an den Menschen zieht, bis es unversehens in das Denken und Fühlen der Menschen einbricht und sich dort als eine namenlose Gegenwart einrichtet, was sich schließlich wieder zurückzieht und eine zugleich unbestimmte und schmerzende Sehnsucht hinterlässt.

Das intransitive Warten kommt einer Läuterung gleich, durch die man zur Klarheit des Denkens und Wollens gelangt und bei der das höchste Objekt des Wartens sichtbar wird. Dieses ist nichts anderes als das wartende Sein, das Sein des Wartenden selbst, oder besser: einfach das Sein. Man kann einen solchen Mystiker des Wartens fragen: »Worauf wartest du denn?« Darauf wird er antworten: »Nichts!« Und man wird einwenden: »Aber dann wartest du vielleicht gar nicht!« – um darauf die lächelnde Antwort zu erhalten: »Aber nicht warten ist doch nicht das Gleiche wie warten auf nichts!«

Das transitive Warten gehört zu einer Ökonomie, die George Bataille als »die beschränkte Ökonomie« gekennzeichnet hat. Grundlage dieser Ökonomie ist eine Tauschform, bei der es darum geht, zu gewinnen, Sieger zu sein in einem Agon des Gewinnens. Deshalb versteht sich das transitive Warten nicht als eine Lebensform, sondern als eine Vorleistung, die ihr Entgelt im Objekt und Ziel des Wartens findet. Es handelt sich um das Warten auf einen *Lohn*.

Das intransitive Warten hingegen ist: Warten auf ein *Geschenk*. Deshalb gehört dieses Warten zur »allgemeinen Ökonomie« im Sinne Batailles. Diese beruht auf einer Tauschform, bei der es darum geht, zu verlieren: Sieger zu sein in einem Agon des Verlierens. Man ist bereit, alles zu verlieren, was man besitzt und was die Umrisse eines Objekts hat, um dadurch an Würde, Macht, Sein, das *eigene* Sein zu gewinnen. Man ist sogar bereit, das Wertvollste zu verlieren, das man besitzt: *Lebenszeit*, um dadurch zu gewinnen, was man nicht besitzen kann: *sich selbst*. Wartend verschenkt man Lebenszeit und empfängt sich selbst dafür als Glückssache und Geschenk. *Zeit* gegen *Sein*: darin besteht der allgemeine Tausch beim intransitiven Warten.

Erst beim Warten auf nichts wird einem das Geschenk des eigenen wartenden Daseins zuteil. Verliert man sich im Warten, so gerät das Warten selbst zur Lebensform. Indem man sich verliert, schafft man sich selbst im Warten neu. Im Allgemeinen handelt es sich um die Entfaltung eines über eine Dauer aufrechterhaltenen *Verhältnisses zu sich selbst*. Damit hat das intransitive Warten den Charakter einer Selbsttechnik: eines Selbstverhältnisses, das den Boden abgibt für die Herausarbeitung des Selbst.

8.

Der Gast ist angekündigt. Im Haus herrscht höchste Betriebsamkeit. Man putzt und scheuert. Frische Blumen werden besorgt und in Vasen gesteckt, der Weinkeller wird auf seinen aktuellen Bestand hin geprüft. In der Küche kocht, dünstet, duftet es. Der Esstisch ist kunstvoll gedeckt.

Vielleicht aber ist der Gast verhindert? Vielleicht hören wir von Stau oder schlechtem Wetter? Dennoch hören wir mit den Vorbereitungen nicht auf. Wie sollen wir den Gast sonst empfangen, wenn er doch noch kommt? Soll er uns unvorbereitet antreffen?

Wir müssen darauf bedacht sein, dass er gerne raucht oder den Geruch von Knoblauch nicht erträgt. Natürlich müssen wir Acht geben, dass die Suppe nicht scharf ist, wenn wir von seinem schwachen Magen wissen. Unsere Gastlichkeit besteht ja nicht darin, dass wir den Gast in die Zwangsjacke unserer eigenen Ordnung stecken, sondern dass wir uns auf die *Aus-*

nahme einstellen. Es kommt darauf an, dass wir gleichsam unsere gewohnte Ordnung *öffnen* und dem Gast einen Raum bieten, der zu ihm passt und ihn gut einzubetten vermag. Unsere Vorbereitungen sollen eine Welt schaffen, in der der Gast gedeihen kann.

Ähnlich wird von Kant der Vorgang der Erkenntnis und letztlich der Erfahrung aufgeschlüsselt. Es gibt einerseits die Empfindungen, die auf eine unberechenbare Art auf uns eintreffen und uns ›affizieren‹. Sie sind Ereignisse und deshalb auch nicht vorhersehbar oder kontrollierbar. Sie sind aber auch keine Erkenntnisse. Sie sind Gäste, die von außen kommen und auf die wir erst einzugehen haben. Dazu müssen wir aber vorbereitet sein. Dazu brauchen wir die inneren Formen, von denen die Empfindungen aufgenommen und erst zu Erkenntnissen und Erfahrungen verarbeitet und sichtbar gemacht werden können. Diese inneren Formen gehören zum Triebwerk unseres Erkenntnisvermögens. Ohne die Empfindungen gäbe es keine Erkenntnis. Ebenso wenig aber gäbe es die Erkenntnis ohne die inneren Formen. Wir bedürfen beider. Wir erkennen, nur indem wir ständig die Empfindungsereignisse formen. Erkennen ist eben formen und bereitstellen von Formen.

So ist es auch mit dem Glück. Die Glückssache ist ein Ereignis. Sie kommt von »außen«. Zwingt man sie herbei, so verliert man sie und gewinnt an ihrer Stelle das wiederholbare Konsumglück der Glücksmaschinen. Man kann sich jedoch auf sie vorbereiten. Man vertraut nicht mehr auf die Glücksbilder der Glücksmaschinen, doch ist man Künstler genug, eigene zu entwerfen, gemäß dem Puls des eigenen Lebens. Die Stärke dieser selbst entworfenen Bilder ist, dass wir sie für *bloße* Bilder halten. Sie sind uns so etwas wie »ikonische Krücken«: jederzeit revidierbare Vorstellungen oder *Modelle*, die uns orientieren in unserer Bezugnahme auf die Glückssache. (Das Verrückte an Bildern: Bei fremden Bildern vergessen wir allzu rasch ihre Vorläufigkeit und übersehen, dass es nur Bilder sind und dass jemand sie entworfen hat, bei den eigenen nicht.)

Mit solchen Bildern und Entwürfen geht so etwas wie eine erste Einladung an die Glückssache einher. An die Stelle der Glücksmaschinen treten *Lebensformen*, die das Glück als Glückssache aufnehmen und zum persönlichen Glück stilisieren können. *Glück haben* ist eben formen.

Die unveränderlichen kantischen *Erkenntnisformen*, als Bedingungen der endlichen menschlichen Erkenntnis, weiten sich zu veränderlichen und frei vorauszuwerfenden *Lebensformen*: als Boden der Bedingungen nicht nur anderer, neuartiger Erkenntnisse, sondern unserer Empfänglichkeit für die Glückssache überhaupt.

9.

Nach dieser ersten Einladung an den Gast beginnen die Vorbereitungen. Sind wir auch leicht, reaktionsstark, hinreichend klar im Kopf, wenn die Glückssache kommt? Besitzen wir das rechte Maß zwischen Aufrichtung und Biegsamkeit, um den Empfehlungen des Glücks gewachsen zu sein? *Wagen* wir auch, die Angebote des Glücks anzunehmen: Sind wir dazu Künstler genug im Umgang mit dem Unglück?

Denn die Begegnung mit dem Glück bedeutet nicht zuletzt eine Begegnung mit Verlust. Denn: *Das Glück kommt, nur um wieder zu gehen.* Jedes Glück lässt uns erschaudern beim bloßen Gedanken daran, es nicht mehr zu haben. Wie jedem Fest sind dem Augenblick des Glücks ein Ende und ein Abschied eingebaut.

10.

Und mit einem Schlag ist das Ende da. Plötzlich stehen wir vor einem Meer der Möglichkeiten und sehen uns angehalten, vom schützenden Ufer des Buches, jedes Buches, abzuspringen. In der Ferne trennen sich die Wogen und zeichnen sich Wege ab, die *nur uns* gehören können, die uns geradezu ausmachen. Wege eines persönlichen, endlichen Glücks: Wege *unserer persönlichen* Endlichkeit. Ist einmal der Anker gelichtet, so gibt es keine Rückkehr.

Anmerkungen

1 Nietzsche, Friedrich (1885): S. 344
2 Siehe Rang, Florens Christian (1928)
3 »Das Märchen vom Riesen« in Hildesheimer, Wolfgang (1952): S. 117–120
4 Die folgenden Ausführungen stützen sich auf einen Artikel von Heinrich Küntzel (1987) in *Deutsche Vierteljahresschrift für Literaturwissenschaft und Geistesgeschichte*
5 Zit. in ibid.: S. 406
6 Zit. in ibid.: S. 402
7 Zit. in ibid.: S. 412
8 Zit. in ibid.: S. 412
9 Gauguin, Paul (1970): S. 220
10 Ibid.: S. 119
11 Ibid.: S. 212
12 Während der Arbeit an diesem Bild, das er in seinen Briefen oft als »das große Bild« bezeichnet, war Gauguin gewissermaßen ein Sterbender. Tatsächlich wollte er sich nach Fertigstellung des Bildes umbringen. »Das große Bild ist, was die Ausführung anlangt, sehr unvollkommen. Es ist während eines Monats entstanden, ohne vorbereitende Skizzen: Ich wollte sterben, und in diesem Zustand der Verzweiflung habe ich es in einem Zuge hingemalt. Ich habe noch schnell meinen Namen darunter gesetzt und dann eine sehr große Dosis Arsenik zu mir genommen. Heftige Schmerzen, aber nicht der Tod!« Brief an Charles Morice aus Tahiti im Juli 1901, Gauguin (1970): S. 219
13 Siehe Brief von Kolumbus an das spanische Königspaar, Isabella und Ferdinand, zit. in Flint, Valerie (1992): S. 151
14 Angesichts ihrer Komplexität nimmt in der folgenden Darstellung die Glücksmaschine Tourismus einen wesentlich breiteren Raum ein als die beiden anderen.
15 Clark, Eric (1988): S. 23
16 Beigbeder, Frédéric (2000): S. 248–249
17 Ariès, Philippe (1975): S. 57
18 Ibid.: S. 58 (Hervorhebung v. Verf.)
19 Houellebecq, Michel (1999): S. 68
20 Beigbeder, Frédéric (2000): S. 15
21 Ibid.: S. 16–18
22 Beigbeder, Frédéric: S. 248–249
23 Siehe Schuwer, Philippe, *Geschichte der Werbung*, München 1966

24 Laird, Pamela Walker (1998): S. 45

25 Ibid.: S. 13

26 Ibid.: S. 45

27 So wie der Einsatz der *Verfremdung* in der Kunst den Betrachter erst *sehend* macht, wie Viktor Sklowski (1919) festgestellt hat, bewirkt der Schrei, als eine Art akustischer Verfremdung, dass der potenzielle Konsument das Produkt überhaupt erst zu sehen beginnt.

28 Die älteste Bedeutung des Wortes ›werben‹ hängt etymologisch mit ›werfen‹ und ›wirbeln‹ zusammen. Das althochdeutsche *(h)werban* besagt u. a. ›sich drehen, wenden, umkehren‹. Ähnlich verhält es sich mit dem altenglischen *hweorfan* oder dem mittelniederländischen *werver, warven*. Auch der neuenglische Ausdruck *advertisement* beinhaltet das lateinische *advertere*, d. h. ablenken, natürlich mit Hilfe einer Drehung. Tatsächlich bewirkt der Werbeschrei eine Drehbewegung beim Käufer.

29 Das erinnert an das »AIDA-Modell« der Werbewirkung, das bereits zu Beginn des 20. Jahrhunderts vorgeschlagen wurde und in dem eine Hierarchie der von der Werbung ausgelösten Effekte aufgestellt wird: Attention-Interest-Desire-Action. Weitere ähnliche Modelle, die im Laufe des 20. Jahrhunderts entworfen wurden, stellten lediglich Verfeinerungen dieser Stufenleiter der Effekte dar. (Siehe Moser, Klaus, 1997: Kap. 3.) In allen diesen Modellen kamen zwar die Psychologie und Semiotik der Werbung zum Ausdruck, nicht aber die *Physik* der Werbewirkung.

30 Neruda, Pablo (1952): S. 97

31 Novalis (1800): S. 48

32 Erasmus von Rotterdam (1509)

33 Ibid.: S. 14

34 Ibid.

35 Ibid.

36 Dieses »Viereck des barocken Diskurses« findet sich bekanntlich bei Michel Foucault (1966) beschrieben und analysiert.

37 Benjamin, Walter (1936)

38 Bei Benjamin kommt sogar den Naturdingen eine Aura zu. Sein bekanntes Beispiel dafür ist die Aura der fernen Berge und der nahen Zweige an einem Sommernachmittag. Siehe ibid.: S. 15

39 Allerdings ist die Werbung durchaus bemüht, die natürlichen Oberflächen wie diejenige des Apfels zu simulieren. Sie schmiegt sich derart an das von ihr präsentierte Produkt, dass man mitunter den Eindruck hat, mit dem Produkt auch dessen Werbung zu konsumieren. Das bestätigt der eingangs als Motto zitierte Ausspruch von Mark Destiny, ehemals geschäftsführender Direktor einer Londoner Wer-

beagentur und Marketingdirektor der Allied Breweries: »Die vielen verschiedenen Marken sind im Grunde... gleich, und nach zwei oder drei Gläsern Bier könnte sie nicht einmal mehr ein Experte auseinanderhalten. So trinkt der Konsument buchstäblich die Werbung, und die Werbung ist gleichbedeutend mit der Marke.« Zit. in Clark, Eric (1988): S. 23

40 Schopenhauer, Arthur (1851): S. 349
41 Enzensberger, Hans Magnus (1958): S. 719
42 Houellebecq, Michel (2001): S. 32
43 Virilio, Paul (1991): S. 7
44 Ibid.
45 Lardner, D., *Railway Economy*, London 1850, S. 179, zit. in Schivelbusch, W. (1977): S. 52–53
46 Prout, H. G., »Safety in Railroad Travel«, in Cooley, T. M. (Hg.), *The American Railway*, New York 1889, S. 187, zit. in ibid.: S. 53
47 Siehe Sloterdijk, Peter (1987)
48 Sogar das Bewusstsein gilt als Geschwindigkeitsphänomen. »Der Inhalt des Gedächtnisses«, so zitiert Vrilio Norman Spear, »ist von der Geschwindigkeit des Vergessens abhängig.« Virilio, Paul (1988): S. 9
49 Schivelbusch, Wolfgang (1977)
50 Diese Rolle der Ferne mit ihrer gebieterischen Anziehungskraft gehört im Allgemeinen zum Dispositiv des »irdischen Paradieses«, das im 19. Jahrhundert zur vollen Entfaltung gelangt ist. Siehe Hoffmann, Werner (1960).
51 Houellebecq, Michel (2001): S. 293–294
52 Zit. in Duperray, Max, *Itineraires iteratifs: Réécrire le voyage fantastique à la fin du XXᵉ siècle* in La Cassagnère, Christian (1987): S. 289. Übers. v. Verf.
53 Foucault, Michel »Ein ganz harmloses Vergnügen« in Foucault, Michel (1984): S. 57
54 Rang, Florens Christian (1928): S. 12
55 Ibid.: 13
56 Rilke, Rainer Maria (1922): S. 24
57 Dass darin eine wesentliche Selbsttäuschung der modernen Gesellschaften einprogrammiert ist, liegt auf der Hand. Durch die Hintertür gleichsam wird die Vertikalität doch wieder zugelassen. Die moderne Sehnsucht nach Höhe ist nicht nur am Bau des Eiffelturms oder der ersten Wolkenkratzer in New York ablesbar, sondern auch an der zählebigen Klassenstruktur dieser angeblich demokratischen Gesellschaften. Die vertikale Anordnung der Klassen ist unmittelbar verknüpft mit der Polarisierung des ökonomischen Raumes zwischen den Zentren, in denen sich das Kapital staut, und den kapitalarmen

Peripherien. Die einfache vertikale Gliederung der Klassengesellschaften machte sich bereits in der Frühgeschichte der industriellen Gesellschaften an derart elementaren Phänomenen wie den Klasseneinteilungen unter Reisenden bemerkbar. Anstelle der früheren drei Klassen gibt es heute die erste und zweite Klasse im Bahnverkehr und die *business* – bzw. *economy class* im Flugverkehr.

58 Enzensberger, Hans Magnus (1958): S. 720
59 Siehe Schivelbusch, Wolfgang (1977)
60 Enzensberger, Hans Magnus (1958): S. 718
61 Burmeister, Hans-Peter (Hg.) (1998): S. 5
62 Baudelaire, Charles (1861): S. 8
63 Ibid.
64 Ibid.: S. 111, Übersetzung v. Verf.
65 »Doch wahre Reisende sind nur solche, die fortgehen/Um fortzugehen, die Herzen leicht, ähnlich den Ballons; /Die sich von ihrem Geschick nie unterscheiden/und immer sagen ›Gehen wir!‹, ohne zu wissen, warum.« Baudelaire, Charles (1861): S. 270. Übersetzung v. Verf.
66 Schopenhauer, Arthur (1851): S. 349
67 »›Tour‹ bezeichnete im Griechischen ein zirkelähnliches Werkzeug. Kennzeichnend für die gesamte Wortgruppe (vgl. auch mittellatein. ›tornum‹) war der Begriff der Rundung, der eine zum Ausgangspunkt zurückkehrende Wendung beinhaltete: Im militärischen Bereich und in der Reitkunst bedeutete ›Tour‹ eine Wendung oder Schwenkung ... Im Sinne des französischen Ausdrucks ›mouvement en rond‹ erhält ›Tour‹ im 17. Jhdt. die Bedeutung ›Umgang, Rundgang, Spaziergang‹. Eine ›tour de promenade‹ bzw. ›tour du propriétaire‹ war ein Rundgang um den Besitz (am Abend) in der Bedeutung des geruhsam-beschaulichen Spaziergangs. In Adelskreisen unterschied man schon bald zwischen der ›kleinen Tour‹ und der ›großen Tour‹. Die große Tour, die ›Grand Tour of Europe‹ wurde dann zum pflichtgemäßen Bestandteil des adligen Erziehungsprogramms.« Opaschowski, Horst (1989): S. 12
68 Das erinnert an Viktor Sklovskijs Bestimmung der Kunst als Erzeugung von Differenz: Differenz gegenüber der genormten Monotonie des Alltags, die die automatisierte Wahrnehmung der Menschen wieder erneuern bzw. die Wahrnehmung als solche überhaupt erst ermöglichen kann. Siehe Sklovskij, Viktor (1919)
69 Die Nivellierung von Raum und Zeit steht im engen Zusammenhang mit dem Verlust der Aura, den Walter Benjamin für das reproduzierbare Bild festgestellt hat. Diesen Zusammenhang nachzuweisen wäre allerdings die Aufgabe einer anderen Arbeit. Siehe Benjamin, Walter (1936)

70 Eliade, Mircea (1956): S. 23–24

71 Siehe Usener, Hermann (1920): S. 191f., besprochen in Eliade, Mircea (1956): S. 67–69

72 Meyer, Philippe (1977), S. 12: »Die Transformation der Stadt beginnt mit der Abschaffung all der Passagen, die Restif de La Bretonne ›philadelphische Straßen‹ (Restif de La Bretonne, *La Nuit de Paris*, 1788) nennt, in denen zwei sich begegnende Personen nur ›in der Umarmung aneinander vorbeikommen‹. Für den – möglichst fließenden – Verkehr bestimmt, entwickelt sich die Straße zum Objekt und Terrain direkter Kontrolle, zur Achse von Zurückdrängung und Durchdringung, dem Wirkungsfeld ›der Polizei natürlich‹, welches ›dem obersten Magistrat erlaubt, besser über das Leben jedwedes Bürgers Bescheid zu wissen, als seine Nachbarn und die fleißigsten Hausbesucher‹ (*Memoire sur la réformation de la police en France*, von M. Gillaute, Beamter der Feldgendarmerie der Île de France. Die Abhandlung wurde 1749 dem König vorgelegt). Die Konstitution der Stadt als normalisierbarer Raum vollzieht sich also über einen ›schlichten architektonischen Effekt‹, wie Bentham (Jeremy Bentham, *Le Panopticon*, Belfond 1977) es nennt; und ihre Umwandlung in einen Raum der Normalisierung erfolgt über die Durchdringung und Besetzung des Terrains.«

73 Aus diesem Grund fällt oft der Anspruch auf Erholung mit dem Anspruch auf Kitzel zusammen.

74 Der Ausdruck »technisches Ensemble« stammt von Schivelbusch, Wolfgang (1977)

75 Der Ausdruck ›beschränkte Ökonomie‹ geht auf George Bataille zurück. Der Widerpart der beschränkten Ökonomie ist die ›allgemeine‹ Ökonomie, die auf der Ambivalenz von Lust und Leid beruht: Jeder Lust wohnt ein Leid inne, jedem Leid wohnt eine Lust inne. Man bezahlt also nicht mit Leid, um Lust zu gewinnen. Vielmehr bezahlt man überhaupt, weil der Akt des Abgebens und Verlierens, letztlich des Sterbens, unmittelbar Lust bereitet. Zur allgemeinen Ökonomie gehören z. B. die großen archaischen Systeme der Ehre, die sich in Einzelveranstaltungen wie Wettkampf oder Schenkung manifestieren.

76 Siehe Dean McCannel (1976)

77 Houellebecq, Michel (2001): S. 126 (Hervorh. v. Verf.)

78 Der Umschlag von Freizeit in Arbeit ist ähnlich dem systematischen Umschlag von Freiheit in Unfreiheit in den modernen Revolutionen.

79 Siehe Enzensberger, Hans Magnus (1958): S. 719

80 In der Politik ist es nicht anders als in der Physik. Javer Solanas, Physiker und Sicherheitsbeauftragter der Europäischen Union, behauptet, in der Politik gebe es nur zwei Wege: den Weg des *Drucks*, das

heißt Mobilisierung von hinten, und den Weg des *Zugs*, d.h. Mobilisierung von vorne. Doch ist in konkreten Mobilisierungsaktionen zumeist etwas von beiden am Werk.

81 In seiner ersten großen historischen Darstellung definiert Foucault den Wahnsinn als das Fehlen der Arbeit oder des Werks. Siehe Foucault, Michel (1961): S. 11

82 Houellebecq, Michel: S. 34–35

83 Siehe Cortázar, Julio und Dunlop, Carol (1983)

84 Ibid.: S. 14

85 Siehe oben S. 102

86 Siehe Cortázar, Julio und Dunlop, Carol (1983), S. 359

87 Foucault, Michel (1963 a): S. 34

88 Lawrence, D.H. (1926): S. 392 (übers. v. Verf.)

89 Houellebecq, Michel (2001): S. 202

90 Lawrence, D.H. (1926): S. 2

91 Houellebecq, Michel (2001): S. 232

92 Lawrence, D.H. (1926): S. 2

93 Ibid.: S. 3 (übers. v. Verf.)

94 Ibid.: S. 392 (übers. v. Verf.)

95 Barthes, Roland (1957): S. 69

96 Houellebecq, Michel (2001): S. 232

97 Siehe Foucault, Michel (1976): S. 128–134

98 Ibid.

99 Siehe Kleiber, Dieter und Wilke, Martin (1995): S. 134

100 Ibid.: S. 140

101 Mazumdar, Pravu (2003): S. 87

102 Vlcek, Ernst (1970)

103 Vielleicht bildet diese existenzielle Kausalität, die meines Erachtens zu den wichtigsten Gegenständen einer ethischen Reflexion gehört, so etwas wie eine ontologische Grundlage der Kausalitätserfahrung schlechthin. – Aber das nur nebenbei.

104 Beigbeder, Frédéric (2000): S. 15

105 In diesem Sinne ist die Welt der Werbung und der Produkte eine Wiederholung der philosophischen Geschichte der obersten Prinzipien: Was heute das Absolute und Maßgebliche ist, ist es morgen schon nicht mehr.

106 Foucault, Michel (1963): S. 48–49

107 Howard Riell, »Upscale Grocer Chain Grows«, in *Stores*, März 1995, S. 26, zit. in Pine und Gilmore (1999), S. 18

108 Joseph Pine u. James Gilmore (1999), *Erlebniskauf: Konsum als Erlebnis, Business als Bühne, Arbeit als Theater*

109 Ibid.

110 Siehe ibid.: S. 25

111 Ibid.: S. 15

112 Ibid.: S. 17

113 Nach Viktor Sklovskij hat auch das künstlerische Verfahren der *Verfremdung* eine solche Wirkung auf die automatisierte Alltagswahrnehmung. Siehe Sklovskij, Viktor (1919)

114 Ibid.: S. 40

115 Sternberg, Ernest (1999), *The Economy of Icons*, Westport/Connecticut, London 1999

116 Ibid.: S. 4 (übers. v. Verf.)

117 Hacking, Ian (1990): S. 2

118 Deleuze, Guattari (1972)

119 Foucault, Michel (1976)

120 Siehe Opaschowski, Horst (1991)

121 Mazumdar, Pravu (2003), S. 161

122 Nietzsche, Friedrich (1887): 247

123 Zahlreiche Beispiele dafür sind in Philippe Ariès' *Geschichte des Todes* zu finden. Siehe Ariès, Philippe (1978)

124 So heißt auch das spanische Original, dessen Remake dieser Film ist.

125 Inwieweit die Wirkung der Schatten bis tief in Ästhetik und Formenwelt des Alltags reichen, ist dem kleinen Essay von Jun'ichiro Tanizaki *Lob des Schattens* zu entnehmen, in dem der Autor mit großem Scharfsinn die Rolle der Schatten im traditionellen japanischen Leben – in Architektur, Beleuchtung, Kleidung, Essgeschirr usw. – aufweist. Siehe Tanizaki, Jun'ichiro (1933)

126 Siehe Bataille, George (1961): S. 245

127 Siehe Nietzsche, Friedrich (1871): S. 31

128 In diesem Sinne wäre die Theorie Freuds zu erweitern: Man müsste den Begriff der Sexualität durch den allgemeineren des Glücks ablösen und letztlich ersetzen.

129 »… Denn das Schöne ist nichts/als des Schrecklichen Anfang, den wir noch grade ertragen, /und wir bewundern es so, weil es gelassen verschmäht, /uns zu zerstören. Ein jeder Engel ist schrecklich.« Rilke, Rainer Maria (1922): S. 685

130 Zu den auffälligsten Merkmalen des christlichen Denkens gehört der Versuch einer Umkehrung der archaischen Rangordnung zwischen Gott und Teufel, Gut und Böse, dem Licht des Himmels und dem Feuer der Hölle. Der Teufel wird von Gott, das Böse vom Guten und das Feuer vom Licht hergeleitet: als Abfall und Entgleisung. Dass das Christentum in diesem Sinne das archaische Denken auf den Kopf stellt, gehört u. a. in den Umkreis von Nietzsches Christentumkritik und Batailles Untersuchungen zur Erotik.

131 Siehe Nietzsche, Friedrich (1873): S. 877

132 Zu den Ausnahmen gehörte Mahatma Gandhi, der die Kritik am Kolonialismus mit einer Kritik an der Moderne verband. Allerdings gerieten sein Denken und seine Politik zwischen die zwei widerstreitenden Ansprüche der Moderne: Freiheit und Norm. Gandhi sagt Ja zu Freiheit (dezentrale lokale Demokratien der Dorfrepubliken, basisnahe Technologien) und Nein zu Norm (Zentralismus und Hochtechnologie). Im Laufe der Zeit erwiesen sich seine Kritik der modernen Normalisierungskultur und seine schöpferischen Entlehnungen aus der vormodernen indischen Tradition als nicht lebbar in der postkolonialen Realität.

133 Siehe Köhn, Josephine, »Der Sinn des leeren Einkaufswagens« in *Süddeutsche Zeitung*, 31. Januar 2002

134 Die Ruhe war insofern vorläufig, als im zwanzigsten Jahrhundert die Newtonsche Mechanik durch eine relativistische Mechanik und dynamische Kosmologie bedingt abgelöst wurde. Die neue Kosmologie befand nicht nur, dass das Universum unendlich sei. Darüber hinaus stellte sie, ausgehend von der berühmten Rotlichtverschiebung, die unaufhörliche Ausdehnung des Universums fest.

135 Zwar war man sich im vorkopernikanischen christlichen Abendland nicht einig, ob die Erde kugelförmig oder flach sei, doch wurde in der ptolemäischen Astronomie, die seit der Antike schulbildend wirkte und mit ihren mathematischen Verfahren Generationen von Astronomen prägte, die Kugelgestalt der Erde angenommen. Diese Annahme beruhte auf Beobachtungen mit dem bloßen Auge sowie der Logik des Augenscheins.

136 Zit. in Koyré, Alexander (1957): S. 26

137 In einem völlig veränderten Sinne sah sich auch die Kosmologie des zwanzigsten Jahrhunderts mit der Paradoxie von »endlich« und »unbegrenzt« konfrontiert. Anhand von Einsteins Theorie der Raumkrümmung in der Nähe massereicher Körper und der Geodätik des Universums im Ganzen ergibt sich die Idee eines endlichen Universums, das doch noch unbegrenzt ist wie die Linien auf einer Kugeloberfläche.

138 Zit. in ibid.: S. 38

139 »Fachlich gesehen ist Kopernikus Ptolemäer«, ibid.: S. 36

140 Mit der kopernikanischen Wende kehren sich die Begriffe ›subjektiv‹ und ›objektiv‹ um. Im wesentlich vorkopernikanischen Kontext des scholastischen Denkens galt der Bereich des Realen und Gegenständlichen als ›subjektiv‹ und derjenige der inneren Vorstellungen als ›objektiv‹. In Gegensatz dazu wurden im neuzeitlichen Kopernikanismus die Ideen für ›subjektiv‹ und die Gegenstände für ›objektiv‹ gehalten.

141 Zit. in ibid.: S. 93
142 Ibid.: S. 248
143 Zit. in ibid.: S. 25
144 Zit. in ibid.: S. 48
145 *Amica, Das Frauenmagazin für Freundinnen*, KARRIERE. LIEBE. GELD ... DAS IST MEIN GLÜCK! 02/02 Deutschland, Editorial, S. 7
146 Rosenfeldt, Wencke, »Wie geht Glück?« in ibid.: S. 134–137
147 So beschreibt Nietzsche die Einwirkung der dionysischen Kräfte auf den Menschen. Siehe Nietzsche, Friedrich (1871): S. 30
148 Nietzsche, Friedrich (1889 a), S. 108–109
149 Diese Unterscheidung wurde von Peter Sloterdijk eingeführt. In seinem kleinen Essay *Kopernikanische Mobilmachung und ptolemäische Abrüstung* machte Sloterdijk auf die Doppeldeutigkeit des deutschen Worts »Schwindel« aufmerksam, in dem sowohl die kopernikanische als auch die ptolemäische Perspektive mitschwingen. Sloterdijk kennzeichnete das postmoderne Denken als ein postkopernikanisches, das die versprengten ptolemäischen Motive inmitten des weltweiten kopernikanischen »Kriegs gegen die Selbstverständlichkeiten« zu einer Denkhaltung konsolidiert, die das gegenwärtige Leben vor dem totalen kopernikanischen Zerfall zu *bewahren* vermag. Zu bewahren sind dabei nicht etwa konservativ aufgewärmte prämoderne Ideologien. Zu bewahren ist vielmehr die überlebensnotwendige Grundlage des Erkennens und Handelns in der gegenwärtigen Welt: der *ptolemäische Augenschein*. Siehe Sloterdijk, Peter (1987)
150 Nietzsche, Friedrich (1889 b), S. 439
151 Alain (1925): S. 225
152 Beigbeder, Frédéric (2000): S. 137
153 Nietzsche, Friedrich (1889 b): S. 436
154 Nietzsche, Friedrich (1889 b): S. 418
155 Alain (1925): S. 219
156 Ibid.: S. 223
157 Ibid.: S. 221
158 Ibid.: S. 219 (Hervorh. v. Verf.)
159 Ibid.: S. 220
160 Ibid.: S. 224
161 Beigbeder, Frédéric (2000): S. 17
162 So wurde der Gott Dionysos in der deutschen Romantik thematisiert. Siehe Frank, Manfred (1982)
163 Davon handelt ein kleiner Text von Dionysius Areopagita, *Von den Namen zum Unnennbaren*, der zu den Grundtexten der negativen Theologie gehört. Siehe Areopagita, Dionysius

Literatur

Die Jahresangabe in runden Klammern nach dem Autorennamen bezieht sich, sofern dies erhältlich ist, auf das Jahr der ersten Erscheinung bzw. der erstmaligen Niederschrift der jeweiligen Ausgabe des jeweiligen Werks, im Falle von Übersetzungen, des Originals. Wo die Ortsangabe fehlt, wird der Verlag bzw. die verlegende Institution genannt.

ALAIN (1925): *Die Pflicht, glücklich zu sein (Propos sur le bonheur)*, Frankfurt/M. 1982

AREOPAGITA, Dionysius: *Von den Namen zum Unnennbaren*, Freiburg 1990

ARIÈS, Philippe (1975): *Studien zur Geschichte des Todes im Abendland*, München 1981

ARIÈS, Philippe (1978): *Geschichte des Todes*, München 1995

BARTHES, Roland (1957): *Mythen des Alltags*, Frankfurt/M. 1964

BATAILLE, George (1961): *Tränen des Eros*, München 1981

BAUDELAIRE, Charles (1861): *Les Fleurs du Mal/Die Blumen des Bösen (Französisch/Deutsch)*, Stuttgart 1980

BEIGBEDER, Frédéric (2000): *39,90. Neununddreißigneunzig*, Reinbek b. Hamburg 2001

BENJAMIN, Walter (1936): *Das Kunstwerk im Zeitalter seiner technischen Reproduzierbarkeit*, Frankfurt/M. 1977

BURMEISTER, Hans-Peter (Hg.) (1998): *Auf dem Weg zu einer Theorie des Tourismus*, Loccum 1998

CASSAGNÈRE, Christian La (Hg.) (1987): *Le voyage romantique et ses réécritures*, Association des Publications de la Faculté des Lettres et Sciences Humaines de Clermont-Ferrand (France), 1987

CORTÁZAR, Julio und DUNLOP, Carol (1983): *Die Autonauten auf der Kosmobahn: Eine zeitlose Reise Paris – Marseille*, Frankfurt/M. 1996

CLARK, Eric (1988): *Weltmacht Werbung. Die Kunst, Wünsche zu wecken*, Bergisch Gladbach 1991

DELEUZE, Gilles und GUATTARI, Félix (1972): *Anti-Ödipus*, Frankfurt/M. 1981

ELIADE, Mircea (1956): *Das Heilige und das Profane: Vom Wesen des Religiösen*, Frankfurt/M. u. Leipzig 1984

ENZENSBERGER, Hans Magnus (1958): »Vergebliche Brandung der Ferne«, in *Merkur*, XII. Jahrgang, 8. Heft, August 1958, S. 701–720

ERASMUS von Rotterdam (1509): *Das Lob der Narrheit*, Zürich 1987

FLINT, Valerie (1992): *The Imaginative Landscape of Christopher Columbus*, Princeton, New Jersey 1992

FOUCAULT, Michel (1961): *Wahnsinn und Gesellschaft*, Frankfurt/M. 1978

FOUCAULT, Michel (1963): *Raymond Roussel*, Frankfurt/M. 1989

FOUCAULT, Michel (1963 a): »Vorrede zur Überschreitung« in Foucault, Michel: *Von der Subversion des Wissens*, Frankfurt/M. u. a. 1978, S. 32–53

FOUCAULT, Michel (1966): *Die Ordnung der Dinge*, Fankfurt/M. 1971

FOUCAULT, Michel (1975): *Überwachen und Strafen: Die Geburt des Gefängnisses*, Frankfurt/M. 1976

FOUCAULT, Michel (1976): *Sexualität und Wahrheit: Der Wille zum Wissen*, Frankfurt/M. 1983

FOUCAULT, Michel (1984): *Von der Freundschaft als Lebensweise*, Berlin o. J.

FRANK, Manfred (1982): *Der kommende Gott: Vorlesungen über die Neue Mythologie*, Frankfurt/M. 1982

GAUGUIN, Paul (1970): *Briefe*, Berlin 1970

HACKING, Ian (1990): *The taming of chance*, Cambridge usw. 1990

HILDESHEIMER, Wolfgang (1952): *Lieblose Legenden*, Frankfurt/M. 1989

HOFFMANN, Werner (1960): *Das irdische Paradies*, München 1974

HOUELLEBECQ, Michel (1999): *Die Welt als Supermarkt*, Reinbek b. Hamburg 2001

HOUELLEBECQ, Michel (2001): *Plattform*, Köln 2002

KLEIBER, Dieter und WILKE, Martin (1995): *Aids, Sex und Tourismus. Ergebnisse einer Befragung deutscher Urlauber zu Sextouristen*, Baden-Baden 1995

KOYRÉ, Alexander (1957): *Von der geschlossenen Welt zum unendlichen Universum*, Frankfurt/M. 1980

KÜNTZEL, Heinrich (1987): »»Mich wundert, daß ich fröhlich bin«: Marginalien zu einem alten Spruch« in *Deutsche Vierteljahresschrift für Literaturwissenschaft und Geistesgeschichte*, 61. Jahrgang 1987, Heft 3/ September, S. 399–418

LAIRD, Pamela Walker (1998): *Advertising Progress, American Business and the Rise of Consumer Marketing*, Baltimore, London 1998

LAWRENCE, D. H. (1926): *The plumed serpent*, Ware, Hertfordshire 1995 (dt.: *Die gefiederte Schlange*, Zürich 1986)

MAZUMDAR, Pravu (2003): *Die Macht des Glücks*, München 2003

MCCANNEL, Dean (1976): *The Tourist: A New Theory of the Leisure Class*, New York 1976

MEYER, Philippe (1977): *Das Kind und die Staatsräson oder Die Verstaatlichung der Familie: Ein historisch-soziologischer Essay*, Hamburg 1981

MOSER, Klaus (1997): *Sex-Appeal in der Werbung*, Göttingen 1997

NERUDA, Pablo (1952): *Der unsichtbare Fluß. Gedichte 1923–1973*, München 2001

NIETZSCHE, Friedrich (1871): *Geburt der Tragödie* in Friedrich Nietzsche (KSA) Bd. 1

NIETZSCHE, Friedrich (1873): *Über Wahrheit und Lüge im außermoralischen Sinne* in Friedrich Nietzsche (KSA) Bd. 1

NIETZSCHE, Friedrich (1885): *Also sprach Zarathustra. Ein Buch für Alle und Keinen* in Friedrich Nietzsche (KSA) Bd. 4

NIETZSCHE, Friedrich (1887): *Zur Genealogie der Moral. Eine Streitschrift* in Friedrich Nietzsche (KSA) Bd. 5

NIETZSCHE, Friedrich (1889 a): *Götzendämmerung* in Friedrich Nietzsche (KSA) Bd. 6

NIETZSCHE, Friedrich (1889 b): *Nietzsche contra Wagner* in Friedrich Nietzsche (KSA) Bd. 6

NIETZSCHE, Friedrich (KSA): *Sämtliche Werke. Kritische Studienausgabe*, hg. v. Giorgio Colli und Mazzino Montinari, München 1980

NOVALIS (1800): »Hymnen an die Nacht« in *Werke und Briefe in einem Band*, hg. v. Alfred Kelletat, München o. J.

OPASCHOWSKI, Horst W. (1989): *Tourismusforschung*, Opladen 1989

OPASCHOWSKI, Horst W. (1991): *Mythos Urlaub: Die unerfüllbare Sehnsucht nach dem Paradies? Eine motivationspsychologische Studie vom BAT Freizeit-Forschungsinstitut*, Hamburg 1991

PINE, Joseph u. GILMORE, James (1999): *Erlebniskauf: Konsum als Erlebnis, Business als Bühne, Arbeit als Theater*, München 2000

RANG, Florens Christian (1928): *Historische Psychologie des Karnevals*, Brinkman und Bose 1983

RILKE, Rainer Maria (1922): »Duineser Elegien / Die Sonette an Orpheus«, in *Sämtliche Werke*, Frankfurt/M. 1955, Bd. I, S. 683–771

SCHIVELBUSCH, Wolfgang (1977): *Geschichte der Eisenbahnreise: Zur Industrialisierung von Raum und Zeit im 19. Jahrhundert*, München usw. 1977

SCHOPENHAUER, Arthur (1851): *Parerga und Paralipomena*, Bd. 1, in *Sämtliche Werke*, Bd. 5, hg. v. Arthur Hübscher, Wiesbaden 1946

SKLOVSKIJ, Viktor (1919): »Die Kunst als Verfahren« in Striedter, Jurij (Hg.), *Russischer Formalismus: Texte zur allgemeinen Literaturtheorie und zur Theorie der Prosa*, München 1969

SLOTERDIJK, Peter (1987): *Kopernikanische Mobilmachung und ptolemäische Abrüstung*, Frankfurt/M. 1987

STERNBERG, Ernest (1999): *The Economy of Icons*, Westport/Connecticut, London 1999

TANIZAKI, Jun'ichiro (1933): *Lob des Schattens*, Zürich 1987

USENER, Hermann (1920): *Götternamen*, Bonn 1920
VIRILIO, Paul (1988): *Die Sehmaschine*, Berlin 1989
VIRILIO, Paul (1991): *Revolutionen der Geschwindigkeit*, Berlin 1993
VLCEK, Ernst (1970): *Die Glücksmaschine. Planetroman*, München 1970

Bildnachweis

Danksagung

Ich danke vor allem meinen ersten Lesern:

Heribert Heere
Arpe Caspary
Turi Mazumdar
Andreas Pietzsch
Maximilian Ratytcz
Parwin Abkai
Mira Mazumdar
Jana Green
Martin Weidlich
Daniel Herles
Anisul Haque
Hadwig Collier
Sylvia Uhl für die Geduld beim Korrekturlesen
und insbesondere Alexandrina Slavescu für den kostbaren Austausch,
ohne den das Buch ein anderes geworden wäre.

Außerdem danke ich Johan de Blanc und der Amalienbuchhandlung (München), die das Projekt erst ins Rollen brachten; Lothar Gärtner, Peter Purkert, Paramita Müller, Martin Weidlich, Reza Karimitari und Hannes Kapp für wertvolle Literaturhinweise; der Universitätsbuchhandlung Franke (München) wegen außerordentlicher Hilfeleistung bei der Literatursuche; Andrea Wörle und Brigitte Hellmann vom dtv für die wunderbare und herzliche Zusammenarbeit; sowie meinen Kindern, meiner Gefährtin und meinen geduldigen Freunden. Sie waren die Luft, in der diese Arbeit entstanden ist.